民族经济独特经营要素的合理配置与衍生

丁秀清 著

前　言

改革开放30多年来，我国的经济得到了空前的发展，但是东部沿海地区经济发展迅速，中西部地区则由于各种因素发展缓慢，其中西部地区的经济发展与东部相比差距更大。从西部这几个省份来看，少数民族较多，并且呈现出多样化，55个少数民族几乎全部都有在西部居住的。因此，少数民族地区的经济发展问题不只对西部的经济发展具有重要意义，对我国整个少数民族经济的发展也必然要产生相当程度的影响。

从改革开放到现在，全国各个少数民族地区的经济虽然得到了一定程度的发展，但是与东部地区的经济水平相比还有很大差距。从笔者在网上查到的数据来看，2005年西部的人均收入与全国的人均收入相差近2400元，像贵州、青海这些地区的人均收入在全国各地人均收入水平中居后几位。而少数民族地区经济发展缓慢的原因不能简单地解释为是由某一个方面原因造成的，而是自然环境、历史因素、文化因素、社会因素等各个方面的综合影响。

在中国，少数民族分布的格局与当地的经济发展水平有很大的相关性，少数民族地区的经济总量很小，并且这些地区的自然环境相对比较复杂，就拿贵州来说，大多是岩溶山区和高寒山区，土地贫瘠易发生泥石流等自然灾害，水土流失严重，农民使用的生产工具也比较落后，很多地方仍是“靠天吃饭”的生存状态；甘肃的情况也不容乐观，在与新疆接壤的地区，很多地方都是沙漠；内蒙古的情况相对好些，然而随着现在土地沙漠化越来越严重，一些草原也已经逐渐退化，生活在牧区的放牧人将面临更大的威胁。在这些地区，很多的贫困县中有大部分都是民族自治地区，而且这些少数民族自治地区的人口众多。由于在少数民族地区居住着很多民族，他们之中有些民族人数较多，而有些民族的人数则相对来说很少，那些人数较多的民族的经济发展水平比那些人数较少的民族的经济发展水平要高很多，而不同民族之间大多又都喜好大分散小聚居的形式，很多人数较少的民族居住在深山老林之中，与外界接触较少，且交通不便。这些自然因素严重阻碍了少数民族地区的经济发展。

还有一个原因制约着民族经济的发展。大多数少数民族的人口较少，在文化、社会、经济等各个方面的发展严重滞后。在中国近代的历朝历代发展过程中，居住在西北以及西南的少数民族屡屡受到其他民族的歧视和压迫，在过去的几百年中，他们不断地移居到比较偏僻、土壤比较贫瘠的地区，这在一定程度上也限制了这些地区的经济发展。

更为重要的是，在民族经济体发展过程中，确定什么样的发展思路和目标，采取什么样的战略措施，直接影响民族经济体的现代化进程。为实现民族经济体特别是后发民族经济体的有效发展，有必要认真研究、制定符合民族经济体实际的当代民族经济发展战略。

国外关于民族经济发展战略的研究非常鲜见，主要集中于对发展中国家和落后地区经济发展战略的研究，对我们研究后发民族经济体发展战略有一定借鉴意义。国内关于民族经济发展战略的研究，始于20世纪80年代，一些民族经济和区域经济学者提出不少有价值的理论和观点。国内外研究提出的发展战略包括平衡增长与不平衡增长战略，初级产品出口、进口替代与出口替代发展战略，赶超与加速发展战略，以及满足基本需求与经济社会综合发展战略。由于研究制定这些战略的出发点和侧重点各不相同，因此，这些战略对民族经济体发展所起的推动作用也大小不一。但是，这些战略在处理经济增长与经济发展、区域发展与民族发展、快速发展与可持续发展等方面，却普遍存在一定的局限性，有必要提出衍生性发展这一全新的民族经济体发展战略。衍生性发展是指民族经济体内部或民族经济体与外部各要素在冲突融合过程中，形成良胜互动，并实现超常规发展。衍生与加速发展的关系是互相作用、互为因果的关系。衍生是加速发展的前提，民族经济体内部及民族经济体与外部各要素之间不形成良性互动关系，加速发展不可能实现。同时，加速发展是衍生目标和效果的集中体现，没有加速发展，衍生状态也不可能出现并保持。衍生性发展的基本要求，可概括为三个衍生、三个加速，即民族与民族衍生，加速共同发展；民族与社会衍生，加速全面发展；民族与自然衍生，加速可持续发展。

从民族经济发展历史轨迹考察，客观存在着经济发展不平衡性，造成不平衡的原因很多，其中一个非常重要的问题是经济管理水平差异，而经营要素配置效率与衍生性则是决定经济管理水平高低的重要方面。而民族经济拥有丰富的自然资源，但由于落后的资源配置与利用制度造成民族地区被沦为捧着金饭碗要饭吃的境地，守着丰富的自然资源，却每年要靠大量财政补贴维持经济运转，对传统体制的路径依赖性使得民族地区无法通过市场将优越的自然资源优势转化为商品优势最终形成经济优势。

基于以上客观事实，本文立足于已有研究基础，通过研究民族经济经营要素配置的基本理论，试图搞清楚民族经济独特经营要素之间内在配置关系及经营要素配置机理；通过对民族经济经营要素配置制度的历史变迁分析，找出民族经济独特经营要素配置中存在的主要问题，针对这些问题，研究提高民族经济独特经营要素配置效率的制度结构；根据目前民族经济经营要素配置的具体情况，构建民族经济独特经营要素，打破各民族旧有思想观念赖以存在的社会基础，创造提高民族经济独特经营要素的制度条件，协调改革过程中出现的利益冲突和制度安排冲突；导入“独特经营要素”研究，试图由此来认识民族经济发展对民族情绪的知觉力、评估力、表达力、分析力、习得力及转换力，以及由此产生的对社会、历史的适应能力，最终借此判断分析各民族参与社会主义市场经济建设的社会心理。

目　录

第一章 导 论

第一节 问题的提出

在各民族形成与发展过程中，由于民族内部生产分工、产品交换和分配关系的发展，使人与人之间、地区与地区之间在经济上相互依存，把人们结合成一个个联系密切的民族经济体。各个民族经济体的发展，是全世界和平与发展的重要基础，是全人类发展与进步的重要体现。特别是第二次世界大战以后，民族因素的作用日益上升，民族经济体发展问题成为当代引起广泛关注的重大问题。本书即以民族经济体发展为研究对象，其内涵既包括多民族国家以区域为载体的“文化民族”经济体的发展，也包括单一民族国家以国家为载体的“政治民族”经济体的发展，还包括移民国家以行业和企业为载体的“族群”经济体的发展。

区域的资源环境和民族的社会文化各异，决定了不同民族经济活动的内容不尽相同，而且，各民族经济活动的方式和道路选择，也表现出重大差异，特别是在当今世界经济体系中，各民族经济体的发展已突破了孤立封闭的区域局限，与整个世界的生产联系在一起。面对新世纪经济全球化、区域一体化迅速推进，知识经济为核心的产业革命蓬勃兴起的发展格局，当代民族经济发展必须与全球经济发展结合起来，把握世界经济发展趋势，寻求发挥自身比较优势，实现经济有效发展和各民族共同繁荣进步。

然而，由于存在民族共同体经济活动内容和性质的差异，民族经济体参与方式的差异，以及民族经济体地位和影响的差异，形成工业化先驱民族经济体与工业化后进民族经济体之间、主导民族经济体与从属民族经济体之间、主体民族经济体与少数民族经济体之间的矛盾与冲突。如果上述民族经济体差异集中体现为经济利益差异，并表现为超过临界点的巨大经济发展差距时，矛盾与冲突就会激化，甚至导致政治冲突。当工业化先驱民族经济体、主导民族经济体和主体民族经济体试图通过制度化的努力，来稳定或垄断自己的优势地位时，作为对这种不平等统治的反应，处于劣势的工业化后进民族经济体、从属民族经济体和少数民族经济体，可能会以自己的文化与核心群体的文化平等断言来进行社会动员而努力维护自身，进而促使它们相信自己的独立性并追求独立，形成经济一体化进程中民族冲突和分离化倾向。在20世纪90年代的几年间，至少有20个新的国家出现在苏联、南斯拉夫、捷克斯洛伐克等国的土地上，每个新国家都声称代表着原帝国或联盟体制下受压抑的民族，这些民族经济体的利益得不到保障、发展差距长期得不到消除，是造成民族冲突和分离的重要原因。综观当今世界，此类问题仍大量存在，成为当代世界不稳定因素和经济发展的根本性障碍。

系统辩证学认为，差异孕育着对立和斗争，但绝不等于对立和斗争，只要从系统整体优化出发，各种要素的差异也会出现协同发展、和谐一致的可能。对于当今世界经济而言，应当更多地关注后发民族经济体发展问题，包括工业后进民族经济体、从属民族经济体和少数民族经济体的发展问题，协同三大差异导致的经济利益差异，使不同民族经济体之间的发展差距保持在一定阈值之内，从而确保世界的和平与发展。

在民族经济体发展过程中，确定什么样的发展思路和目标，采取什么样的战略措施，直接影响民族经济体的现代化进程。为实现民族经济体，特别是后发民族经济体的有效发展，有必要认真研究、制定符合民族经济体实际的当代民族经济发展战略。

国外关于民族经济发展战略的研究非常鲜见，主要集中于对发展中国家和落后地区经济发展战略的研究，对我们研究后发民族经济体发展战略有一定借鉴意义。国内关于民族经济发展战略的研究，始于20世纪80年代，一些民族经济和区域经济学者提出不少有价值的理论和观点。国内外研究提出的发展战略包括平衡增长与不平衡增长战略，初级产品出口、进口替代与出口替代发展战略，赶超与加速发展战略，以及满足基本需求与经济社会综合发展战略。由于研究制定这些战略的出发点和侧重点各不相同，因此，这些战略对民族经济体发展所起的推动作用也大小不一。但是，这些战略在处理经济增长与经济发展、区域发展与民族发展、快速发展与可持续发展等方面，却普遍存在一定局限性，有必要提出衍生性发展这一全新的民族经济体发展战略。衍生性发展是指民族经济体内部或民族经济体与外部各要素在冲突融合过程中，形成良性互动，并实现超常规发展。衍生与加速发展的关系是互相作用、互为因果的关系。衍生是加速发展的前提，民族经济体内部及民族经济体与外部各要素不形成良性互动关系，加速发展不可能实现。同时，加速发展是衍生目标和效果的集中体现，没有加速发展，衍生状态也不可能出现并保持。衍生性发展的基本要求可概括为三个衍生、三个加速，即民族与民族衍生，加速共同发展；民族与社会衍生，加速全面发展；民族与自然衍生，加速可持续发展。本书围绕上述基本要求，努力构建民族经济衍生性发展战略体系：阐述民族经济衍生性发展依据、发展目标和发展途径，从资本积累、技术进步、人力资源开发等方面分析民族经济衍生性发展的要素配置，探讨对外经济关系和制度安排等民族经济衍生性发展的支撑体系，并研究民族文化对民族经济衍生性发展的内在推动作用。

对经营要素配置问题研究，主要是将马克思有关经营要素在国民经济各部门之间及在企业各经营部门之间有计划按比例配置理论运用于经济领域。在生产中，重点研究劳动力、资本和土地等经营要素本身配置对产出的贡献及企业内各经营要素之间如何实现有计划按比例地配置。大多数学者关注哪一种经营要素对经济产出贡献大，如利用数学模型研究经营要素贡献份额等。但不同情况下各经营要素对产出的贡献是有变化的，如用按劳分配原则衡量，劳动力要素对经济产出贡献最重要；在我国资本原始积累过程中，不同地区、企业由于获得资本量的差异又引起企业经营效率的巨大差异，因此，资金对经济的贡献开始上升；进入20世纪90年代，当技术进步在经济发展中的作用越来越突出，知识经济日渐凸显时，同样出现了坚持技术、信息和管理等新要素对经济贡献突出的观点。当然，研究经济问题提倡百家争鸣，从不同角度研究同一问题无可厚非。针对民族经济而言，主要研究内容是将一般经济理论的研究引入民族学的研究领域，主要探讨诸如民族地区资源配置、民族文化、民族经济史、民族经济发展模式等问题。主要关注民族经济发展如何适应经济全球化的趋势、民族传统文化的保护及再发展、民族经济发展的特殊性、民族地区经济结构的变迁等问题。然而民族经济是社会经济发展整体中不可分割的重要因素，它并不是游离于社会经济发展整体而独立存在的。经济体系总是沉浸在社会大环境之中，在这种环境里，各种经济成分都遵守自己所属群体的规则、习俗和行为模式，从而形成民族经济独特的经营要素。它体现为一种作为社会成员的深层意识“经济”行为，这种“经济”行为的意识是由习尚、道德、宗教、传承、传说、神话等具体的文化因素所决定的。人们在关注单一要素贡献时却忽略了一个重要问题，即民族经济独特的经营要素的贡献及之间的合理组合，而这恰恰是制约目前民族经济经营要素配置效率与衍生性的关键。课题组在搜集资料过程中听到了一个“包饺子”的道理：“饺子馅里有肉、菜及各种调料，饺子馅如何调配、饺子皮擀的厚与薄、饺子馅与饺子皮如何捏合更适合食用者口味，完全凭包饺子者的技巧和经验，而整个包饺子过程，哪个要素都少不了，都非常重要，但最重要的是如何组合。”这番话对课题组启发很大，我们研究民族经济的独特经营要素的合理配置，“包饺子”就是典型的例子，却未引起对它的足够重视。从民族经济发展历史轨迹考察，客观存在着经济发展不平衡性，造成不平衡的原因很多，其中一个非常重要的问题是经济管理水平差异，而经营要素配置效率与衍生性则是决定经济管理水平高低的重要方面。而民族经济拥有丰富的自然资源，但由于落后的资源配置与利用制度造成民族地区被沦为捧着金饭碗要饭吃的境地，守着丰富的自然资源，却每年要靠大量财政补贴维持经济运转，对传统体制的路径依赖性使得民族地区无法通过市场将优越的自然资源优势转化为商品优势最终形成经济优势。

第二节　研究目的和意义

一、研究目的

实施西部大开发是我国近年来在经济建设中的一个重大的战略调整，也是加快民族地区经济社会发展，增强民族团结，巩固社会主义民族关系，维护社会稳定和国家逐步实现共同富裕的重大战略决策。西部大开发是民族地区实现现代化、工业化、社会化和市场化的必由之路。它对民族地区经济社会发展既是难得的机遇也是严峻的挑战。国家实施西部大开发战略，给民族经济的发展提供了一次机遇。民族地区经济产业规模小，城乡发展不协调，区域发展不平衡，城乡农牧民收入水平低，在这一机遇的政策下如何合理配置民族经济独特经营要素，积极发展其衍生性，保持经济可持续发展，自然资源开发与人力资源开发相结合，迎接知识经济的挑战。

2001 年我国加入世贸组织以来，使得我国市场经济体系被纳入国际统一市场体系内，外部环境逼迫我国必须加快市场改革步伐，完全按照国际通用规则构建和完善我国市场体系，国内市场开放及与国际市场全面对接，为我国民族经济积极参与国际分工和竞争，在国际市场框架内配置全球经营要素提供了机遇，来自国内外市场的竞争压力迫使民族经济通过独特经营要素及衍生性，加快培养民族经济核心竞争力，不断改善独特的经营要素配置效率，进而推动民族经济综合素质全面提高。本书主要目的是：

（1）立足于已有研究基础，通过研究民族经济经营要素配置的基本理论，试图搞清楚民族经济独特经营要素之间内在配置关系及配置机理。

（2）通过对民族经济经营要素配置制度的历史变迁分析，找出民族经济独特经营要素配置中存在的主要问题，针对这些问题，研究提高民族经济独特经营要素配置效率的制度结构。

（3）根据目前民族经济经营要素配置的具体情况，构建民族经济独特经营要素，打破各民族旧有思想观念赖以存在的社会基础，创造提高民族经济独特经营要素的制度条件，协调改革过程中出现的利益冲突和制度安排冲突。

（4）导入“独特经营要素”研究，试图由此来认识民族经济发展对民族情绪的知觉力、评估力、表达力、分析力、习得力及转换力，以及由此产生的对社会、历史的适应能力，最终借此判断分析各民族参与社会主义市场经济建设的社会心理。

当代民族经济发展研究，属于民族经济学研究的重要内容，本课题提出并系统阐述当代民族经济衍生性发展战略，对于深化民族经济学研究，完善民族经济学的理论体系，具有重要的意义。

民族经济学是由施正一先生在 20 世纪 70 年代末提出、80 年代初建立的一门新兴学科。20 多年来，经过以施正一先生为代表的一批民族经济专家学者的不懈努力，民族经济学的理论建设取得令人瞩目的成就，“其中较有代表性的有施正一教授撰写的《民族经济学与民族地区的四个现代化》、《民族经济学导论》、《施正一文集》及其主编的《中国西部民族地区经济发展研究》、《民族经济学教程》，赵延年主编的《中国少数民族地区90年代发展战略探讨》，曹征海、马庵著的《起飞前的战略构想——中国少数民族地区经济长期发展研究》，陈虹、哈经雄主编的《当代中国经济大辞库——少数民族经济卷》，李甫春撰写的《中国少数民族地区商品经济研究》，况浩林的《中国近代少数民族经济史稿》，高言弘主编的《民族发展经济学》，陈庆德撰写的《民族经济学》等。同时在民族经济学研究中，针对民族地区的社会经济发展，提出了一系列新的理论观点，如民族地区经济发展中的差距问题、'加速发展战略'、'双向大循环'开放理论、'跨越式发展和波浪式推进'理论、生态环境建设中的'补偿机制'理论、少数民族地区社会经济发展的'三次飞跃'等。"① "目前，全国不仅有相当一批学者在学习和研究民族经济学，而且这一学科在我国少数民族地区乃至整个国家的经济建设中发挥着越来越重要的作用。"②

然而，如果深入考察20多年来我国民族经济研究的成果，不难发现这些成果仍是初步的，在研究质量和社会影响方面仍有较大差距。正如民族经济学者龙远蔚所指出的，民族经济学在理论认识与具体的研究实践之间存在着三个矛盾：一是研究内容的广泛性与研究深度的矛盾。民族经济研究几乎涉及了经济学的所有方面，囊括了经济学的宏观、微观、部门、行业、区域经济等各领域，很多研究注重用经济学方法研究"民族地区经济"问题，而忽视了用民族学的方法和视角研究经济问题，民族个性的研究特征不明显、不深入。二是研究对象的特殊性与普遍性的矛盾。当民族经济研究把少数民族经济作为一个整体来考察其经济社会的特点和规律时，不可避免会忽视那些存在于某些具体少数民族的经济特殊性。三是少数民族经济与民族地区经济的矛盾。一些民族经济研究者把民族地区经济等同于少数民族经济，把民族经济研究等同于一种冠以"民族"字眼的区域经济研究。③

本书力求克服民族经济发展研究方面的局限性，兼顾研究对象的广泛性与深入性、普遍性与特殊性、主体性与客体性，在理论体系、研究思路和主要观点上有新的突破。

（1）以全球人类和平与发展的视野，将经济学与民族学的理论及方法有机结

① 黄健英，罗莉，张丽君等. 民族经济学与西部大开发论坛［M］. 北京：民族出版社，2002.
② 张丽君. 发展与创新：民族经济学科20年［M］. 北京：中央民族大学出版社，2001.
③ 龙远蔚，吴兴旺，杜发春等. 中国少数民族经济研究导论［M］. 北京：民族出版社，2004.

合起来，深入探讨当代民族经济发展问题，广泛涉猎世界文化民族经济体、政治民族经济体及移民族群经济体，尽可能避免把民族经济学的研究对象局限于中国少数民族地区，拓宽了民族经济学的适用范围。

（2）科学界定当代民族经济体内涵，分析后发民族经济体与发达民族经济体的三大差异特征，重点研究推进工业化后进民族经济体、从属民族经济体和少数民族经济体发展的路径，寻求协同差异、融合冲突的规律。

（3）回顾、总结国内外关于民族经济发展战略的理论与实践，指出其局限性，结合当代民族经济发展面临的形势及自身特点，借鉴中华民族优秀传统文化，提出衍生性发展这一全新的当代民族经济发展战略，系统阐述衍生性发展战略的基本内容，提出“三个衍生、三个加速”的理论命题。

（4）全面分析“两个现代化”（经济现代化和民族现代化）的内容要求，建立衍生性发展目标模型，以衍生性发展系数定量分析后发民族经济体发展进程，提出整合后发优势理论，为衍生性发展目标实现提供依据。

（5）借鉴均衡与非均衡发展理论的科学成分，提出非均衡协调发展理论，重点研究产业、城乡及资源、环境、人口的非均衡协调发展，探寻衍生性发展战略的实现途径。

（6）综合分析当代民族经济衍生性发展的要素配置和支撑体系，建立资本积累、技术进步、人力资源开发等生产要素有效利用的理论和模型，探讨衍生性发展对外经济关系和制度安排，为衍生性发展战略实施奠定基础。

（7）注重民族经济发展的文化背景，分析民族价值观、民族宗教等民族文化因素对民族经济发展的影响，探寻激活民族文化对民族经济发展的内在推动力。

总之，通过上述理论创新和理论探索，本课题对民族经济学研究向纵深发展，将起到积极推动和促进作用。

二、研究意义

冷战结束后，世界格局开始出现重大调整，美苏两个超级大国直接对抗的因素得以消除，国际总体局势趋于缓和，蓄意破坏和平与稳定，掀起全面战争的危险性已大大降低。随着世界多极化趋势的发展，各国之间相互依存加深，共同利益越来越多，制约着世界大战的爆发，和平因素明显超过战争因素，世界上大多数国家更多地选择协商来解决分歧，通过合作来应对金融危机、资源短缺、环境污染、生态恶化、疫病灾情以及打击国际恐怖主义和跨国犯罪等共同的问题。世界要和平、人民要合作、国家要发展、社会要进步，是时代的潮流，为各民族经济体实施衍生性发展战略提供了良好的国际大环境。

然而，从局部来看，不稳定、不确定、不安全的因素仍然存在，甚至还有所增加。冷战结束后的10年中，局部战争和武装冲突达280多起，比冷战时期多100多起，范围遍及世界各地，西起欧洲的巴尔干，东到中亚，北起俄罗斯的车臣，南到非洲的扎伊尔，中连中东和高加索。中东和平进程陷入严重僵局，欧洲发生了“二战”以来最大规模的科索沃战争，多国卷入相当于半个世界战争的海湾战争和伊拉克战争，阿拉伯与以色列之间的冲突不断，非洲大陆53个国家中有12个陷入战争之中，还有使世界遗产遭到严重破坏的阿富汗内战，使南亚局势再度紧张的印巴克什米尔武装冲突等。这些局部战争和武装冲突虽然是国际上各种力量争夺战略要地、战略资源、战略主导权的矛盾的集中体现，是政治、经济、安全、地缘、宗教、文化等多种因素共同作用的结果，但是，一个非常关键的深层次原因是在国际经济旧秩序下形成的南北发展差距仍在不断扩大。联合国近期报告显示，全世界最富有的1/5人口与最贫困的1/5人口之间的收入差距从20世纪60年代的30：1扩大到现在的74：1。世界上最不发达国家已增加到48个，有13亿人生活在绝对贫困线以下，平均每日生活费不足1美元。20世纪90年代末，占全世界人口83%的发展中国家的国民生产总值仅占世界国民生产总值的21%，而占世界人口17%的24个发达国家的国民生产总值占世界国民生产总值的79%。发展中国家的外债已达2.5万亿美元，其中2/3是长期国债，有些发展中国家的外债已超过这些国家的国民生产总值。事实表明，由于经济不发达，长期处于贫困状况，必然引发社会动荡。战后数百次局部战争和武装冲突，大部分都发生在贫困和较贫困的国家和地区，这也从另一个角度说明实施衍生加速发展战略，加快后发民族经济体发展的必要性和紧迫性。

长期以来我们对民族地区的经济发展也是体制外即绕开民族独特经营要素及衍生性进行的。这种发展模式在粗放增长的潜力得到发挥以后，民族独特经营要素成为民族地区经济进一步发展不可逾越的因素。由于对民族独特经营要素如何作用民族地区经济发展缺乏正确认识而无法解决如何融合民族因素和民族地区经济发展的问题，学术界陷入应用研究和对策研究的被动局面。与这种学科困境相对应，处于后发阶段的民族地区，忽视民族独特经营要素配置，简单地模仿发达地区的发展模式和产业模式是一种相当普遍的经济发展选择。与这种选择相对应，国家在民族地区的发展实施上，重点放在政策的倾斜和经济物质的扶持上。但实际上，这种选择并没有使各民族地区经济走上腾飞，甚至恶化了民族地区的经济状况和生存环境，这种措施在实践中也是低效甚至失效的。我们应该认识到民族地区各民族特有的民族独特经营要素在历史上是一种客观真实的存在，而且在各民族的发展历史上，形成了各民族经济发展的特殊性。民族独特经营要素是以非正式制度方式强烈作用着民族地区的经济发展，这种作用是持久的、沉淀于历史进程中的，并在这一过程中形成了各民族独特经营要素配置。所以总体而言，民族地区的经济发展是一种诱致性的制度变迁过程，这使民族地区及该地区的民族群体具有更多的对民族文化的“路径依赖”色彩，而对民族文化的“路径依赖”也使民族地区在经济发展中具有相对成本优势，产生递增效应，使民族地区的制度变迁得到巩固和支持，促进民族地区经济发展。

本书把民族经济体发展战略作为研究对象，特别关注后发民族经济体发展问题，把加快工业化后进民族经济体、从属民族经济体及少数民族经济体发展，缩小与工业化先驱民族经济体、主导民族经济体及主体民族经济体的发展差距，作为贯穿始终的重点论题，努力追求民族与民族衍生，加速共同发展；民族与社会衍生，加速全面发展；民族与自然衍生，加速可持续发展的理想境界，必然有利于协同差异，融合冲突，促进世界和平与发展。

特别值得指出的是，近 20 多年来中国实施正确的发展战略，在促进民族经济发展方面取得了显著的成就。20 世纪 80 年代，中国政府实施了以沿海开放为重点的赶超战略，使国家的经济实力迅速增强。在此过程中，对少数民族及少数民族地区实行加速经济文化发展的政策，使其与全国的发展差距保持在一定限度之内。到 20 世纪末，中国政府开始实施西部大开发战略，加快西部民族地区生态建设、基础设施建设，并通过优惠政策吸引国内外投资流向其特色、优势产业。21 世纪初，中国政府调整发展战略，确立以人为本和全面、协调、可持续的发展观。对于少数民族及少数民族地区发展，将在西部大开发中更加注重民族素质提高和经济、文化及各项社会事业的统筹协调发展。这些发展思路和发展战略的调整和完善，完全符合衍生性发展战略的基本要求，也为衍生性发展战略体系的形成奠定了坚实的实践基础。

第三节 研究的思路和方法

课题围绕着民族经济独特经营要素配置及衍生性这一研究主题，以经济全球化趋势引发的国内外市场环境变化为研究背景，立足于民族经济发展二十多年形成的生产能力和经济基础，针对民族经济独特经营要素配置过程中存在的主要问题、民族经济独特经营要素及民族经济发展间的关系，从理论和实证两方面系统研究了民族经济独特经营要素配置及衍生性问题。构建民族经济独特的经营要素，促进民族经济快速、持续发展。

研究方法是由特定的研究对象所决定的。本课题研究对象是民族经济发展战略，因此，主要采用民族经济学的研究方法，同时，综合采用发展研究的其他方法。民族经济学是介乎民族学和经济学之间的一门中介学科，或者说是研究民族与经济两者相结合区间的一门边缘学科，还可以说是研究人类社会不同形态条件下的民族因素和经济因素两者交叉互动过程特点与规律的一门交叉性学科。因此，民族经济学的研究方法也体现出上述特性。从现阶段民族经济学发展中的实际情况来看，重点采取科学的理论思维方法、深入实地调查研究方法以及适度科学抽象方法等。[①] 这也是本课题采取的主要研究方法。同时，根据发展研究要求，还采用规范分析与实证分析相结合的方法、定性分析与定量分析相结合的方法。

采用诺斯的新经济史学作为分析框架。即先提出民族经济独特经营要素合理配置研究民族地区经济发展的理论分析框架，然后通过收集有关数据资料和史实资料来进行分析检验。

以新制度经济学制度变迁理论为课题分析主线：新制度经济学制度变迁理论是对一长期经济变化做分析理解的关键，而根据路径依赖理论，初始条件影响着制度变迁的路线及目标的选择和实现。课题的立意是民族经济独特经营要素是以非正式制度的方式对民族经济发展发挥作用，这种作用形成了民族经济发展独特的“路径”依赖进程。制度变迁理论为揭示这种作用提供了分析工具，并在此基

① 施正一. 民族经济学教程［M］. 北京：中央民族大学出版社，2001.

础上构建了一个理论分析模型。

案例分析和理论分析相结合的方法。张曙光先生把案例研究看成是进行实证研究的重要方法，而在科斯的方法论中，案例和一般化是一条主线。同时，民族经济学作为民族学和经济学的交叉学科，在研究方法上也融合了民族学和经济学的研究方法。本书在以经济学研究方法为主线的同时，引入民族学案例分析法。以阿克塞县等民族地区民族经济独特经营要素的渐进演变对该地区经济发展的影响为案例，通过对典型案例的理论分析，为民族经济独特经营要素合理配置与衍生性——民族经济发展必须考虑的因素这一观点提供有力的佐证。

第四节 可能的创新性

民族经济独特经营要素配置不合理和民族经济发展中“输血”型政策失效的难题一直困扰着学术界。学术界对民族经济独特经营要素虽有涉及，但一般较多地从民族学角度论及，把民族经济独特经营要素合理配置通过经济学的分析应用于民族经济发展实践尚是研究中的不足，本书从非正式制度这一角度对民族地区经济发展中的模仿型战略和“输血”型政策进行反思，以民族经济独特经营要素为民族因素介入民族经济发展实践的具体体现，并以制度变迁理论为分析工具揭示民族经济独特经营要素如何融入民族经济发展及由此形成的民族经济发展中对民族经济独特经营要素的独特“路径”依赖进程，解决民族经济发展实践中如何从“输血”向“造血”转变的难题。

第五节 国内外研究动态

要素配置问题一直是经济理论研究的重要问题之一，从亚当·斯密的市场配置经营要素研究到要素配置制度理论，综观经营要素配置研究的国内外文献，主要分布在：不同经济发展阶段经营要素的扩展与分化研究，经营要素在不同部门间流动与配置效率研究，经营要素配置方式研究等。课题试图从不同的研究领域中提炼出与本研究主题相关的内容，形成一个以经营要素自身演化研究入手，重点归纳农业经营要素的配置方式，以及不同配置方式制度化的分析框架。

一、国外研究动态

1. 经营要素演变与分化理论

1662年，威廉·配第在其《赋税论》中提出劳动价值理论。其核心思想是经营两要素论，即“劳动是财富之父，土地是财富之母”。1776年，亚当·斯密首先提出三要素理论，他指出：“在每一个社会中，每一种商品的价格最终分解为这三个部分（工资、利润、地租）之一，或三者全体，并且在每个进步的社会中，这三者都多少不等地作为组成部分加入绝大部分商品的价格中去……是一切收入的三个原始源泉……”1803年，萨伊在此基础上提出著名的“三位一体”的公式。劳动—工资，资本—利息，土地—地租，即在生产中，工人提供了劳动，获得了工资；资本家提供了资本，获得了利息；地主提供了土地，获得了地租。各种生产要素都根据自己在生产中所做出的贡献而获得了相应的报酬。1890年马歇尔提出“组织”（即管理或企业家的才能）对生产起着重要的作用，因此他将组织列为经营的第四要素，其报酬就是利润。马歇尔还提出了生产要素的供求均衡理论即生产要素的供给和需求决定其价格。克拉克进一步指出：每个生产因素在参加生产的过程中，都有其独特的贡献，也都应有相应的报酬……利润是企业家劳动的收入。1954年库兹涅茨在对各国经济增长进行统计分析时，提出一国经济增长能力的长期上升，是建立在先进技术以及所需要的制度和思想意识的相应调整的基础上的，先进技术是经济增长的一个主要来源，因此，第一次将技术进步作为独立经营要素引入要素分配中。索罗也提出：“技术发展是经济增长后面的长期的主要因素。”随着知识经济和信息时代的到来，信息产业本身以及信息产业对传统产业的改造都对经济增长做出了突出贡献，因此，信息逐渐独立成一个经营要素。以上分析说明，人们对经营要素的认识随着社会分工、专业化及经济发展而逐渐深化，由最初的二要素发展到多要素。

2. 经营要素配置理论

西方主流经济学是在市场制度框架内研究经营要素配置问题。自从亚当·斯密提出“看不见的手”原理后，微观经济学始终围绕着如何通过完善市场制度提高稀缺资源配置效率，从市场供求关系到均衡价格形成，从产品市场到要素市场，从单一完全竞争市场发展到多种市场形态构成的市场制度，从市场失灵到政府宏观政策干预等，从不同角度系统研究市场配置经营要素的机制，形成了相互联系的有机体系。以杰文斯、瓦尔拉斯和门格尔等为代表的新古典学派，提出以主观效用为基础的边际效用价值论，将边际分析方法引入要素配置研究，定量分析劳动、资本和土地三要素配置效率。按照边际收入等于边际成本的原则确定追求利润最大化条件下，分别确定劳动、资本和土地三要素最佳投入点；在产出一定的情况下，三要素投入成本最低组合；在要素投入一定的情况下，稀缺要素如何在不同产品之间进行分配，以实现产出最大化。西方要素市场理论也是按照这一思路，分别研究劳动力、土地和资本三大经营要素的需求特点、供给特点及价格形成，通过经营要素市场，各要素如何实现在不同行业、企业之间及企业内部的均衡状态，即最佳配置状态。福利经济学从局部均衡拓展到一般均衡，从专业化分工角度分析了经营要素在不同市场由不同经营者独立配置，然后通过交换改变各自的经营要素配置效率，最终达到经营要素在全社会配置的高效率——帕累托最优状态。关于经营要素跨国配置问题，亚当·斯密提出了绝对优势理论；大卫·李嘉图提出了比较优势理论；伯尔蒂尔·奥林提出了生产要素禀赋理论。

总之，西方主流经济理论认为经济学就是研究稀缺资源配置的科学，其研究重点是通过市场这只“看不见的手”，实现有限的经营要素在全社会最优配置。但对市场竞争主体——企业的经营要素配置问题，由于对企业的认识仍停留在资源转换器的层次，认为企业决策者在市场的压力下，作为追求自身利益最大化的理性人，会自动实现经营要素最优配置。这一观点与现实存在很大距离，因此，20 世纪 30 年代以科斯为代表出现了一系列研究企业配置经营要素机制的学说，以弥补西方主流经济理论的不足。

3. 经营要素配置制度理论

科斯针对传统经济理论中厂商理论存在的不足，于 1937 年在其著名论文《企业的本质》中开创了以研究企业本质和边界为主要内容的现代企业理论，其后，在其《社会成本问题》一文中进一步提出配置经营要素有市场、企业、政府三种可供选择的方式，三种方式的不同组合构成了社会制度结构，每种方式发生作用的范围则根据交易成本的大小决定。张维迎教授将现代企业理论归纳为企业的契约理论、企业的企业家理论和企业的管理者理论三部分。

（1）企业的契约理论。由科斯开创，由阿尔钦、德姆塞茨、威廉姆森、克莱因、詹森、麦克林、利兰、派尔、罗斯、张五常、杨小凯、黄有光、格罗斯曼和哈特等从不同方面进行了发展和完善。

（2）企业的企业家理论。奈特以经济活动的不确定性为分析前提，认为企业出现的基本原因是解决市场的不确定性问题。在不确定性条件下，“实施某种具体的经济活动成了生活的次要部分，首要问题或功能是决定干什么及如何去干”。“首要的功能”即企业家功能，企业家向他人支付有保证的工资，并以此换取支配他人工作的权力。另外，柯斯纳、熊彼特、沙科及卡森等也从不同角度研究了企业家的功能和企业家与资本家之间的关系。

（3）企业的管理者理论。该理论的代表人物有伯利、米恩斯、鲍莫、玛瑞斯、威廉姆森、詹森和麦克林。其研究的重点是现代企业在控制权与所有权分离的情况下，由于股份公司中股权的广泛分散，企业的控制权已转入管理者的手中。所有者仅是资金提供者和最终利益的获取者，并提出了管理者在不同约束条件下实现其目标函数的数学模型。现代企业理论突破了传统经济理论关于企业是一个资源转换器的认识局限，将企业视为一种配置经营要素的有效方式，从交易费用、代理、企业家和管理者的不同角度系统研究了企业在经营要素配置过程中的机理，为研究社会化地配置经营要素提供了理论基础。

二、国内研究动态

关于民族经济发展的研究著作已经形成了一个系统而科学的体系，相关专著包括施正一等主编的《中国少数民族经济概论》，高言弘主编的《民族发展经济学》，曹征海、马飚的《起飞前的战略构想——中国少数民族地区经济长期发展战略研究》，王文长的《中国经济发展的B面——经济发展与民族利益的整合》，杜发春的《民族经济发展论纲》，龙远蔚的《中国少数民族经济研究导论》等。相关论文更多，这里不再赘述。其主要研究内容是将一般经济理论的研究引入民族学的研究领域，涉及的内容是多方面的。然而民族经济是社会经济发展整体中不可分割的重要因素，它并不是游离于社会经济发展整体而独立存在的。经济体系包含着各种经济成分，而这些经济成分都处在社会大环境之中，它们遵守着自己所属群体的规则、习俗和行为模式，并逐渐形成了民族经济独特的经营要素。它体现为一种作为社会成员的深层意识“经济”行为，习尚、道德、宗教、传承、传说、神话等具体的文化因素决定着这种“经济行为的各种意识”。

第二章　相关概念的界定

第一节　民族经济

一、民族经济概述

“民族”是在历史发展阶段所形成的，具有共同语言、共同地域、共同经济生活以及表现在共同文化上的共同心理素质的稳定的共同体。“民族”由“民”和“族”两个字组成，“民”即人民，“族”是指具有某种关系和统一特征及习惯的人的群体。民族这个词在19世纪晚些的时候才开始出现，常指种族和人种等。进入20世纪后，这个词才逐渐明确起来，除了有种族的意思之外，还指具有相同语言、相同文化及相近的生活方式和习俗的人群。马克思认为，民族是人们在历史上经过长期发展而形成的稳定共同体。

民族经济是在历史的长河中，每个民族的农业、工业、服务业等领域的社会经济发展的总称。民族经济的发展速度，决定了民族社会发展和人民生活改善的速度。民族经济是由民族和经济两个独立概念组合而成的一个复合性的概念，它是伴随着近代民族运动兴起而产生的一个概念。特别是在第二次世界大战以后，随着大批殖民地半殖民地国家和地区摆脱帝国主义的殖民统治，这些国家或地区的人民要求发展本国民族经济的呼声越来越高，民族经济概念开始出现在国际社会生活中。民族经济则侧重于从微观角度，从民族个体的角度来分析经济。因此，它仅仅包含人数在多民族国家里人口处于较少的民族，因而不包括汉族。

20世纪50年代以后，我国在外交关系方面沿用了这个国际通用概念。在我国，它最早是指亚非拉新独立国家的民族经济。例如1957年10月2日周恩来总理说："印度尼西亚人民也正沿着发展独立的民族经济的道路前进。"1958年8月16日他又说："不久以前摆脱了殖民主义统治的民族主义国家都迫切地要求建立自己独立的民族经济，反对帝国主义继续对它们进行掠夺，继续控制它们的经济命脉。"此后他还在多次的对外讲话中讲到了独立的民族国家要发展自己的"民族经济"。20世纪50~70年代，"民族经济"概念是我国外交领域使用颇为频繁的一个专用词汇。与"民族经济"一起出现在国际上的词汇还有民族工业、民族工商业、民族资本等。80年代到90年代中期，民族经济这个概念已经成为具有多层含义的常用术语了。

"民族经济"有两层含义。广义上是从独立的民族国家的角度来说的，它的使用范围和研究多用于世界各个国家的经济问题，如中华民族的经济，日本民族的经济等；狭义上则是从中国国内的角度来说的，它的使用范围和研究范围是我国的少数民族经济问题。这种"民族经济"既不同于发达的资本主义国家的国民经济或社会经济，也不同于多民族国家内的那种少数民族经济。与前者相比，它突出的是"民族"；与后者相比，它突出的则是"国家"。而所谓的中国少数民族经济学，可以把它理解为狭义的"民族经济学"，即专指研究中国少数民族问题的学科。并由此开始把民族经济这个概念引用到研究国内少数民族与民族地区发展经济问题中来。各民族所具有的经济、文化、政治等矛盾是不尽相同的。种种不同的矛盾存在方式决定了各民族经济社会的特征，也就是民族特点，民族要发展只有建立在与民族构成主题相适应的发展模式上，才能真正促进该民族主体自身素质技能的提高。每个民族都有自身特点的存在，这些特点表现在不同民族的心理、文化、经济、正直等各个方面，是区分民族的重要标尺。

二、发展少数民族经济的意义

我国有56个民族，其中55个少数民族。少数民族地区资源丰富，发展潜力巨大。少数民族经济是中国经济的重要有机组成部分，少数民族经济的发展并不是孤立的，而是中国经济矛盾总体演进中的必要环节。民族经济的主体是组成该民族的人，在社会主义现代化建设中，少数民族人口的贡献是巨大的。在第五次全国人口普查结果中，中国的31个省、自治区、直辖市和现役军人人口中，少数民族人口占总人口的8.41%，与第四次全国人口普查结果（不包括港、澳、台

地区）相比，少数民族人口增长了16.70%。通过数据的计算，少数民族对我国GDP的总贡献也是巨大的；少数民族的人均GDP增长的速度也比世界平均水平快。但由于我国人口基数大，所以人均GDP水平却相对较低。所以发展少数民族经济是势在必行的，也是提高全国经济水平的重中之重。民族经济的发展在多方面影响着中国经济的发展。

在政治上，民族是随着人类经济的发展，在一定的政治组织，特别是国家政权的制约和支撑下形成的，若干民族共同存在于一个国家。在这种情况下，民族经济的发展，对一个国家来说是至关重要的。我国少数民族较多，其经济基础决定上层建筑，中华民族的团结和谐，中华民族的经济发展，需要少数民族的经济进一步的发展，这样才能使国家的经济平衡，才能使得少数民族的人们生活更加富裕。在国家的大力帮助和扶持下，制定出许多对少数民族的优惠政策。少数民族经济的发展，直接影响着国家的政治经济的发展、国家整体局势的稳定以及国家的整体经济实力。

在经济上，少数民族的经济具有一定的"民族性"。少数民族的一些特有的风俗习惯和居住的艰苦的自然环境对其民族的经济活动、经济发展有一定的制约。由于这种制约是长期的、难以改变的，从而导致每个人的价值观、行为方式、生活习惯等均带有一定的民族性、民族色彩。由于长期处于这种经济环境和自然环境中，许多人固守家园，勤劳肯干，一点一点地改变当地的自然物质环境和经营环境，使经济状况有些许的改观。这种"民族性"，一方面使人们的经济活动丰富多彩，而另一方面使民族经济的发展较为缓慢。但是，努力发展少数民族的经济有助于提高少数民族的生活水平、技能水平等。同时也能对国家经济做出一定的贡献。

在文化上，经济的发展会给少数民族带来更多的知识财富和精神财富。少数民族文化是经济的基础。同时，经济又影响着当地文化的发展。少数民族均有自己独特的民族文化。少数民族经济的发展，会使当地的科学技术更加完善，文化知识更加丰富等。从而改变少数民族在农业、工业上的设备，进而更快地发展经济。少数民族的一些特色文化，如民族风俗、民族服装、民族歌曲和民族诗歌会得到进一步的传承和发展，使其他民族能够更加了解本民族，从而创造一些精神上的共鸣。

加快少数民族经济发展对我国构建和谐社会也有着重要的意义。少数民族经济的发展可以巩固团结平等互助的新型民族关系，使各民族间有更加强的凝聚力；少数民族经济的发展可以促进社会的稳定，使各民族的人民各有所劳，劳有所得，安居乐业；少数民族经济的发展可以促进少数民族文化发展，促进中华文化的繁荣。

第二节　民族地区的经济

一、民族地区经济的概念

民族地区的经济是指多民族国家中有一个或几个民族聚居的特定地区的经济。“民族地区的经济”在实际使用的过程中与“少数民族地区的经济”概念是一致的。本书所说的民族经济是民族地区的经济，包括多民族聚居的地区。自改革开放以来，我国的经济快速发展，人民的生活水平逐步提高，普遍能够达到生活富裕，周围的生活氛围祥和。但是一些少数民族地区的生活水平并没有十分明显的提高。其除了一些主观因素外还有一些客观的因素，我国绝大多数的少数民族居住在自然环境比较恶劣、交通不是十分发达的地区。而一些经济学家在研究少数民族经济发展不起来的原因的时候，只是从文化知识、科技水平的掌握程度着手，忽视了其居住地的环境条件这一重要因素。20 世纪 50 年代，具有经济学背景的社会学家帕森斯和斯梅尔塞出版的《经济与社会》，也极力地批评了经济学理论缺乏对非经济领域的研究，经济学在处理非经济因素领域的问题时，大多采用模棱两可的关于人类本性的观念，把非经济因素当作随机变量或因变量来处理，或把非经济因素视为既定等倾向，在这种经济学的分析框架中，无不表现出了经济学分析的局限，没有把经济活动中的非经济因素纳入一个系统中加以考虑。

为了缩小经济发展水平差距，除了国家在政策、资金、技术等方面给予帮助扶持外，少数民族也要进一步解放思想，与时俱进，抓住机遇，努力拼搏，加快发展本民族的经济，这才能使得经济发展，从一个靠国家经济带动的民族转变为推动国家经济发展的民族。

二、少数民族经济发展的两层含义及其相互关系

少数民族地区经济的发展和少数民族特色经济的发展，前者是经济学意义上的发展，后者是民族学意义上的发展。在经济市场化过程中，如果单纯强调少数民族地区经济在经济学意义上的发展，民族学意义上的少数民族的特色经济就有可能衰退甚至消亡。如何认识和处理这两层含义的少数民族经济发展之间的关系，是中国少数民族经济学科研究的一个具有重要现实意义的课题。

多年来，我国少数民族经济研究“关注的焦点均是‘发展’问题，即如何加快我国少数民族及民族地区经济的发展”。[①]“发展”这个“硬道理”，似乎理所当然地也应当是少数民族经济问题中的“硬道理”，全面建设小康社会的奋斗目标提出后，少数民族经济的发展问题更成为了人们所关注的重中之重。然而，作为中国少数民族问题之一的少数民族经济问题是否仅仅是一个如何发展的问题，少数民族经济的发展问题本身是否能够等同于在经济学意义上的发展问题或“发展才是硬道理”这一论断所指的发展问题？这是值得我们冷静思考的。

在经济全球化背景下，有人提出：“世界经济一体化、国际化是一个大趋势，少数民族地区经济只能顺应潮流，才能缩小差距，加快发展；否则，永远封闭，永远落后。”[②]这种说法当然是有道理的。因为，在经济全球化进程中，落后就要挨打，落后的民族就有可能会消亡，这个全世界范围内民族问题的道理从根本上说也是适用于一个国家内部的民族问题。但是，当少数民族地区的经济发展起来后，如果在我们的苗村、瑶寨、傣乡等少数民族聚居地，人们弹的是电吉他，唱的是流行歌曲，跳的是迪斯科，青少年们崇拜的是歌星、球星，甚至过起了圣诞夜、狂欢节，这种发展后的经济，我们还能够称其为少数民族经济吗？或者说，这种发展后的少数民族还是真正意义上的少数民族吗？

因此，少数民族经济问题并非仅仅是一个一般意义上的发展问题，少数民族地区经济的发展也不是少数民族本身的发展在经济上的必然表现。与少数民族本身的发展密切相关的具有少数民族特色的经济的发展，同样是值得我们关注的重要问题，在国际经济全球化和国内经济市场化迅猛发展的今天，如何处理好少数

---

① 龙远蔚. 少数民族经济研究的回顾与展望 [J]. 民族研究，1998 (5).

② 卢万兵. 关于少数民族地区经济国际化问题的思考 [J]. 广西社会科学，1997 (4).

民族地区经济的发展与具有少数民族特色的经济的发展之间的关系更是一个需要我们认真研究的问题。

严格地说，“少数民族经济”和“少数民族地区经济”是两个不同的概念。从学科的角度来看，前者是“从民族的角度来研究经济问题”，后者则是“从地区的角度来研究经济问题”。所以，于光远先生在20世纪80年代初就提出，“少数民族经济的范围、对象是研究少数民族的人民的生活状况，少数民族家庭经济生活的特点，少数民族生活的习惯、文化传统对它的经济生活，包括生产、分配、交换、消费的影响的一个领域。”由于少数民族经济“同少数民族地区经济是分不开的”，因此“还要研究少数民族经济和少数民族地区经济之间的关系”。[①②] 但是，在现实生活中，人们往往混淆了这两个概念，甚至“用‘少数民族地区经济’替代‘少数民族经济’”。[③] 而且，“现实的民族经济研究”也“事实上主要侧重于对中国少数民族地区经济的研究”。[④]

在民族经济研究中，中国少数民族经济问题是否能够等同于中国少数民族地区的经济问题呢？ 回答显然是否定的。施正一先生在说明民族经济学的研究对象时指出：“民族经济学就其研究范围来说，可以划分为广义和狭义的两个方面：从广义上来说，它可以根据研究的需要研究世界上各个民族或民族国家的经济问题。从狭义上来说，它是研究多民族国家中的少数民族经济问题，在我国则是研究除汉族以外的各个少数民族和民族地区的经济问题。”[⑤] 按照这一定义，所谓中国少数民族经济问题，实际上就是两个问题：中国各个少数民族的经济问题和中国各个少数民族地区的经济问题。王文长先生认为：“狭义层面的民族经济研究，就是研究由民族内生属性所定义的民族的经济生活的特殊性，民族的行为、习惯、规则在经济生活中的表现、作用，以及相应所呈现的规律、结构变迁的条件和状态等；广义层面的民族经济研究是狭义层面的进一步扩展，即涵盖民族国家概念含义的经济和民族区域概念含义的经济。”“民族国家概念含义的经济是以国家为利益整体并以其为基础构造国际经济关系；民族区域概念含义的经济则把区

① 于光远. 少数民族地区经济和少数民族经济［M］. 银川：宁夏人民出版社，1983.
② 施正一. 民族经济学教程［M］. 北京：中央民族大学出版社，1997.
③ 李瑛. 少数民族经济论［J］. 阴山学刊（社会科学版），1997（2）.
④ 王文长. 关于民族经济学研究的几个问题［J］. 民族研究，1999（4）.
⑤ 施正一. 民族经济学导论［M］. 北京：民族出版社，1993.

域特征摆在一个突出的位置上；而民族定义的经济所突出的就是民族本身。”[①] 按照这种划分方法，狭义的中国少数民族经济问题就是指由民族内生属性所定义的中国少数民族的经济生活的特殊性，民族的行为、习惯、规则在经济生活中的表现、作用，以及相应所呈现的规律、结构变迁的条件和状态等问题，即少数民族自身的经济问题，而广义的中国少数民族经济问题则指包含中国各个少数民族自身的经济问题在内的中国少数民族区域的经济问题。

上述两种定义或划分方法的共同点就是：将中国少数民族经济问题划分为中国少数民族的经济问题和中国少数民族地区的经济问题，尽管这种划分在逻辑上未必严密（为了避免种属概念的混淆，本书将“少数民族经济”这一种概念划分为“少数民族特色经济”和“少数民族地区经济”两个属概念），但毕竟将具有少数民族特色的经济与少数民族地区的经济这两个问题区分开了。后者则更强调了少数民族特色经济中的“经济”这一概念的特殊含义。这种强调是非常必要的。因为“由民族内生属性所定义的”少数民族的经济问题本身，并不存在经济学意义上的或“发展才是硬道理”这一论断所指的发展问题，而只有少数民族地区的经济才存在着人们通常所说的发展问题。

“由民族内生属性所定义的”少数民族经济，即具有某一少数民族特色的经济，当然也存在着发展问题，但这种发展在本质上是一个民族学意义上的发展问题，即民族的发展在经济方面的体现。所谓民族的发展是指民族的兴旺或繁荣，它以民族的存在为前提，或者说，它的负概念就是民族的衰亡。而一个民族是否存在，并非仅仅指具有这个民族血统的人或人群是否存在，如果具有这个民族血统的人或人群仍然存在，但具有该民族特色的文化传统——风俗、习惯、语言、艺术、宗教、心理等均已失传，我们还能说这个民族依然存在吗？事实上，世界上很多已经被认为消亡的民族，具有这些民族血统的人至今仍然存在。具有民族特色的文化传统不存在了，这一民族在经济生活方面的表现，即作为我们研究对象的真正意义上的该民族的经济问题当然也就不可能存在了。

所以，民族学意义上的少数民族特色经济的发展问题和经济学意义上的少数民族地区经济的发展问题，实际上是两个不同性质的问题。而作为我们关注焦点的发展问题却往往只是经济学意义上的少数民族地区经济的发展问题。

---

① 王文长. 关于民族经济学研究的几个问题 [J]. 民族研究，1999（4）.

具有少数民族特色的经济问题与少数民族地区的经济问题虽然是两个不同性质的问题，但二者之间又存在着不可分割的联系，一个具体的少数民族必然存在于某一个或某几个地区，因而具有某一少数民族特色的经济也就必然与这一少数民族居住地区的经济之间存在着密切联系。民族经济学作为民族学与经济学的交叉学科，其在中国少数民族经济问题上的研究重点则应当是这二者之间的关系，而不是其中的某一个方面。否则，我们所研究的问题只不过是民族学问题在经济方面的表现，或经济学问题在民族地区的表现。

经济学意义上的少数民族地区经济的发展与民族学意义上的少数民族特色经济的发展之间是否必然存在着正相关关系呢？或者说，只要少数民族地区的经济发展起来了，具有少数民族特色的经济是否就必然会发展起来呢？ 被杜玉亭先生称为“途径目标说”的观点对这个问题的回答是肯定的，这种观点认为“发展是民族繁荣必由之路，而民族繁荣则是解决民族问题的最终目标。”[①] 这里所说的“发展”是指经济学意义上的发展，“民族繁荣”则是指民族学意义上的发展，少数民族特色经济的发展就是民族繁荣的一种表现。针对“途径目标”说，杜玉亭先生提出了自己的“个性共性说”：“发展是一个共性概念，它涵盖中国人民，其在社会主义初级阶段的基本内容，是经过‘三步走’战略于2050年建成中国特色的社会主义。而各民族共同繁荣是一个个性概念，它侧重于中国少数民族，因为它们进入社会主义的脱胎母体不同，所以它们实现‘三步走’战略中有许多特殊性问题，需要从实际出发采取各种措施帮助、促进，才能达到各民族共同繁荣。”[②] 本书完全赞成杜先生的“个性共性说”，经济学意义上的少数民族地区经济的发展是一个共性问题，民族学意义上的少数民族特色经济的发展则是一个个性问题。这两种意义上的发展之间并非必然存在着正相关关系。

然而，不仅在理论上而且也在实践中，人们往往误认为经济学意义上的少数民族地区经济的发展与民族学意义上的少数民族特色经济的发展之间必然存在着正相关关系。正如何叔涛先生所指出的：“长期以来，当我们谈及某个少数民族解放后的进步与发展，尤其是民族经济的发展时，往往以该民族地区内国家兴建了多少工矿企业从而使该地区的工农业产值、劳动生产率、人均国民收入和地方财政收支等有哪些巨大的增长来举例说明问题。不能说这种论证没有一定的道

①② 杜玉亭. 发展与各民族共同繁荣论略［J］. 民族研究，1997（2）.

理，因为国家在少数民族地区开发资源，兴建矿山、农场、林场、电站对当地少数民族经济文化的发展的巨大促进作用是显而易见的。然而少数民族自身的发展和该地区经济建设的发展毕竟不是同步的。这同样也是一个不可回避的现实问题。”

从中外历史事实看，在经济全球化和国内经济市场化的冲击下，如果单纯地强调以人均 GDP 或人均收入等经济指标为标志的民族地区经济的发展，民族地区经济的发展与具有民族特色经济的发展之间还很可能出现负相关关系，即民族地区的经济发展起来了，具有民族特色的文化传统及其在经济生活方面的表现反而衰退或消亡了。对于人口较少的民族来说，出现这种负相关关系的可能性就更大。我国现有 10 万人以下少数民族 22 个，[①] 在经济市场化进程中如果仅仅强调经济学意义上的少数民族地区经济的发展，这些人口较少的少数民族就更有可能出现杜玉亭先生所说的“族籍迷失现象”。[②]

在以市场经济为导向的经济发展过程中，为什么会出现民族“族籍迷失现象”呢？其关键在于，现代民族的四个基本特征——“共同语言、共同地域、共同经济生活以及表现于共同的民族文化特点上的共同心理素质”，[③] 都是在前资本主义社会或前工业化社会时期逐渐形成的；这些民族特征的形成，都与当时相对封闭的和自给自足的自然经济环境是密切相关的。而经济学意义上的经济发展，是一种以市场经济为导向的经济发展，因而其本身具有一种对特殊民族文化传统生存环境的破坏作用。在这种经济发展过程中，随着对外交往的增长，具有本民族特征的传统乡土文化不可避免地受到外来文化的影响，从而有可能逐渐丧失其自身的特色。

经济学意义上的少数民族地区经济的发展与民族学意义上的少数民族特色经济的发展之间是否必然存在着负相关关系呢？当然也不是。例如，在经济市场化和区域经济一体化高度发展的欧盟，不仅各民族国家自身的特色依然保持，而且各个国家内部也依然存在着不同的民族。

经济全球化和国内经济市场化推动下的经济发展的一个重要特征，就在于它本身是非民族化的或国际化的。马克思和恩格斯早在《共产党宣言》中就曾指出，在国际贸易的发展和世界市场的形成的影响下，“过去那种地方的和民族的自给

① 胡果. 加快二十二个人口较少民族发展 [N]. 人民日报，2002-01-17.
② 杜玉亭. 基诺族识别四十年回识——中国民族识别的宏观思考 [J]. 云南社会科学，1997 (6).
③ 斯大林. 斯大林全集（第 2 卷）[M]. 北京：人民出版社，1953.

自足和闭关自守状态被各民族各方面的相互往来和各方面的相互依赖所代替了。物质的生产是如此，精神的生产也是如此。各民族的精神产品成了公共的财产。民族的片面性和局限性日益成为不可能，于是由许多民族的和地方的文学形成了一种世界的文学。”[①] 当然，马克思和恩格斯在这里所说的只不过是我们今天所说的经济全球化的一种发展趋势，从逻辑上讲，这种发展趋势的最终结果就是全球经济一体化。至于全球经济一体化或“英特纳雄耐尔”最终实现以后的民族消亡问题，对于我们来说还不是一个值得普遍关注的现实问题。因为：第一，人们通常所说的民族最终消亡，是指全世界各个民族的同时消亡，即整个人类社会中民族差别的消失，形成了一个没有民族界限的人类整体，而不是指在这一最终结果到来之前某一个具体的民族的消亡。第二，按照毛泽东所说的“首先是阶级消亡，而后是国家消亡，而后是民族消亡”的顺序，[②] 作为一个整体概念的民族消亡发生在国家消亡之后，目前就全世界而言还远远不是一个现实性问题。第三，我国现在还处于一个工业化和经济市场化尚未完成的社会主义初级阶段，对于我们来说更谈不上什么国内民族消亡的问题。所以，对于少数民族经济研究工作者来说，当前有必要关注的一个重要的现实问题，就是在经济全球化和国内经济市场化的影响或冲击下如何处理好发展少数民族地区经济与保护和发展少数民族特色经济之间的关系。

全国经济市场化的发展，不可能不影响到每一个少数民族的居住地，尽管在“市场商潮”的影响或冲击下有可能出现杜玉亭先生所说的少数民族“族籍迷失现象”，我们也不可能因此而在其他地区实现经济现代化同时让少数民族居住地区保持原有状态。因为，这本身就意味着容忍少数民族居住地区与其他地区在经济发展水平和人民生活水平的差距越拉越大，而与各民族平等的基本原则是相违背的。从我国改革开放以来的实践看，少数民族地区经济的发展也可以促进具有当地少数民族特色经济的发展，在一些少数民族地区，随着经济的发展，交通运输业和旅游业的发展促进了当地少数民族民间工艺品以及民族歌舞、美术等的发展，从而也使当地少数民族人民的生活状况得到改善。

在经济全球化和国内经济市场化进程中，虽然经济学意义上的少数民族地区

---

① 马克思，恩格斯. 马克思恩格斯选集（第 1 卷）[M]. 北京：人民出版社，1972.

② 毛如柏. 坚持和完善民族区域自治制度 [N]. 人民日报，1998-10-22.

经济的发展与民族学意义上的少数民族特色经济的发展之间并非必然存在着负相关关系，但从国内外的经验和教训看，如果任凭市场机制这一只“看不见的手”自发调节，经济学意义上的少数民族地区经济的发展与民族学意义上的少数民族特色经济的发展之间的负相关关系恐怕就是不可避免的。从世界范围看，导致一些民族特别是弱小民族消亡的原因，除了当年殖民主义者对土著民族的屠杀、驱赶和对其生存环境的肆意破坏，以及一些国家自己对内实行错误的民族政策外，就是在国内经济市场化和对外开放过程中政府在少数民族的存亡问题上有意或无意地采取放任自流的态度。要防止这一状况的出现或改变其发展，则必须要依靠政府这一只“看得见的手”来协调两者之间的关系，在经济全球化和国内经济市场化的大趋势下保护国内各少数民族的民族文化传统，促进少数民族特色经济的发展。云南省丽江地区经济的发展与当地少数民族特色经济的发展的有机结合，并不是经济市场化过程中自由放任的结果，各级政府在其中发挥了重要的作用。①

另外，在我国，少数民族地区又简称为民族地区，是指除汉族外各少数民族聚居的地区和国家实施民族区域自治的地区。所谓民族聚居区就是指同一个民族居住比较集中的地区。实施民族区域自治的地区作为一种行政地区，虽然是以少数民族聚居区为基础的，但与少数民族聚居区仍然是有差别的。例如，新疆维吾尔自治区并非仅仅是维吾尔族聚居的地区，而是一个包括汉族在内的多民族居住的地区，其中还存在一些除维吾尔族外其他少数民族居住比较集中的地区。我国实施民族区域自治的地区分为自治区、自治州、自治县三级，民族自治地方的面积占全国国土总面积的64%左右，此外，截至2003年底，还在相当于乡的少数民族聚居的地方共建立了1173个民族乡。② 虽然各级民族区域自治地区都应当处理好少数民族地区经济的发展与少数民族特色经济的发展之间的关系，但是，这一问题在少数民族传统聚居区表现得尤为突出。也就是说，协调经济学意义上的少数民族地区经济的发展与民族学意义上的少数民族特色经济的发展之间的关系，重点在于少数民族的传统聚居区。如果将民族区域自治地区称为广义的少数民族地区，将少数民族聚居区称为狭义的少数民族地区，那么，课题所说的少数民族地区经济主要是指狭义的少数民族地区，即少数民族聚居区的经济。

---

① 王法. 丽江古城世界文化遗产申报回放［N］. 春城晚报，2003-07-15.

② 中华人民共和国国务院新闻办公室. 中国的民族区域自治（白皮书）［N］. 人民日报，2005-03-01.

在一定条件下，少数民族经济在经济学意义上的发展和少数民族经济在民族学意义上的发展是可以相互促进的。如何实现少数民族地区经济和少数民族特色经济的共同发展，就是当前我们少数民族经济问题研究者应当认真研究的一个具有重大现实意义的课题。

第三节　民族经济独特经营要素

一、民族经济独特经营要素的概述

民族经济独特经营要素是历史创造的沉积物，是民族经济发展的特色纽带。因为少数民族多生活在比较恶劣、艰苦的环境中，而且他们的生活方式和习俗又具较强的独特性（如信仰、习俗等），若沿用经济相对较发达，地理环境相对较好，科技水平相对较高的地区的经营模式和生产要素，是难以切实提高少数民族的经济、难以使少数民族的生活变得安定富裕的，也许还会使当地居民的生活更加困苦，使得其经济得不到充分的发展。针对少数民族的特性，必须量身制定出适合于他们的、正确的、有特色的、有效的、长期的、不可效仿的经营要素和方法。就像马克思所说的"人们自己创造自己的历史，但是他们并不是随心所欲地创造，并不是在他们自己选定的条件下创造，而是在直接碰到的、既定的、从过去承传下来的条件下创造。"同样，少数民族也要，而且是必须创造属于他们自己的经济发展史，创造专属于他们自己的独特经营方式。而不是一味照猫画虎地效仿发达地区发展经济的方式方法，一味地生产和创造不适合当地自然环境、科技水平的生产要素。

民族经济独特经营要素主要的着眼点在"独特"二字上。对于少数民族来说，单纯的某些常规的经济因素不足以促进其经济的发展，必须总结出其他适用于少数民族地区的自然环境、生活方式以及生活习俗的经济发展的要素，从而带动民族经济的发展。维特根斯坦说过"早起的文化将成为一堆瓦砾，最后变成一堆灰土，但精神将萦绕这灰土。"对于早期的或现代的经营方式、方法也将成为一些瓦砾，而少数民族特有的习俗、特有的属性以及他们的宗教将会永久地传承

下去，而充分利用这些来进行经济活动将是无法磨灭的。我们完全可以把一些民族特色转化成商品，转化成一定的经济要素，在自己民族享用的同时，也可以由此来吸引其他民族人来购买享用，创造出专属于自己民族的独有的不可效仿的经济要素，从而带动自己经济的发展。如苗族配饰中的银饰，回族的“清真”，藏族的藏药和服装，均可以当做某种经济商品远销国内外，这样不仅可以满足喜欢这类东西的顾客，还能使自己民族经济得到进一步发展，使少数民族可经营的范围更加广泛，同时也加深了其他人对少数民族的了解，巩固了各民族之间的关系。

毫无疑问，民族经济独特经营要素作为民族地区中小企业经营活动的天然禀赋，是民族地区中小企业随着商品经济发展，由多种因素促成的。在我国的许多少数民族聚居区，乡村经济与少数民族经济基本上是统一的，而在区域范围，尤其是在经济全球化的发展趋势下，民族经济与区域经济开始发生分离，进而使民族经济与民族地区经济发生分离。民族地区的发展和民族经济的现代化变迁，愈来愈深刻地受到普遍意义上的企业架构及产品同质性的约束。然而基于经济全球化基础上的产品竞争恰恰是民族经济所欠缺甚至在一个比较长的发展周期内无法形成的，一般企业发展理论所强调的经营要素伴随经济差异化发展趋势在民族地区而言是无法形成对其他产业的示范效应的。在上述关于企业发展诸要素中，民族经济独特经营要素却是无法被同质化的唯一要素，经济发展的民族特色不仅不会在区域经济发展中走向衰亡，而且将在区域经济发展的推动下得到复兴与发展。另外，越是有独特经营要素的民族经济，越能致力于世界民族之林，才能在区域经济发展中发挥越来越重要的作用，从而越能促进区域经济发展。民族经济独特的经营要素不仅过去，而且现在仍是广大民族地区最为普遍的生产经营与消费组织形式的基础。

但是民族地区中小企业在其发展过程中，关注最多的是经济发展的本身，往往忽略经济发展的关键因素——民族经济独特经营要素的衍生性。伴随着区域经济发展，民族经济已经成为一个热门话题。从事民族经济发展的研究很多，对民族经济发展的成因、表现、结果都进行了深入的研究，对民族经济发展与民族地区的关系以及民族地区的对策提出了许多建设性的意见。但对民族经济发展过程中民族经济独特经营要素的衍生性则探讨不够，甚至还有忽略民族经济独特经营要素的衍生性的种种表现。诸如，谈民族经济发展的多，谈民族经济独特经营要素的衍生性少；强调全球化的必然性，不强调民族经济独特经营要素存在的必然性。如果对民族经济发展与民族经济独特经营要素的衍生性两者的关系不在理论上认识清楚，民族地区中小企业就会在参与区域经济发展以及发展壮大民族经济独特经营要素方面就不坚定，不敢理直气壮。更谈不上对区域经济发展的真正支持与贡献。

二、民族经济独特经营要素的特征

作为少数民族经济发展的独特经营要素，它一定是独具特色的、真实的、不可效仿的，等等。作为市场经济为主体的经济体制，我们必须顺应其发展的规律，重视发展的需求，满足发展的条件。因此，少数民族经济发展的独特经营要素必须具有时代性、继承性、针对性以及后天可生性，以此来发展自己民族的特色经济、特色文化和特色风俗。

1. 时代性

正如民族文化的时代性一样，民族经济独特经营要素也受到一定生产关系和生产方式的制约而体现出时代性特征。不同的时代，民族经济独特经营要素的取向不同。社会主义初级阶段条件下的独特经营要素取向，是社会主义市场经济建设。在改革开放初期，全国的经济要素就是农业生产和工业生产。少数民族除了部分居住在市区、城镇外，大多数居住在生活环境十分艰苦、气候不宜耕种的地区。当时的主要劳作工具是“手无寸铁”，交通环境是“羊肠小道”，交通方式是“人背马驮”，当时的经济状况完全可以用“一穷二白”来形容。随着时代的发展、社会的进步、科技水平的提高、文化知识的普及、医疗设备的增加，少数民族地区的生活水平和生活条件有了明显的提高。随着南昆铁路、南疆铁路、青藏铁路、西气东输、西电东送等一批重大工程开工建设，民族地区基础设施建设的面貌改革一新。据相关数据显示截至 2008 年，民族地区 GDP 已达到 30626 亿元，按可比价格计算比 1978 年增长了 17.4 倍，比 1952 年增长了 92.5 倍。这些可观的数字是在国家的领导下，少数民族人民自力更生，开拓创新所带来的收益。

少数民族经济在发展传统经济的同时，更要为其注入新的血液，新的指导方式以及具有时代意义的经营方式。随着经济结构的特色化、绿色化，少数民族特有经济由于是特定生态环境的产物，也由于是特定文化类型的产物，已经逐渐地被更多的人接受，成为他们的生产生活方式或经济文化类型，向同质化方向发展，转化成同质经济。例如西藏的布达拉宫，过去是朝拜的圣地，而如今已是许

多人向往的神圣之地，越来越多的游客纷纷到那里去参观游赏。少数民族的经济已经有了长足的发展，已经具有时代的意义，经济发展要素也已经由原来的农副产品有所转变，独具时代特色。如在西藏、青海、贵州、云南等地，已经兴起具有民族特色的旅游产业。游客对每个少数民族的风俗习惯均具有好奇感和某种程度的喜爱感。不少的少数民族正是利用这一点，在自己的家乡与旅行社合作，穿起民族服饰，在游客面前展示自己民族的特色风俗。少数民族的饮食、服饰如今极受大众人民的喜爱，少数民族的人们也开始对外出售自己的民族服饰、配饰、食物以及传统的物品。近些年，旅游业带来的经济效益是相当可观的。

如今，随着国家经济的逐步好转，国家对少数民族的扶持和帮助越来越多，以及多年的耕作改变了耕种的环境和条件，使得少数民族的生活得到切实的保障。由于国家的高科技的发展，人们思想的开放等，使很多少数民族找到了具有本民族特色的经营要素和经营方式，为民族经济的发展、民族文化的传播开辟出更加广泛的道路。近年，我国旅游业发展迅速，绝大多数省、市、区已把旅游业作为支柱产业、重点产业和先导产业。少数民族地区也顺应时代的潮流，积极努力发展旅游业。使得民族地区的经济得到充分的发展的同时也大力宣扬了民族特色、民族文化以及民族精神等。

2. 继承性

民族经济独特经营要素同其他各种知识形态一样，也是一个承前启后、前后相续的历史联系。

继承，是中华民族的传统美德。千百年来，中华民族传承下来的礼仪规范、道德规范、知识文化、生活方式以及悠久的历史等，都是后人的无价财富，对今后的生活起到了一定的引领和指导的作用。如今的少数民族的特色传统均是继承先辈得来的。在政治、经济、文化飞速发展的今天，人们的生活条件、生活方式、思维方法都发生着日新月异的变化，而民族的所有的生活方式、所有的风俗习惯、所有的文化传统依然一代一代地传承下去，在历史发展的浪潮中，民族的精神没有被磨灭，反而更加坚强、更加突出、更具特色。

千百年来，经济在变、文化在变、社会在变，可少数民族的风俗习惯却始终如一的没有变。如藏族依旧有部分人在放牧，壮族的“三月三” 歌圩日仍然每年举行。哈萨克族绝大多数人也过着逐水草而居的游牧生活等。在文化上，许多少数民族在学习汉语的同时对自己民族的语言和文字依然掌握并传承，在诗歌上也一直富有各个民族的特色；少数民族的服饰依旧能够反映出民族的特色。在饮食上的禁忌也传承下来，如满族和锡伯族都禁食狗肉，回族不吃猪肉，土族禁食圆蹄的牲畜等。

但是事物是不断发展的，文化是不断更新的，思想是不断解放的。对少数民族来说，传统的经济模式、经济方式是不足以使其经济发展的。必须将少数民族特有的东西，多年来传承下来的民族特色、民族习惯、民族文化等包装成商品，在发扬自己民族的民族传统、民族文化的同时，也能创造一定的经济收益。如，在青海的互助土族自治县就初步形成了民族旅游特色，在这里游客可以欣赏到土族民族特色，当地土族人民会模拟结婚场面，会做一些特色小吃等，已经初有成效地通过对游客展现自己民族特色而带动当地的经济发展。

3. 针对性

这里所指的针对性固然是针对经济的发展。民族经济独特经营要素是民族文化中的经济取向部分，主要研究一个民族发展经济的文化心理，通过其纵向、横向比较，得出各民族参与经济活动的心理差异。

民族经济独特经营要素的首要特征就是要有各少数民族自己的特性。在经营要素中，这一特点从中华民族的角度来看，主要是体现在对外贸易上突出我国的中华民族特色；而从国内的少数民族的角度来看，就是要在我国内将每一个少数民族的经营特色进一步发展和衍生，即经营要素要有民族特色，经营方式要有民族特色，服务也要有民族特色。但是由于每个民族的特色不同，风俗习惯不同，宗教观念不同以及经营方式不同等，从而使得经营方式的选择、经营要素的选择必须具有一定的针对性。让属于自己的民族特色，民族独有的经营元素面向全国、面向世界；在使得民族经济效益有所增长的同时，也将民族的所有特色传递到世界各地。

在这一方面其经营要素最被其他民族接受的就是回族，这个民族信仰伊斯兰教，忌讳食用猪肉。其所有食品均是“清真”。这两个字不仅是代表回族人民的饮食习惯，也预示着回族人民心理的信仰。带有“清真”二字的招牌拉面馆遍布全国各地，其独特的味道和独特的经营要素——“清真”，一方面受到了消费者的喜爱，另一方面也开拓了本民族的特色经营市场。苗族和藏族的银饰也极其受到消费者的喜爱。近几年来，消费者在某种程度上很少去专门的银饰店购买心仪的银饰，反而会在城市间特意寻找穿着苗族和藏族服饰的货郎，并在其摊位前购买

富有民族特色的银饰。很明显，所有银饰商品的质地、质量和成色相差无几，但是就是这种民族特色更为吸引人们前来购买。又如藏族的藏药和彝族的医药等，都是十分出名的，尤其在治疗疾病方面，具有许多宝贵的经验。藏族的医药学是一个具有独特而完整的理论和长期实践经验的传统医药学体系，有着悠久的历史和丰富的内容，藏医在认识疾病及诊断疾病方面也有一整套理论。藏药的药材和治疗方式也是独具民族特色，治疗的效果也是十分显著的，是现代的西医无法比拟的。而彝族的以白药为首的一系列药品也是民族医药界的重大成果。这些民族的特色经营均给自己的民族带来十分可观的经济收入。

要想发展民族经济，在充分利用各民族的独特经营要素的同时，更要具体问题具体分析。针对不同的少数民族特色风俗习惯，特殊的心理差异来选择适合发展的民族经营要素，从而带动民族的产业发展，提高少数民族的经济效益。

4. 后天可生性

民族经济独特经营要素的继承性并不表明民族经济独特经营要素是一成不变的。事实证明，民族经济独特经营要素是受生活环境与社会制度制约的，当一个民族的生活环境与社会制度发生质的变化，民族经济独特经营要素也会发生相应的变化。

少数民族具有很强的学习能力、后天改造能力以及适应能力。最具代表性的就是少数民族的文化学习和教育。现在越来越多的少数民族开始学习并掌握了汉语和普通话，文化知识的丰富，科技水平的提高，民族要素的国际化，使得少数民族的生活水平有较大程度的提高，生产力和生产关系也得到长足的发展。在思想上也开始有很大的转变，如很多少数民族的庆典、节日、婚庆和祭祀等，在此之前有的是不许其他民族的人观看和参与的，但是随着社会和经济日趋的发展，人们的思想也开始转变。随着旅游业的发展，这些风俗习惯也会重复为游客表演或者请游客参与进来，从而体会少数民族的风土人情，使得他们更加了解这个民族，使得该民族的精神、思想和文化除了纵向的传承外也得到横向的传承。

如少数民族的服饰，现在的民族服饰在保留民族元素的基础上也添加了许多时尚的韵味，使得少数民族的年轻姑娘和小伙子穿出年轻人的朝气，更能彰显自己的个性，衣服的质量和质地均比以前的布料要更加高级，色彩比以前更加鲜艳和多色，款式也比传统的服饰更加舒服和漂亮。民族的配饰的样式也是越来越多，能更加衬托少数民族服饰的特色和美丽。近几年，很多的汉族人民纷纷购买少数民族的服饰来穿着，以此来展现出自己的特色美丽和对少数民族风情的喜爱。可以说，少数民族的自我创新也给其经济发展带来了一定的收益，在美丽自己的同时也引领起另一个独特的经济要素。青海省少数民族地区，同时也是日照很长的地区。居住着大量的藏族人民和回族人民等，多数人的生活方式和经营方式主要还是以畜牧业和种植业为主，生活比较艰苦。但是随着国家的富强和科学技术的发展，人们对青海省的大量实地考察，发现了独具前景的项目——太阳能发电。许多放牧的藏族同胞现在也已经在牧区开始了使用太阳能来照明的生活。在过去，牧民放牧是徒步或者骑马，这也是牧民的一大特色，但随着生活水平的提高，很多牧民已经骑着摩托去放牧，既节省体力，也提高了效力。

当今世界经济日益步向工业化、市场化、全球化、城市化，而且知识经济已在一些西方国家初现端倪。但不可否认，在广大第三世界国家群中，尚有一些民族还停留在前工业社会阶段，发展形势严峻。这些民族如何适应世界经济发展潮流，发展民族经济已是刻不容缓的任务，而对民族经济独特经营要素的考察也就是极有必要的。

总之，民族经济独特经营要素在民族经济发展中居于特殊地位，对一个民族的兴衰、素质和文明程度，起着不可低估的作用。民族经济独特经营要素源于民族文化、民族心理、民族关系、制度、非经济因素和环境等。民族经济独特经营要素体现了民族经济的经济倾向性，它反映了一个民族发展经济的能力以及适应变化的能力。充分发挥少数民族特色，找到属于少数民族自己的经济方式和民族独特的经营要素，是提高少数民族地区经济，改善少数民族人民生活，提高少数民族经营意识的有力保障。

第四节　当代民族经济发展的背景

在当今世界，影响民族经济发展的主导力量主要有经济全球化、区域一体化和知识经济为核心的产业革命。面对世界经济新的发展格局和历史趋势，民族经济发展也将面临许多新的重大机遇。

一、经济全球化

从一定意义上说，当今世界发生的全球化过程，是指当代人类社会生活和活动空间跨越民族国家主权版图的界限，其内容已由贸易、金融领域扩展至政治、文化、法律等社会生活的各个领域。全球化的发展，改变着人们传统的经济生活，把世界各国、各民族纳入了一个统一市场和统一行为规范下的经济体系之中。经济全球化一词最早由莱维于1985年提出，国际货币基金组织在1997年发表的《世界经济展望》报告中，对经济全球化下过这样的定义："经济全球化是指跨国商品与服务贸易及国际资本流动规模和形式的增加，以及技术的广泛迅速传播使世界各国经济的相互依赖性增强。"经济合作与发展组织认为："经济全球化可以被看作是一种过程。在这一过程中，经济市场、技术与通信形式都越来越具有'全球性'的特征，民族性或地方性减少。"

从世界范围来看，经济全球化产生于20世纪50年代，90年代形成高潮，这有其历史必然性。冷战结束后占世界市场1/3的前"社会主义阵营"发生了变化，以苏联为榜样的走计划经济道路的发展中国家纷纷改弦易辙，转入了市场经济体制，由此，完全意义的全球大市场诞生了，经济全球化开始进入全面发展时期，成为当今世界的基本趋势之一，其主要特征体现为市场经济体制的全球化、贸易的全球化、生产的全球化、企业的全球化、金融的全球化和经济的信息化。这些特征对现实经济运行既有着各自不同的影响，发挥着独立的作用，又互相制约、互相补充，共同推动着经济全球化的快速发展。

经济全球化不仅彻底改造人类传统经济生活方式，而且对民族国家主权造成巨大冲击，显然，经济全球化将对民族经济的发展带来严峻的挑战。但是，从另一角度看，经济全球化并不一定要超越或削弱民族国家，即使在今天已出现了全球性的制度和机制，出现了全球性的跨国行动者的情况下，解决许多全球性问题仍需要以民族国家为单位，通过国家之间的合作来进行。

尤其是自20世纪下半叶以来不断加剧的资源和环境问题，70年代的能源危机，80年代的外债问题、出口市场的持续缩小和世界经济发展势头的明显迟滞，90年代以东南亚金融危机引发的全球震荡、世界性的民族冲突等前所未有的重大事件，打破了世界发展进程听凭几个工业化先驱民族主宰，或置大多数后发展国家和民族利益于不顾，就可以实现某一国家或民族自身发展的梦幻；粉碎了工业化先驱民族作为世界经济发展的施恩者，而后发展国家和民族作为受惠者的偏见与神话。它使人们开始意识到，在世界整体性的统一构架中，民族无论大小，国家无论强弱，也无论其政治、意识形态或经济倾向如何，它们未来发展的性质和特征都对整体世界的发展利害攸关。而且，从全球化对民族国家影响来看，这种影响并非只是消极的，它还有积极的一面，对民族国家而言，挑战即机遇。特别是经济全球化带来的国际分工大发展、产业大转移、资本大流动和技术大外溢，对于后发民族经济体弥补国内资本、技术等生产要素缺口，实现产业升级、技术进步、制度创新和整个经济起飞都是非常有利的。主要反映在：经济全球化为后发民族经济体提供更多吸引外资的条件和机会；拉动了国际贸易的迅速发展，促进后发民族经济体跨国公司的发展，使其在世界市场的竞争力逐渐增强；带动世界范围内经济与技术开发区以及保税区和自由贸易区等多种形式自由经济区的发展；使世界范围内的产业结构调整进一步深化，步伐加快，后发民族经济体可以利用这个契机，遵循立足现实与着眼未来的有机统一，主动协调世界范围产业结构调整和国内产业升级的关系，使后发民族经济体在日益激烈的国际竞争中，尽快提高本国民族企业的竞争力，加快经济改革和对外开放，促进经济现代化早日实现。

二、区域一体化

区域一体化也是当今世界经济发展的一个重要特征，与经济全球化既有逻辑上的联系，又有本质上的区别。经济全球化的不断发展和深化，有助于区域一体化的形成和发展，区域一体化所带来的区域经济增长又是促进经济全球化发展的内在动力。区域一体化的重点是区域经济一体化，要求在一体化区域内消除阻碍贸易与生产要素流动的各种障碍，提高区域内资源的利用效率。由于国际经济和政治问题互相影响、密不可分，区域经济一体化的过程不可避免地会掺杂对政治一体化要求，所以完全意义上的区域一体化要求在经济、政治、法律、安全防务等领域内实现一体化，这意味着区域一体化过程具有很大的难度。

区域经济一体化源于西欧，20 世纪 50 年代以来进展明显加快，区域经济一体化的数量急剧增加，大部分国家或地区均至少参加一个区域经济一体化组织，多者达 30 多个。区域经济一体化所涉及的领域不断扩大，正从货物贸易延伸至服务贸易领域。区域经济一体化有多种形式，包括关税同盟、自由贸易区、共同

市场、货币联盟、经济与货币联盟以及完全经济一体化。目前，欧洲建立了内部单一市场并统一了货币，正在寻求政治领域的一体化。美洲地区的区域经济一体化组织如北美自由贸易区、南方共同市场、安第斯集团等，自20世纪90年代以来也有较快发展，正在向建设成美洲自由贸易区目标而努力。东亚经济一体化虽然仍带有诸多不确定性，但总的趋势是在积极推进过程中。

区域一体化加强了成员国之间的经济合作，有利于降低贸易成本，抑制贸易保护主义，促进区域内贸易自由化和产业转移，推动资本、技术的跨国交流。同时，以区域合作组织身份参加国际贸易谈判，不仅使成员国获得经济利益，也提高了成员国在国际上的地位。总的来看，虽然区域一体化深入发展，也存在更多主权让渡和主权共享要求，但直到目前为止，区域一体化仍是以民族国家为核心，是民族国家对外经济战略选择的产物，具备包括利益分配在内的明确的游戏规则，有较完善的监督协调机制，因而使民族国家利益能得到较好保证，应当把参与区域一体化作为民族经济体逐步融入经济全球化的一个初始或过渡阶段。

三、知识经济为核心的产业革命

知识经济是相对于以前的以传统工业为产业支柱、以稀缺自然资源为主要依托的经济形态而言的，它以信息技术为核心的高新技术产业为第一产业支柱，以智力资源、无形资产为第一要素，通过知识、智力对自然资源进行科学、合理、综合、集约的配置，是可持续发展的新型经济。知识经济时代高技术产业所依托的高新技术主要体现在信息技术、生命科学技术、新能源与可再生能源技术、新材料技术、空间科学技术、海洋科学技术以及有益环境的高新技术、管理科学和技术领域，这些高新技术构建了21世纪的主导产业群，成为世界经济新一轮发展的动力，对于后发展民族经济体既形成挑战，也提供了发展机会。

信息产业是新一轮技术革命中最突出、与其他新兴技术发展密切关联的产业。信息产业不同于传统产业，它具有鲜明的国际化发展特征，成为当前产业内国际化分工成果最显著的一个产业。随着技术的不断突破，该产业专业化分工程度越来越高，必须采用国际化方式组织该产业生产和运作。因此，后发民族经济体可以借助在信息产业领先国家的资源，在国际化的资本运作、技术支持以及国际化的市场渠道等平台上发展起自己的信息产业，逐步实现从传统经济到发达经济的转变，提升其国际竞争力。

在知识经济发展态势下，许多新兴产业在发达国家也是新兴的，就这个意义上讲，后发民族经济体与发达民族经济体处于同一起点。尽管在信息等高新技术产业发展的核心资源上，发达民族经济体占有绝对优势，后发民族经济体处于劣势，但由于这些新兴产业较少依赖于自然条件，后发民族经济体完全可以直接引进这些技术，发展高新技术产业。因此，后发民族经济体应高度重视和积极参与知识经济发展，结合自身要素结构的优势，发展信息产品制造业、生物工程产业、智能机械产业、光电子产业、软件产业、空间产业、海洋产业及新材料、新能源产业，同时，加快信息技术在传统产业中的运用，改造、提升传统产业，推动国民经济信息化，实现经济与技术的跨越式发展。

第五节　当代民族经济发展的问题

由于当代民族经济体所处的发展阶段和发展条件不同、政治历史文化各异，不同民族经济体必然体现出不同的发展特征，面临不同的发展问题。但从总体上看，当代民族经济发展的最主要问题是各民族经济体发展差异明显，且导致发展不平衡问题日益突出。主要表现为：

一、民族共同体经济活动内容和性质差异

当今世界各族人民从事的生产性经济活动，大体可分为七种类型：

(1) 原始渔猎类型。这种以渔猎为生的原始民族人口为数不多，只有几十万人。主要分布在非洲的卡拉哈里沙漠和赤道非洲的伊图里森林，南美洲的亚马孙河流域与火地岛，澳大利亚的沙漠地带，南亚和东南亚的一些边远山区，以及东北亚地区。

(2) 游牧类型。这种以饲养马、牛、羊、骆驼或驯鹿为生的民族，人口总数约二三千万人。主要有北欧的萨阿米人，北非和西非的柏柏尔人及富拉尼人，东北非的库希特人，阿拉伯半岛的贝都因人，西亚和中亚的卢尔人、土库曼人、哈萨克人、吉尔吉斯人、雅库特人和蒙古人，以及青藏高原的大部分藏族人等。

(3) 刀耕火种农业类型。这样的民族为数不多，至今只在亚非一些偏僻的地

区有人在从事这种原始的粗放农业。

(4) 锄耕山地农业类型。这种类型目前在亚非拉地区还是许多民族较为普遍的谋生方式，这些民族多为各国的少数民族。

(5) 畜耕灌溉农业类型。这是近代以前农业发展能够达到的最高水平。四大文明古国埃及、巴比伦、印度和中国，都以此种农业为基础，现代许多非工业化国家的主体民族仍以此为立国之本。

(6) 机耕农业工业类型。19 世纪西欧和北美在工业革命的影响下，逐渐实现了机耕，现在广大的发展中国家正向此方向发展。

(7) 现代工业农业类型。这是当代最高水平的经济类型，目前只有北美、西欧和日本达到这一水平。

在当代全球经济体系中，从事现代工业农业类型的民族形成工业化先驱民族经济体，从事其他经济活动类型的民族形成工业化后进民族经济体。工业化后进民族在资金、技术上依赖于工业化先驱民族，而工业化先驱民族则依赖于工业化后进民族的资源和市场。由于当今全球经济体系存在高度不平等现象，这种双重的依赖关系并未能消除现存的民族差异，相反，在人类历史进程明显加快的 20 世纪下半叶里，这种差异更为引人注目。工业化先驱民族经济体与工业化后进民族经济体的差异，使全球一体化经济体系的维持和发展面临着最为深刻的危机，并以许多直接和间接的或未曾预料到的方式对当代世界经济秩序构成全面挑战。

二、民族经济体参与方式差异

当代世界的经济活动，一般是以某一民族作为主导者，其他民族或是被排除在经济发展的主流之外，或是仅作为被动的参与者，形成主导民族经济体与从属民族经济体之间的差异。当基于某一民族经济利益基点的制度体系，通过其他从属民族集团的认同行为，上升为一种普遍的经济原则时，它推动了民族同化过程更为广泛的扩展，并带来某种类型的经济发展。但是，这种发展总是具有本质上的有限性，总是或多或少地包含有牺牲其他从属民族集团经济利益的内容。例如，历史上美国白人经济体与印第安人经济体的关系，就是主导民族与从属民族经济关系的最典型体现。在欧洲殖民者入侵以前，印第安人是美洲大陆最早的居民，广泛分布于美洲大陆各地。随着 17 世纪初欧洲移民的大批到来，印第安人的社会生活和发展轨迹遭到了彻底破坏，他们成为被驱逐和受压迫的对象。美国资本主义原始积累的第一步是掠夺印第安人土地，从1607年英国移民登上弗吉尼亚到19世纪末最后边疆的建立，印第安人始终是白人残酷掠夺的对象。虽然殖民者最早采取了与印第安人做交易的方式，承认印第安人对土地的占有，并予以购买，通过谈判签订条约。在理论上，这种方式意味着把印第安人当作独立的主权力量，但在经济、社会组织等方面的巨大力量差异下，印第安人实际上被置于弱势群体的地位。为了获得更多的土地和资源，白人不断驱逐和杀害印第安人，用各种手段强迫剥夺其土地，而印第安人在条约中应得的利益直到今天仍未得到。这种快速的强制认同，并未完成印第安人的美国化转变，而是使其横遭灭顶之灾。由此我们深刻感受到不同民族经济体参与方式的差异及后果，也可加深我们对民族经济发展不平等和民族贫困问题的理解。

三、民族经济体地位和影响的差异

在世界大多数多民族国家中，人口数量众多的民族往往成为主体民族，而人口数量较少的少数民族则成为非主体民族，形成主体民族经济体与少数民族经济体的差异。以系统辩证思维看，"差异是指系统整体内诸要素、诸层次、诸功能在结构和在时空中的差别"，"差异存在于系统物质世界的一切方面、一切过程和过程的始终"。因此，当今世界民族经济体发展存在差异是客观的。然而，"差异包含着矛盾。差异是矛盾的前提和基础条件，没有差异就没有矛盾。差异存在于矛盾范畴的对立、斗争、转化的一切方面和一切过程。"

如果民族经济体三大发展差异集中体现为经济利益差异，并形成超过临界点的巨大经济发展差距时，这种差异必然会激化而转变为对立，甚至导致政治冲突。当先进群体或核心区域试图通过制度化的努力来稳定和垄断自己的优势地位时，作为对这种不平等统治的反应，处于劣势的群体或边缘地区可能会以自己的文化与核心群体的文化平等甚至更优越的断言来进行社会动员而努力维护自身，进而促使他们相信自己的独立性并追求独立，形成经济一体化进程中民族冲突和分离化倾向。在20世纪90年代的几年间，至少有20个新的国家出现在苏联、南斯拉夫、捷克斯洛伐克等国的土地上，每个新国家都声称代表着在原帝国或联盟体制下受压抑的民族，这些民族经济体的经济利益得不到保障、发展差距长期得不到消除，是造成民族冲突和分离的重要原因。综观当今世界，此类问题仍大量存在。系统辩证学同时认为："差异孕育着对立和斗争，但绝不等于就是对立

和斗争。差异的竞争、涨落、放大、并存、服从、协同、融合、同归于一的现象，比对立、斗争更具有普通性和客观性，更接近系统物质世界的本质。”“对于处于对立与斗争阶段的各种要素的差异，只要从系统整体优化出发，也会出现协同发展、和谐一致的可能。”因此，对于当今世界民族经济体而一言，关键是协同三大差异导致的经济利益差异，使不同民族经济体之间的发展差距保持在一定限度之内。

上述分析表明，我们在研究发展问题时，仅仅把注意力集中于区域经济是远远不够的，而应更多地关注民族经济发展问题。在研究民族经济发展问题时，重点是研究如何加快后发民族经济体发展，包括工业化后进民族经济体、从属民族经济体和少数民族经济体的加速发展问题，以有效解决三大差异带来的各种矛盾和冲突，缩小后发民族经济体与发达民族经济体的发展差距也是本书的研究重心所在。

第三章 当代民族经济发展战略

战略是将军事术语扩展到经济发展领域的一个概念，泛指重大的、带全局性或决定全局的谋划。一个民族经济体在发展过程中，确定什么样的发展思路和目标，采取什么样的战略措施，直接影响这个民族经济体的现代化进程。因此，为确保民族经济体、特别是后发民族经济体的有效发展，首先应研究、制定符合民族经济体实际的当代民族经济发展战略。

第一节 当代民族经济发展战略简介

国外关于民族经济发展战略的研究非常鲜见，主要集中于对发展中国家和落后地区经济发展战略的研究，其研究成果对我们研究后发民族经济体发展战略有一定借鉴意义。20 世纪 50 年代，随着发展中国家的兴起，战略一词被引入到经济发展领域。60 年代以后，战略研究广泛展开，对发展中国家发展战略的研究成为当代发展经济学研究的一个重要方面。国内关于民族经济发展战略的研究，开始于 20 世纪 80 年代，一些民族经济和区域经济学者借鉴国外发展经济学的战略研究成果，结合中国和民族地区实际，提出不少有价值的理论和观点。国内外主要研究成果综述如下：

一、平衡增长与不平衡增长战略

（1）平衡增长战略是建立在平衡增长理论基础上的战略模式，与著名发展经济学家罗森斯坦·罗丹、拉格纳·纳克斯及保罗·斯特里顿的名字联系在一起。他们主张，发展中国家和地区要实现经济的持续增长，必须使整个经济的一切产业部门齐头并进、协调发展，即强调各产业部门“同时”增长。平衡增长战略有三种形式。“极端的”平衡增长论由美国经济学家罗森斯坦·罗丹所倡导，他认为发展中国家存在三种不可分性，即生产函数不可分、需求不可分和储蓄不可分，因此，必须采取“大推进”的投资方式，即对各个工业部门同时按同一比率进行大规模投资，产生规模经济效果，才能使整个工业按同一速率增长，从而改变发展中国家落后的状况。“温和的”平衡增长论由美国哥伦比亚大学教授拉格纳·纳克斯倡导。他从“贫困的恶性循环”这一概念出发，通过分析资本的供给与需求，发现在不发达地区资本形成的两个方面都存在着一种循环关系。在供给方面，储蓄能力小是由于实际收入水平低所致，实际收入水平低是生产率低的反映，而后者又主要是由于缺乏资本所致，资本的缺乏是储蓄能力小的结果，如此循环不已。在需求方面，投资的吸引力小是由于居民的购买力低，而后者是生产率低所致，生产率低是因为在生产中使用的资本数量少，至少部分是由于投资的吸引力小造成的。纳克斯认为，要打破这两种循环，必须在各种产业部门同步地使用资本，使整个市场得以扩大，满足各方面的需求，以实现经济的持续稳定增长。“完善的”平衡增长论由英国经济学家保罗把罗森斯坦·罗丹和纳克斯的观点结合起来，既强调扩大投资规模对于克服发展中国家经济中存在的投入、加工、产出三种不可分性的重要作用，也强调取得工农业产品、消费品与资本品等各个经济部门之间平衡增长的重要性；既主张各个产业部门之间要按不同比率获取全面发展，也主张在实现平衡增长过程中，按照各个产业部门的产品需求收入弹性来安排不同的投资率和增长比例，优先发展个别部门，最终实现国民经济各个部门按适当比例平衡增长。

（2）不平衡增长战略，又称倾斜发展战略，其代表人物是艾伯特·赫希曼和汉斯·辛格。汉斯·辛格认为，平衡增长不是从起步开始的，而是从过去的结果之处开始的。如果过去的增长并非均衡地增长，为了使失去的均衡逐渐恢复，则有必要采取不平衡的战略。当我们比较一国经济在不同时期的成就，也许会发现各方面都已取得了一些进步。从长期考察各方面取得的进步，实际上是一系列不均衡增长所造成的结果。

辛格的上述观点得到了艾伯特·赫希曼的支持。他认为，发展中国家和地区之所以受到束缚，关键在于它们不能把现有的或目前潜在的储蓄变成具有生产力的投资，即缺乏作出各种发展决策并把这些决策付诸实施的能力。他主张发展中

国家应采取跷跷板式的增长，集中力量首先发展一部分产业，以这部分产业的发展为基础逐步扩大对其他产业的投资。他认为，由于产业部门之间存在着投入产出的联系，在一些部门的个别投资会通过这种联系传导到其他部门，并诱发其他部门的投资。这种"联系效应"和"诱导性投资"是决定发展中国家经济增长的一个最基本的因素。根据发展中国家农业和矿业部门"前向联系"效应弱，而初级产品部门又没有"后向联系"效应的情况，发展中国家必须选择那些联系效应强的部门作资源投入的"主导行业"，然后诱发和带动"卫星产业"的迅速成长。

平衡增长和不平衡增长是西方经济学界一个有争议的论题，在国内学术界认识也不尽相同，但多数倾向于赞同不平衡增长战略。从现实的经济发展过程看平衡增长与不平衡增长构成一种互存互补的关系。经济发展的目标只能是平衡增长，只有这样整个国民经济才能运转有序；经济增长过程必须是不平衡地进行，特别是在资源有限的情况下，投资只能是有重点地展开，平衡增长和不平衡增长应统一于经济发展的全过程。一些学者在吸收两种战略的优点、摒弃其缺点的基础上，提出协调—倾斜发展战略，即在总体上各产业和各地区都处于协调发展的状况中，但同时发展的重心又向某些产业和地区倾斜，使协调和重点实现有机的统一。

二、初级产品出口、进口替代与出口替代发展战略

（1）初级产品出口发展战略几乎是所有发展中国家在殖民地时期或取得政治独立后的最初级阶段所采取的战略。由于大多数发展中国家在发展初期缺乏建立大规模工业所必需的资本、熟练的劳动力和精明强干的经营管理人才等生产要素，同时却具备地理环境、自然资源等条件的优势，为了实现民族经济的"起飞"，只能利用发达国家在工业增长中对初级产品需求迫切的机会，实施初级产品出口发展战略。这一战略的特征是初级产品出口在整个对外贸易中占有很高比重，某一种或某几种初级产品的出口在全部初级产品的出口中占有很高比重。按照19世纪大卫·李嘉图的比较利益原则，每个国家只要在世界分工中充分利用本国富有的天然要素生产和出口某些产品参与世界贸易，就可以获得利益，增加人均收入，并在发达国家经济增长的带动下，迅速走上发展的道路。第二次世界大战后，西方发展经济学主流派的理论就是沿袭自由市场经济的思路，大力鼓吹这种初级产品出口导向的战略。这一战略的实施，使发展中国家在政治、经济、文

化等方面都发生了深刻的变化，但由于发展中国家的初级产品与发达国家的工业制成品的交换是不平等的，发展中国家在这种交换中蒙受了大量的经济损失，同时，这一战略的实施也加剧了城乡“二元化”现象及社会财富向少数人手中集中趋势，使发展中国家陷入极为艰难的困境，被迫改变发展战略。

如果把研究范围转为一国之内，初级产品出口战略类似于国内学者提出的自然资源转换战略。这一战略立足于不发达地区丰富的自然资源优势，提出以资源换资金、换技术、换人才，实现生产要素的优化重组，加速开放开发和脱贫致富步伐。这一战略的实施对一些具有资源优势的不发达地区奠定现代工业基础发挥了重要作用，但也存在一定的价值转移现象。

(2) 进口替代发展战略是指通过建立和发展本国的制造业与其他工业，用自己的制成品替代进口的制成品，并使国际收支得到平衡，从而发展经济，实现国家的工业化。进口替代发展战略有初级、高级之分。初级进口替代发展战略从发展农业产品加工工业部门入手，主要投资于非耐久性的消费品生产。高级进口替代发展战略是指除继续生产替代进口的非耐用消费品外，转而进一步提高所生产的消费品档次，包括耐用消费品、资本品、原料加工。进口替代发展战略的提出，是新兴的激进发展经济学对长期居统治地位的西方古典经济学理论的否定和批判。这一发展战略主张走与西方资本主义世界“脱钩”的发展道路，既体现了自力更生与独立自强的思想，也包含了以国家为主导的计划经济思想，在第二次世界大战后初级阶段正好符合新兴民族国家反殖民主义斗争的政治需要，于是，激进主义的自主发展理论和进口替代发展战略在20世纪50年代曾风行一时，巴西、阿根廷、墨西哥等拉美国家率先采用这一战略。到60年代上半期，进口替代发展战略达到鼎盛时期。进口替代发展战略强调充分利用国内市场和资源，着重减少对进口产品的依赖，要求建立完整的工业体系，追求国民经济的高速发展，在一定程度上推动了发展中国家的工业化发展，最为突出的是发展中国家建立起了自己的民族工业，改变过去的畸形经济结构；非食品类消费品进口减少，中间产品进口明显上升，增强了经济自主程度；国内市场得到很大发展，居民的基本需求有明显的提高。这一战略的实施，也加快了发展中民族国家经济增长的速度，但是，由于国家在实施进口替代发展战略中采取过度保护的产业倾斜政策，重视替代工业的发展，忽视了农业和其他发展产业的发展，造成国民经济各部门及工业内部的关系失调。同时，由于进口替代发展战略实施以满足国内市场

需求为目的，随着进口替代工业的发展，国内市场很快就达到饱和状态，导致经济增长难以为继。

（3）出口替代发展战略是指用非传统的产品出口代替传统的初级产品出口，即用加工后的初级产品、半制成品和制成品取代农产品等初级产品作为出口的主要产品。初级出口替代发展战略是用非耐用消费品出口取代农产品，高级出口替代发展战略则是出口先进的耐用消费品及少量资本品。实施出口替代发展战略的目的在于使发展中国家通过发展出口产业，增强自身的经济实力，参与国际分工和国际市场的竞争，以推动产业结构的优化和升级，实现本国的工业化。出口替代发展战略在与外部世界的经济联系方式上，与进口替代发展战略的原则正好相反，似乎是对战后激进主义经济思潮的否定与向新古典主义经济理论的回归。20世纪80年代以来，鼓吹全面的“外向主导”和“市场主导”，又成为西方发展经济学的主流趋势。出口替代发展战略对推动一些发展中国家和地区对外贸易和国民经济的增长起了一定的积极作用，20世纪60年代以来，这一战略在中国台湾、韩国、新加坡、中国香港以及近年来在泰国、马来西亚等都取得显著成功，经济增长速度大大快于中等收入国家的平均水平，从而崛起成为著名的新兴工业化国家或地区。但是，这一战略本身也存在许多矛盾，出口替代发展战略的实施造成发展中国家工业发展和整个国民经济发展严重依赖国际市场，资金、技术、设备、原料、市场等在很大程度上直接受到发达国家的牵制，造成发展中国家依靠大量举债发展经济的局面。随着20世纪70年代末世界经济处于衰退之中，发达国家实行贸易保护主义，致使发展中国家的出口替代发展战略难以顺利实施。

由于初级产品出口发展战略只适用于独立之初尚不具备改变单一的、畸形的经济结构状况的发展中国家，进口替代发展战略只适用于那些自然资源比较丰富，经济、技术、教育水平不是很高的较大的发展中国家，出口替代发展战略只适用于自然资源不足、人力资源比较丰富，但经济、技术、教育水平较高的中小发展中国家，而绝大多数发展中国家则是地域广大、资源不很丰富、经济发展落后、教育水平较低，单一地采用某种发展战略，显然难以促进工业化发展。因此，发展中国家在总结几种战略实施中的利弊之后，试图将各种发展战略的长处结合在一起，形成一种混合的发展战略。各种发展战略的混合形式是多种多样的，这种不确定性和优势互补的特点，恰好反映了这一战略所具有的灵活性和适用性。

三、赶超与加速发展战略

（1）赶超发展战略是一种以先进的发达国家为对象，试图追赶并超过发达国家的经济发展战略。赶超是一个动态过程，包括两层含义：第一是追赶，主要是强调经济发展的基础和速度；第二是超越，即经济发展水平和质量的全面提升。在第二次世界大战之后，许多国家结束了殖民主义的统治，相继独立。这些国家都带有显著的传统社会的不发达特征，其中工业化程度低和人均收入水平低是两个最为突出的特征。作为刚刚获得独立的欠发达国家，欲想使本国处于强有力的地位，无一不是以工业化作为实力基础，以提高国民生产总值或人均收入水平作为战略目标，以赶超发达国家的经济水平和现代化程度作为衡量标准，以实行工业化政策、提高积累率、压缩消费等作为战略手段的。在实行赶超发展战略的主要国家中，普遍重视重化工业化发展，这是因为后进国家只能利用有限的资源，在众多急需发展的领域中，找到最能集中后进国家主要的比较优势资源，并以最具发展带动效应和发展前景的领域作为经济发展的突破口，在非均衡发展中实现经济高速增长。日本是实行赶超发展战略最为成功的国家。第二次世界大战以后，日本经济遭到严重破坏，在这样一种落后的基础上，日本政府加强对经济的调控，抓住机遇推进产业结构的重化工业化，努力扩大出口，引进外资和技术，加速资本积累，用短短几年的时间一跃成为经济发达国家，实现了赶超目标。但是，这种模仿发达国家，追求国民生产总值增长，注重实行工业化的赶超发展战略，忽视了国民经济的协调发展，印度、埃及、巴西等国家实行这一战略后，虽然曾一时给这些国家带来经济繁荣，但也带来了诸如农业生产停滞、通货膨胀、失业严重、分配不均、两极分化等种种弊端。在国内对赶超发展战略的认识不尽一致，有的学者对赶超发展战略予以充分肯定，认为“在一定意义上说，近代以来，尤其是第二次世界大战后的世界经济史，也是一部经济上的后进国家在实现现代化的过程中追赶先进国家即发达国家的历史”。由于到20世纪末大多数后进国家未能摆脱落后状态，“可以预见，在经济上要追赶发达国家实现现代化，在21世纪将会成为世界经济发展的一种趋势”。他们对赶超经济理论作了深入研究，对赶超发展战略进行了系统阐释。有的学者将赶超发展战略应用于中国少数民族地区，他们对传统的现代化追赶战略进行反思，提出新的现代化追赶战略。也有的学者提出应以比较优势发展战略替代赶超发展战略，他们认为，赶超发展

战略是一种效率很低、浪费很大的发展道路，能否持续推行赶超发展战略取决于自然资源丰裕程度和人口规模。对于人均占有资源少、人口规模较小的发展中国家来说，难以推行重工业优先发展的赶超发展战略，而应实行比较优势发展战略，即在经济发展的每一个阶段上都选择符合自己要素禀赋结构的产业结构和生产技术。他们认为，日本和亚洲"四小龙"的成功正在于较早地放弃了赶超发展战略，而实行了比较优势发展战略。

（2）加速发展战略也是一种以经济超常规发展为特征的战略，它与赶超发展战略的区别在于不以追赶和超越发达国家或发达地区为目标，而是强调充分发挥自身比较优势，尽可能实现经济较快增长，从而使后进国家或地区与发达国家或地区的发展差距保持在一定临界点之内，当具备一定必要条件后，再实行赶超发展战略。加速发展战略是针对20世纪80~90年代中国少数民族地区设计的，但是，由于经济发展的不平衡性，目前中国及世界上大多数民族经济体都不具备实行赶超发展战略的条件，因此，加速发展战略在今天仍有普遍适用性。加速发展战略最早是由我国著名民族经济学家施正一先生在1986年提出的。根据当时中国正在推进以沿海开放为重点的区域经济非均衡发展战略，国家在政策的优惠、资金的投入、建设项目、工作重心和力度等方面都向东部大力倾斜，东部沿海地区迅速跃上了经济发展的快车道，西部民族地区在经济总量及人均收入等方面与沿海地区的发展差距明显拉大的实际，施正一先生认为，应当把"加快发展"的方针提高到"加速发展战略"的高度，他指出"西部少数民族地区的经济社会发展战略，不能满足于同步增长的运动速度的发展模式，而需要采取'加速度'的运动速度的发展模式"。"实践已经证明，'同步发展战略'不仅没有缩小少数民族地区和全国的差距，反而扩大了这种差距，实际上也就是扩大了相对意义上的落后性。而我们的社会主义的民族政策是不允许任何一个少数民族地区永远落后下去的。'加快发展'的方针，我们已经执行了30多年，虽然取得了巨大的成绩，但终究未能阻止住差距扩大的趋势。在一个多民族的国家里，地区发展差距的扩大，必然导致民族之间矛盾的增多。克服这种差距和矛盾的办法，当然不是放慢全国建设的速度，而是要进一步加快落后地区的发展速度，也就是说，需要采取'加速发展战略'。"施正一先生特别强调，加速发展战略是一种有机的综合加速，而不是单纯地、片面地追求高速度。在战略步骤上，要分成几个阶段，首先要按照加速发展战略的要求，做好大开发、大发展的各方面准备工作，重点发展农牧业、具有资源优势的能源和原材料工业、交通运输等基础建设，搞好生态环境治理，吸收采用先进技术，同时，要大力推进经济体制改革，加速创造有利于发展商品生产与商品交换的各种必需的社会条件。作者也于1990年对赶超发展战略、加速发展战略、同步发展战略及滞后发展战略进行了综合比较分析，按照既具有现实可能性，又能够把差距控制在“临界点”之内，即把差距扩大的趋势控制在西部民族地区各族人民社会心理所能承受的程度之内的要求，认为加速发展战略是西部民族地区经济发展的最佳选择。“加速发展战略在实践中取得较好的效果，1978~1994年，东部地区人均国内生产总值增长10.5倍，西部地区增长8倍。尽管增长速度有一定差别，但都属于高速增长。从总体上看，西部民族地区经济总量已由小变大，整体实力极大增强。与经济的发展相适应，西部少数民族的生活水平显著提高。然而，加速发展战略的侧重点是经济发展速度，对经济、社会、环境与人的统筹协调发展问题还需进一步予以高度重视。

四、满足基本需求与经济社会综合发展战略

（1）满足基本需求发展战略是一种以人的发展为中心、以满足人的基本需求为主要内容的发展战略，旨在克服传统发展战略所引起的问题，实现减少贫困、提高收入、改善生活、保证就业目标。所谓人的基本需求，通常有狭义和广义之分。狭义的基本需求，是指满足大多数人在衣、食、住、就业、健康、教育和交通运输等方面的基本需求；广义的基本需求，不但包括狭义的基本需求的所有内容，而且还包括收入分配和劳动者的素质等方面的内容。狭义和广义基本需求发展战略的区别，主要在于战略目标的不同，前者局限在基本消费和基本服务的需求方面，后者则把消灭穷人在基本消费和基本服务方面的贫困同合理地进行收入分配、开发人力资源结合在一起。满足基本需求发展战略与其他发展战略的主要区别在于：它强调的是经济发展的效果和社会效益，而不是经济发展本身。从这个意义上说，它比其他发展战略更符合大多数穷人的愿望。联合国制订的第二个十年“国际发展战略”（1970~1980年）就明显地注意了教育、保健、营养、住房、收入分配和土地制度等社会发展的目标。联合国第三个十年“国际发展战略”（1980~1990年）把全体人民充分参与发展过程、公平分配收入和不断提高福利作为发展的最终目标。20世纪70年代以来，不少发展中国家实施满足基本需求的发展战略，采取了一系列有力措施，如增加农业投资，发展中小企业，推

广适用技术，加强培训，增加国内消费品生产，向富人征收高额累进税，补贴救济穷人，改善穷人就业、教育、医疗、住房等条件，取得了不同程度的进步。2000 年 9 月，世界各国首脑签署了联合国《千年宣言》并提出《千年发展目标》，把人类发展水平低的国家减少贫困和满足基本需求、中等人类发展水平的国家消除深层次上的贫困，作为主要战略目标，并提出了一系列具体措施，必将有利于推动发展中国家特别是最贫困国家的经济发展。但是，实行满足基本需求发展战略也受到很多制约。首先，满足基本需求的前提是扩大投资，发展经济。如果仅考虑"适用技术"而不采用最先进技术，必然造成产品在国际市场缺乏竞争力，而经济不发展，扩大投资和增加就业机会都会受到限制。其次，发展中国家的社会经济制度如果不能从根本上进行变革，人民生活水平提高、收入公平分配目标难以实现。

（2）经济社会综合发展战略是一种强调以人为中心，经济、科技、教育等方面协调发展的战略。经济社会综合发展战略的基本点包括：第一，强调发展的目的是为了人。生产依靠人，结果也是为了人的身心健康和多方面发展，因此，一切均应围绕以人为中心去发展。第二，强调集中国内人、财、物资源，减少对外依赖，力主独立发展。第三，实行多方位、多目标、多方面、多因素的综合发展。第四，大力发展科学技术和精神文化，不断优化人的素质。实践证明，经济社会综合发展战略有利于增强发展中国家的发展后劲，有利于加快发展中国家经济社会发展步伐。但是，作为一种综合发展战略，需要有综合发展的投资，而这类投资不仅难以盈利，而且需冒巨大的风险。对于经济较为落后的国家来说，大量资金的获得不外乎依靠本国的高积累和借外债两条途径，这就与战略制定的初衷相矛盾。同时，经济社会综合发展战略的重点放在人的素质优化和经济、科技、教育的协调平衡，而忽视了经济发展中的环境问题。因此，如何解决战略实施的巨额投资和环境问题，仍是经济社会综合发展战略需要进一步研究的问题。

第二节 当代民族经济发展战略的局限性

从国内外民族经济体发展战略来看，主要有三大局限性：一是未能处理好经济增长与经济发展的关系；二是未能处理好区域发展与民族发展的关系；三是未能处理好快速发展与可持续发展的关系。

一、经济增长与经济发展

在现有发展战略中，无论平衡增长与不平衡增长战略，初级产品出口、进口替代与出口替代发展战略，还是赶超及加速发展战略，均是以经济增长为目标，未能与经济发展的要求有机结合，因而在实践中出现不少问题，甚至造成“有增长而无发展”的结果。满足基本需求发展战略虽然体现了发展的要求，但却又与经济增长脱节，似乎成了一个单纯的分配战略，如果没有足够社会财富的增加，仅在财富分配上做文章，必然会难以为继。经济社会综合发展战略应当说体现了增长与发展的要求，但对于如何处理好增长与发展之间的关系，如何保证经济社会实现综合协调发展，缺乏具体有效的措施和手段，使这一战略成为“美好的愿望”。

在西方古典经济学派那里，经济增长和经济发展在理论上是混沌、不区分的，经常交替使用；在实践中则认为经济增长等于经济发展，片面认为增长即发展，发展即高速度，高速度即增长。因理论的误导，发展战略的实践也造成了深刻的教训，如巴西和苏联 1970~1991 年的经济的增长并没有带来经济社会的发展，人民生活提高缓慢。

在当今发展经济学派的著作中，已经把增长与发展严格区分开来。经济高速度增长不等于经济有效增长，只有经济的有效增长才等于经济发展。法国著名经济学家弗朗索瓦·佩鲁指出，发展绝不仅仅意味着经济的增长，“更重要的是，各种文化价值，在经济增长中起着根本性的作用，经济增长不过是‘发展’的手段而已”。他认为，“制定新的标准并找到使旧价值观念更新但同时又不是歪曲它们的新手段的需要，是发展的关键问题，在这方面达到的程度是衡量发展是否完满、是否取得持续成功的试金石。

如何才能做到经济有效增长和健康发展，是研究制定民族经济体发展战略必须要解决的一个问题。广义地讲，人类自有史以来就存在发展问题，最初发展是指作物胚胎在大小、形态和功能方面逐渐成熟的过程。到 17 世纪晚期，发展一词逐渐形成现代含义，开始指一种经历一些可以识别的阶段的有序变迁过程，与进步、进化没有什么大的区别。

随着时代的前进和发展研究领域的扩大，发展概念自20世纪50年代以来得到不断丰富，一般是指自然和社会系统的一种数量、结构性变化以及相互之间的协调共进，是人类社会多层面、主体交叉式的螺旋式上升过程。因此，发展具有不可逆性、广泛性以及关联自然和社会的复合性特征。

本书认为，经济增长不是目的，而是人类发展的手段，而经济发展的真正含义是人类发展。在本书中人类发展具体化为民族发展，增长是为人的全面发展即各民族的全面发展服务，而不是为增长服务。其中内在的逻辑关系是：需求—增长—发展。在这里需求是增长的起点，是逻辑关系的动力机制；而增长是实现需求的手段，是发展的物质基础，它属于中间环节；发展是逻辑关系的归宿点，是需求与经济增长的目的。需要指出，这个系统的逻辑关系，并非就是需求=增长=发展的联等式，其中各要素之间有一个“度”的标准。需求不能超越生产力的发展水平，需求不足和需求过剩都将导致经济社会系统的失衡。增长必须为有效需求去服务，即增长必须是有效率的增长，不能与主体人的需求相背离，不能脱离主体人发展方向去增长，甚至把增长唯一化、目的化，把主体人的需求与全面发展抽象掉，只剩下增长的数量与数码，这就会产生增长的异化。异化的力量将打破需求—增长—发展的系统平衡关系，导致社会经济系统发展的失衡和动荡。增长必须是适应主体人的有效需求，能够满足日益增长的物质和文化需求，这个需求必须是建立在主体人有效支付能力基础上，否则就不是有效增长。有效增长必须产生正效应，使需求—增长—发展向主体人的理想境界去发展。有效增长的实质是生产力的增长，是产出大于投入，从而能够为社会提供数量更多、质量更优的社会需要的产品和劳务，这是扩大社会再生产的前提。正如有的学者指出，“经济增长是经济系统或其子系统的一个或多个组成因素的量的增加。一旦持续的长期增长超过某种界限，引起了经济结构的改变，增长就变成另一个过程——经济发展的一个环节”。因此，“经济发展是由国民经济的各个因素或子系统以不同速度增长而产生的结构上的质变过程。”我们所追求的发展，应是经济和社会的全面发展，必须坚持以主体人为本的发展思路。1995年3月联合国社会发展世界首脑会议在哥本哈根召开，会议通过的“宣言”做出了如下承诺：要求创造一个能够使人民实现社会发展的经济、政治、社会、文化和法律环境；达到消灭世界贫困的目标；将促进充分就业作为各国经济和社会政策的一个基本优先事项；促进和实现人人平等地享受良好教育；提出在身心健康方面有可能达到的最高标准和人人享有基本保健服务的目标；大量增加和有效地利用分配给社会发展的资源。会议所通过的《行动纲领》要求各国制定消灭贫困的综合战略，强调机会平等和社会正义，并解决好不同社会群体的特殊需要，缩小各国、各地区和各民族经济和社会发展差距，实现以主体人为本的经济发展和社会发展。因此，民族经济的发展要走“速度—结构—效益”型发展的路子，确保增长的可持续性和公平性，减少贫困现象，促进民族的全面发展，满足民族发展的日益增长的物质需求和文化需求，特别是要满足后发民族的最基本生存需求，进而使他们不断达到较高的人类发展水平，享受较高的生活质量和公共服务。民族的全面发展有利于促进经济增长，一方面各民族的需求为经济增长提出生产和服务的方向，为经济增长注入活力；另一方面各民族的全面发展又反过来为需求指明方向，为经济增长开拓新的领域，促进经济增长的进程。社会的发展，特别是把人作为生产系统中的一种要素来看，民族是一种人力资源，是生产过程最具有活力的要素，以民族的技能知识和社会保障制度形式表征出来的社会发展，为经济的有效增长提供重要的保证。因此，我们研究制定民族经济体发展战略，必须要在满足民族需求前提下，推动民族经济有效增长，实现民族的全面发展。

二、区域发展与民族发展

如前所述，现有的经济发展战略主要由发展经济学家提出，研究对象为发展中国家和地区，因此，平衡增长与非平衡增长战略，初级产品出口、进口替代与出口替代发展战略，以及赶超发展战略，侧重点均为区域经济发展，对人的发展问题关注较少。加速发展战略由民族经济学家提出，虽然考虑了民族发展的要求，但侧重点是民族地区发展，严格来说也属区域经济发展范畴。满足基本需求与经济社会综合发展战略突出了以人为本的理念，但停留在从一般意义上考虑人的发展问题，未能涉及民族这一特定形态的人类群体的发展问题。

区域与民族，是民族经济体发展的两大基本要素。两者之间的关系是客体与主体的关系。民族与区域在实践中得到有机统一，则构成了一定时空条件下的民族经济发展过程。在经济学那里，区域总是以一定的土地、生态环境和各种自然资源、社会资源构成生产力的生产资料和劳动对象，并在此基础上形成了主体人一定的生产关系。在一定区域生存发展的不同民族共同体则构成生产力的主体部分。民族共同体的主体人，为了满足自身的需求，就必须在区域环境下进行一定

的经济活动，这种活动就是实践。主体—实践—客体有机融合起来并力图使实践过程适合于自然规律，才能达到主体需求的目的。在此过程中，形成民族共同体的价值观念、道德意识和行为偏好，并以民族文化的形式表征出来，以规范个人的行为，这也成为民族经济发展中最基本的一个要素。经济活动的量化指标可以从一定的区域发展来认识，而经济活动的人文内容则是从民族发展来认识。

在民族经济学中，主体是指有大脑、会思维的从事社会实践活动和认识活动的民族共同体。主体要具备这样的条件：①具备在一定历史发展阶段上，在某个领域内已达到最低限度的实践技能、经验和科学文化知识，并能在该领域内取得自觉的积极的活动着的主体地位。②能够进行实践和认识活动。主体存在的形式是多种多样的，主要有三种基本形式：个人主体、集团主体和社会主体。作为民族共同体来讲，这三种形式都会同时存在。民族共同体更强调实践者要摆脱个人局限性，发挥出他的种属能力。主体人的属性也是多种多样的，其主要属性是自然性、社会性和意识性，他们是自然人、社会人、思维人的综合。社会实践是民族共同体本质属性的集中表现。

客体是指进入主体活动领域并和主体发生联系的客观系统事物，是主体实践和认识活动所指向的对象。客体因主体的目的、思想、文化、情感不同，而产生不同的关系，而在认识上也有不同的结果。客体的主要属性是客观性、对象性和社会历史性。在客体的客观性、对象性和社会历史性的有机统一中，对象性是客体属性的重要标志，客观性是对象性的基础，社会历史性是主体对象活动的结果。

实践是指人类有目的地能动地改造自然和探索世界的一切社会性的客观物质活动。实践是认识的基础、源泉和动力。生产活动是最基本的，决定其他一切活动的实践，经济活动是民族共同体的最基本的实践活动之一。

主体、客体与实践之间具有系统辩证的关系，三者之间相互依存、互为条件，而且表现在相互创造和相互制约上。马克思说："人创造环境，同样环境也创造人。"实践是主客体的相互作用的基础所在。因此，我们研究制定民族经济体发展战略，必须要把民族发展与区域发展有机结合起来，形成民族经济与区域经济的良性互动和协调发展。

三、快速发展与可持续发展

现有民族经济体发展战略中，大多追求经济的快速发展。例如，平衡增长与非平衡增长战略，初级产品出口、进口替代与出口替代发展战略，赶超与加速发展战略，均是以加快经济发展速度、追赶发达国家和地区为目标。满足基本需求与经济社会综合发展战略，虽然没有把快速发展作为目标提出，但是实现满足基本需求和经济社会综合发展目标，也必须以快速发展为前提。经济的快速发展，社会财富的大量增加，必然同时伴随着生态环境恶化，空气、河流污染，森林、草原、土地、矿藏的破坏，损害人类的未来。对于每个发展中的民族经济体来说，都不可回避地面临一定时期内的快速发展与长期可持续发展的尖锐矛盾。经济快速发展与可持续发展之间的关系，实质上是人与自然的关系。世界上人是第一宝贵的，人的发展是“至高无上”的，又是有条件的，是与环境、资源和自身所处的文化知识背景相关的。当今世界大多数民族仍处于不发达状态，特别是全球近 1/5 的人口每天生活收入不足 1 美元，他们仍在饥饿中度日，没有基本的教育、医疗和卫生条件，时刻面临疾病甚至死亡的威胁。这些危机背后是经济危机，为了世界上各民族的共同繁荣和发展，必须要加快后发民族的社会生产和经济发展。值得指出的是，任何民族都是自然生态系统的重要组成部分，人类作为主体所进行的社会生产和经济活动，一刻也离不开自然界，离不开自然与社会的资源环境；如果离开了，社会生产和经济发展过程就无法进行。但是，我们也不赞成把人与自然的关系绝对化，有的学者认为，为了保持原始民族与自然的完美和谐，应把部落民族保留为“博物馆标本”，不要改变其原始生活状态。本书认为，保持生态系统的和谐是必要的，但把这种和谐用于能动的人类身上，就要与动、植物有所区别。从人道主义的标准衡量，原始民族所处的生存环境极为恶劣，根本谈不上和谐，只有通过适度的经济开发和发展，才能实现真正的人与自然的和谐。人类的发展既可能造成自然生态环境的污染和破坏，又可能极大地提高保护自然生态环境的能力；良好的自然生态环境可为人类的发展与进步提供有力的保障，遭到破坏和污染的自然生态环境则会制约甚至动摇人类发展的基础。过去在传统发展战略指导下，各国片面追求快速发展，使人类赖以生存、发展的自然生态环境已经遭到严重破坏。人们在反思中逐渐意识到，在追求快速发展时，必须同时关注到人类和自然界，既要维护人类的利益，又要充分维护自然的生态平衡，合理有效地利用各种自然资源，有效地保护人类赖以生存的环境并最终确保人类社会系统与自然环境、生态系统的长期协调，从而实现可持续发展。

第三节　衍生性发展战略的含义与基本要求

通过上述分析，可以看出传统的民族经济体发展战略在处理经济增长与经济发展、区域发展与民族发展、快速发展与可持续发展等方面，存在一定局限性，难以适应经济全球化、区域一体化及以知识经济为核心的产业革命等新形势的要求，促进后发民族经济体的较快发展，有效解决当代民族经济体发展差异带来的种种问题，因此，有必要提出衍生性发展这一全新的民族经济体发展战略。

一、衍生性发展的含义

衍生性发展是指民族经济体内部或民族经济体与外部各要素在冲突融合过程中，形成良性互动，并实现超常规发展。衍生与加速发展的关系是互相作用、互为因果的关系。衍生是加速发展的前提，民族经济体内部及民族经济体与外部各要素不形成良性互动关系，加速发展不可能实现。同时，加速发展是衍生目标和效果的集中体现，没有加速发展，衍生状态也不可能出现并保持。衍生性发展，一定程度上体现了当今世界和平与发展两大主题，是和平与发展内涵的深化和具体化，是在总结中华民族优秀传统文化和世界各国、各民族经济发展理论与实践基础上，对当代民族经济发展规律以至人类社会发展规律的新的认识，需要我们从战略高度进行系统研究。

二、衍生性发展的基本要求

衍生性发展的基本要求，可概括为三个衍生、三个加速，即民族与民族衍生，加速共同发展；民族与社会衍生，加速全面发展；民族与自然衍生，加速可持续发展。

可持续发展与加速发展并不矛盾，不能认为速度慢就可持续，速度快就不可持续，如果没有天人合一的理念，发展速度慢仍然会造成自然资源浪费和生态环境破坏；如果坚持天人合一的思想，抓住加快发展的战略机遇期，加快经济社会发展速度则会走出一条加速可持续发展的新路子。因此，我们应牢固树立天人合一的思想，在后发民族经济体加速发展过程中，始终把生态环境保护放在重要位置，合理开发利用自然资源，实现民族与自然衍生友好的可持续发展。

现代化是当今世界各民族经济体、特别是后发民族经济体孜孜以求的发展目标。现代化是一个系统的概念，它包括政治现代化、经济现代化、社会现代化、科技现代化、文化现代化等，但经济现代化是基础，也是标志，没有经济现代化，就不可能有其他方面的现代化。一个国家或地区，实现了经济现代化，应当成为现代工业社会，同时，在政治经济制度、社会价值观念等方面实现全面变革，自然也包括人的素质的极大提高和人的全面发展。然而，由于本书的研究对象是民族经济，在第二章中已分析过民族经济发展的一个重要特征就是各民族经济体发展与区域经济发展不同步，一个国家或地区实现经济现代化，并不完全表明该国家或地区的各个民族也实现了现代化。因此，本书把民族现代化与经济现代化并列为民族经济衍生性发展的战略目标。

第四节　民族现代化的主要内容

根据人的现代化主要内容，结合民族现代化有关特点，本书认为民族现代化的主要内容应包括政治参与、社会结构、生活方式和精神素质几个方面。

(1) 政治参与。政治参与是各民族公民通过合法方式参与政治生活，并影响政治体系的构成、运行方式、运行规则和政策过程的行为。各民族的政治参与有助于国家政治民主发展，有助于实现社会公平，是民族平等的重要体现。政治参与的主要方式有政治投票、政治结社、政治表达、政治接触及政治冷漠。各民族政治参与的途径有通过进入立法机关，参与国家或地区法律的审议和制定，在各级政府担任领导职务，参与国家或地区社会事务管理；通过有关组织发表自己的意见，维护本民族和个人的权利；直接向政府有关部门反映意见和建议。在一定程度上，一个民族政治参与程度也是该民族社会经济地位的体现。

(2) 社会结构。社会结构是指由个人所组成的不同群体或阶层在社会所占据的位置，以及他们之间表现出来的交往关系。社会结构可以用一定的结构参数来定量描述。结构参数即人们的属性，可分为两类：一类是类别参数，如性别、宗

教、民族等；另一类是等级参数，如收入、财富、教育、权力等，两类参数可相互对比。一个民族的社会结构，包括职业结构、收入结构、阶层结构等，与现代化进程密切相关，既是现代化水平的反映，也会影响民族现代化进程。

（3）生活方式。生活方式是不同的个人、群体或社会全体成员在一定的社会条件制约和价值观指导下，所形成的满足自身生活需要的全部活动形式与行为特征体系，包括劳动生活方式、物质消费生活方式、社会政治生活方式和文化娱乐生活方式。生活方式是不断变化的，一般而言这种变化是渐进的、自发的和自然的。在民族现代化过程中，我们所追求的生活方式转型是根本的、自觉的和人为的，通过有效的努力，使生活方式朝预期的方向和标准变化。就劳动生活方式而言，劳动的技术含量将不断增加，对体力劳动的占用不断减少；个人有选择多种职业的可能性，社会分工更加细致复杂；生产率高速增长，直接从事物质生产人员减少等。就物质消费生活方式来说，随着衣食住行的商品消费量不断增加，基本需求的满足不再是注意的中心，商品的符号层面越来越受重视。就社会政治生活方式来说，由于利益分化，各种自愿群体（利益集团、兴趣团体）成为社会的主体。就文化娱乐生活方式来说，文化娱乐与受众的关系更为贴近，个人趣味、个人价值观受尊重，教育功能转而以潜移默化的方式出现。生活方式形成及转型是民族现代化的一个重要特征，转型过程中必然伴随的文化重构是民族现代化的必然要求。

（4）精神素质。精神素质是指一定历史时期内建筑在一切习惯、道德、观念、信念、意图和知识之上的人类思想意识和精神文明水平，是社会思想和观念在社会成员意识内的固化。它是个人与群体精神素质的统一，包括道德素质、心理素质和业务素质。道德素质是指一定历史条件下按一定道德规范评价的社会成员道德意识和道德水准，以及社会成员的思想政治觉悟。心理素质是指人之既定信念、思维模式、价值观体系等心理活动方式及其毅力、勇气、意志等心理素质。业务素质是指成员的科学知识及文化水平。精神素质是社会意识在社会成员身上的具体体现，也是民族现代化程度的重要表现形式。

一、民族经济衍生性发展目标模型

国内外学者对于现代化进程和人类发展目标，提出了许多指标体系和模型。民族经济衍生性发展目标模型，既与现代化及人类发展目标模型有一致之处，也有自己的特殊性，因此，需要我们借鉴国内外现代化及人类发展目标模型，根据民族经济发展的特点，构建民族经济衍生性发展目标模型。国内外可供我们参考的现代化和人类发展目标方面的指标体系和模型主要有现代化模型和人类发展指数模型。

（1）关于现代化定量模型。世界银行在《1983 年世界发展报告》中，从 6 个方面、12 项指标体系来评价现代化程度，具体为：①经济发展水平：人均国民生产总值；②劳动力就业结构：农业劳动力比例、工业劳动力比例、服务业劳动力比例；③产业结构：农业产值占国内生产总值比例、工业产值占国内生产总值比例、服务业产值占国内生产总值比例；④城市化：城市人口占全国人口比例；⑤教育：中学入学率、高等教育入学率；⑥健康状况：婴儿死亡率、每名医生服务人数。中国现代化研究中，也提出了许多种指标体系及模型。李京文教授以系统化分类衡量的方法，提出了度量现代化水平的指标体系，共分为 5 个一级子系统、12 个二级子系统、21 个具体操作指标。中国宏观经济研究院从 4 个方面提出 21 项指标体系，分别是：①经济现代化，包括人均国内生产总值、工业增加值占国内生产总值比重、国有经济比重、第三产业增加值占国内生产总值比重、农业劳动生产率、贸易总额占国内生产总值比重；②社会现代化，包括城市化指数、基尼系数、恩格尔系数、获得安全饮用水人口比重、政府社会支出占总支出比重、每千人医生数、国家保护区占国土总面积比重、“三废”处理率、社会安全指数；③科技现代化，包括研究与发展经费占国民生产总值比重、科技进步贡献率、信息化综合指数；④人的素质现代化，包括平均期望寿命、每万人大学生数、每人拥有图书量。中国宏观经济研究院现代化研究的可贵之处是不仅提出现代化指标体系，而且在确定初步现代化标准建议值和完全现代化建议值的基础上，提出现代化进程的综合测评模型。

（2）关于人类发展指数模型。1990 年联合国开发计划署马巴布·乌尔·哈克提出并主持编写《人类发展报告》，马巴布邀请阿马蒂亚·森设计人类发展指数，目的是作为一种可供选择的发展度量标准，补充国内生产总值（GDP）指标的不足，反映人类生活的社会方面。从 1990 年起，每年在联合国开发计划署编制的《人类发展报告》中，运用人类发展指数评价世界各国的人类发展进步状况。目前采用的人类发展指数模型共有 5 种，分别是人类发展指数（HDI）、发展中国家的人类贫困指数、部分 OECD（国际经济合作与发展组织）国家的人类贫困指

数、性别发展指数、性别赋权尺度（GME）。人类发展指数在内容和指标选择上体现了简明的原则。人类发展指数模型自创立以来，在评估各国人类发展进程方面发挥了重要作用，取得了相当的成功，但不足之处是指标较少，代表性有限，只能反映一个粗略的情况。

二、建立民族经济衍生性发展目标模型的原则

根据国内外关于现代化进程和人类发展目标模型，可以看出现代化和人类发展是一个整体的概念，有着丰富的内涵和多方面的外延。我们把经济现代化和民族现代化作为民族经济衍生性发展的目标，更增加了指标体系的复杂性，必须按照多目标综合评价方法，建立系统的目标模型。需要考虑的主要原则有：

（1）目标模型应体现共同加速发展、全面加速发展和可持续加速发展的基本要求。“三个衍生、三个加速”，是民族经济衍生性发展战略的基本内容，必须在目标模型中得到充分体现。从国内外关于现代化进程和人类发展目标模型看，通过选择一系列相对应指标体系，可以解决全面发展和可持续发展的要求，但仍面临两个难题：①共同发展的要求难以解决；②加速发展的要求难以体现。课题组认为，共同发展和加速发展均是比较的概念，如果运用目标模型计算的结果是后发民族经济体明显高于发达民族经济体，应当说是体现出加速发展；如果运用目标模型分别计算的每一个后发民族经济体的结果，大多数高于或等于发达民族经济体，则应当认为是共同发展。

（2）目标模型应综合反映经济现代化和民族现代化的主要内容。在前面的分析中，课题组已经明确了经济现代化的主要内容包括工业化、市场化、城市化和可持续化；民族现代化的内容包括政治参与、社会结构、生活方式和精神素质。因此，在建立民族经济衍生性发展目标模型时，指标体系的选择一定要与上述8项内容相对应。其中，有些指标选择上有一定难度，例如精神素质，但也应从可能定量分析的角度，尽量选择有代表性的指标。

（3）指标体系力求有代表性，简单明了，目标模型力求科学适用。由于经济现代化和民族现代化内容非常丰富，真正准确地衡量，需要选用一系列指标组成指标体系，进行综合评价。但也不是指标越多越好，指标太多了反而没有重点，造成混乱，走到科学的反面。联合国开发计划署设计的人类发展指数，仅用3~4个指标，值得我们认真研究借鉴。

第四章　整合后发优势：衍生性发展依据

在民族经济衍生性发展过程中，重要的是要研究和把握加速的定性与定量目标，建立发展的理论体系。经济发展的不平衡规律，导致后发民族经济体要加速发展，就必须整合自身的后发优势，因此，整合后发优势理论构成了后发民族经济体实施衍生性发展战略的重要理论依据。

第一节　民族经济发展的不平衡性与后发效应

民族经济发展的历史就是后发民族走向发达民族的历史过程。后发民族经济体工业化进程相对滞后，发达民族经济体工业化进程相对居于世界各民族前列。后发民族与发达民族经济体在经济发展中存在着时空上的发展不平衡。这种不平衡使全球性的工业化面临严重的挑战，它使后发民族走向发达民族的道路更加曲折和艰难。因此，我们首先研究民族经济发展不平衡的成因与内在机理，进而为发挥后发优势实现衍生性发展目标创造前提条件。

一、民族经济发展不平衡的形成

民族经济发展不平衡是指由于历史背景、市场作用、政策导向、生产力等原因，导致不同民族在发展水平、发展速度、发展结构、发展质量、发展效益以及发展战略、发展路径和发展重点上，表现出民族之间的不协调性发展。不同民族在发展水平上存在着时空差距，这种发展上的差距在民族主体认识的理性前提下，差距变压力、压力变动力、动力导致后发民族在发展上具有乘数加速效应。

不同民族经济发展的差异性，表征着参与加速作用的不同要素组合有不同的系统结构，这种不同结构，导致其系统功能也不同。后发民族参与加速作用的要素组合、结构转型、功能释放等的特殊性，使加速发展要素进行不断的调整，达到整体优化，即整合效应。为使后发民族认识并把握加速发展的整合效应，必须把握不同民族在发展中造成不平衡的真正原因。

（1）民族经济发展不平衡的内部原因。一是制度选择差别。民族经济发展的差异性，与经济结构、技术水平、传统文化、产业政策等方面的差异密切相关，其中，制度方面的差异起着重要的作用。制度选择的差别包括经济体制、政治体制及其相关的机制和制度的差别。制度决定经济发展的效益。后发民族要实现加速发展，必须进行制度改革，它包括经济组织形式的改革、市场体系的改革、生产经营管理方式的改革、产权制度的改革。制度改革与创新是后发民族实施衍生性发展战略的关键所在。这种关键的逻辑是：制度差别导致体制与机制的不同，从而影响经济效率的高低，有效率的经济组织是经济增长的关键，是民族经济振兴的根本原因，这是制度决定作用所在。因此，组织形式、市场体制、经营管理方式、产权制度改革与创新也就成为后发民族的首要任务。

二是科技发展战略的选择差别。发达民族在经济发展中一般重视实施科技发展战略，一方面，表现在倡导科技创新精神，重视自主开发和基础研究，推进技术产业化，以科技进步作为经济发展的第一生产力，推动经济增长方式的根本转变；另一方面，通过引进、吸收、消化先进科技成果，在消化基础上进行创新。后发民族只注重“拿来”和“跟进”，缺少自主创新和基础研究，核心竞争力弱化，这就构成后发民族落后的直接原因，使经济增长脱离了科技进步。科技发展战略的选择差别，导致经济社会发展的不平衡，后发民族经济体应选择符合后发民族加速发展要求的科技振兴战略，提倡科学，重视开发，振兴产业，以此带动经济增长方式的根本转变。

三是结构调整的差别。一般情况下，经济增长的快慢取决于资源配置效率的高低，而资源配置效率的高低，又取决于经济结构。发达民族的经济结构基本上处于较高的转换速率和产业结构不断优化升级的过程中，经济发展具有活力。后发民族基本上经济结构层次低，转换速率低，缺乏管理性和协调性，产业链、企业链、市场链短，经济增长起伏大，产品附加值低。

四是各种干扰因素存在。后发民族在发展过程中各种矛盾和问题干扰因素

多。历史传统导致经济观念、市场观念、价值判断、道德标准等思想意识对经济增长有很大的影响。人口数量、质量、结构和布局的差异，对经济增长有直接的基础作用。区位的差异、政治体制的不同、文化背景的差别都直接影响着经济的增长。如果说制度、科技、结构是民族经济发展不平衡的决定因素，传统观念、人口素质、区位优劣、政治体制、文化背景对经济增长的影响则构成经济发展不平衡的重要原因，它使民族经济发展不平衡显得更加复杂多变。

（2）民族经济发展不平衡的外部原因。一是不合理的世界历史体系。经济全球化为资本打破民族界限和国家区域界限提供了前提条件，从而导致后发民族经济体从属于以发达民族经济体为主体的市场体系中。国际市场体系的本质是一个二元结构，即以发达民族经济体为主体的世界中心，其特征是世界范围的生产控制中心、债权金融中心、国际贸易中心，发达民族经济体充当着世界工厂、城市，以及以第三产业为主体的高技术产业、高资本构成、高科技教育、高社会福利的发达社会；而另一个社会是以后发民族经济体为主体的中心外围社会，其特征是贫困蔓延、债务危机、外贸恶化，后发民族经济体充当着世界农村的角色。世界范围的二元结构是民族经济发展不平衡的主要外部原因。发达民族具有300多年市场经济发展的经验，同时也对后发民族进行了原始的资本与资源的掠夺，积累了发展为世界中心的资本、技术、教育、福利。目前，发达民族经济体以其先天的优势创造出发达的科学与技术，并迅速把它转化为现实生产力，占据先发优势，成为剥夺后发民族经济体财富的有力武器，世界中心的地位进一步加强。而后发民族在经济社会落后的大背景下，与发达民族进一步拉大了发展的差距，这就进一步导致了民族经济发展不平衡现象的加速。

二是一国之内不合理的区域政策、民族政策。在一个国家内，客观存在着发达民族经济体和后发民族经济体，这种一国内民族经济发展的不平衡现象，除了以上原因外，就是国家实施的不合理区域政策与民族政策导致的。如区域发展的梯度理论导向下的发展政策，客观上造成了发达地区更为发达，落后地区更为落后，使同处一国内的不同民族之间在经济发展上拉大了差距，导致了事实上的不平等。

（3）民族经济发展不平衡现象。世界经济发展不平衡规律，是一种结构性的不平衡发展规律，它是由发达民族的“基本结构、基本矛盾和资本积累的世界性扩展的基础上产生并发生作用的”。在全球经济一体化进程中，民族经济发展不平衡现象的表现形式是多种多样的，主要是由结构性不平衡发展规律导致的。一是后发民族经济体之间发展的不平衡。有关统计资料反映，后发民族经济体之间发展不平衡日趋突出，发展较快的后发民族的国民经济增长率要比发展缓慢的民族快几倍。就世界范围看，在后发民族经济体中，中国经济增长速度处于加速发展时期，拉美后发民族相对发展较为缓慢；而非洲地区的后发民族经济发展仍处于落后状态。二是后发民族经济体与发达民族经济体之间发展不平衡，且发展差距仍在扩大，正如前所述，据有关资料反映，1993 年世界人口约 56 亿人，其中北美、欧共体和日本等 16 个发达国家人口为 8.7 亿人，占总人口的 1%；国民生产总值约 18.3 万亿美元，占全球国民生产总值的 70%。说明少数发达民族经济体占有国民生产总值的绝大多数；而后发民族经济体人口约 47.3 亿人，占有国民生产总值还不到 6 亿美元，说明发达民族与后发民族的差距越拉越大。

民族经济发展不平衡现象，不仅包括发达民族与后发民族经济发展的不平衡，以及不同民族在不同地区和不同国度里发展的不平衡，而且表现为发达民族之间因争夺地区或世界经济政治控制权展开竞争导致的不平衡。这种不平衡发展的日趋拉大，则说明克服国际间、地区间民族经济发展不平衡现象是一件历史性的艰巨任务，但其中最为根本的是后发民族要抓住发展不放松，在加速发展过程中，调整结构，发展科技，提高人口素质，实施全面、协调和可持续的发展。一句话，后发民族要想达到与发达民族的相对平衡发展，就必须内强结构，外争主动，实施加速发展。

对后发民族进行经济发展不平衡成因分析，不能搞“一刀切”和一个模式，应具体问题具体分析，从中把握发展不平衡的成因。不同后发民族经济体发展不平衡的类型也不同，有的表现为局部和整体的发展不平衡，有的表现为制度和要素的发展不平衡。我们不仅要认识后发民族经济体发展的不平衡，更要深入认识这种不平衡的类型和构成这种不平衡的内在变量，以求解其实施衍生性发展战略的路径和方式。

二、后发民族面临的后发效应

后发民族是在第三次现代化浪潮中开始步入现代化的，与第一次、第二次浪潮中实现现代化的西方发达民族相比，有其独特的历史规定性和现代必要条件。20 世纪 50 年代开始的第二次现代化浪潮，对于后发民族经济体实施衍生性发展

战略产生着“后发效应”。后发效应分为正效应和负效应，即后发优势和后发劣势，两个方面相互博弈而推动着后发民族的现代化进程。

（1）后发优势。后发民族在工业化中所处的落后地位，导致其发展具有一定的压力，这种压力可转换成动力，使后发民族具有后发优势，使其受益。我们称落后的这种受益为后发优势。后发优势的规定性在于：一是选择参照系的优势。后发民族可参照发达民族工业化进程的成功经验，选择适合本民族发展的模式，并进行科学的分析和理性的选择，形成自身的发展模式。参照系的多样性与选择的综合性，能为后发民族节省大量时间和资源，加速发展成本将大大地降低。二是选择路径的优势。发达民族的发展进程为后发民族选择发展路径提供了经验与捷径，避免了“摸着石头过河”所付出的路径成本。例如，先进的科技成果、管理经验和相关法规等，都可以拿来为我所用，以缩短工业化进程，缩小与发达民族之间的差距。三是铸造民族精神的优势。民族经济发展的不平衡，可激发后发民族强烈的民族社会改革意识，把这种民族改革精神融合到工业化进程中，可产生巨大的物质技术力量，并形成强大的民族衍生性发展凝聚力。四是构筑民族学习优势。学习优势是后发民族最具核心竞争力的优势。把握发达民族的发展目标和方向是一种学习；掌握发达民族的科学成果，也是一种学习；运用发达民族的管理经验，更是一种学习。这种学习成本是低廉的，是理论与本民族发展实践相结合的学习，是有的放矢的学习。这种学习不仅有效缩短与发达民族在发展进程中的差距，而且在很大程度上节约了研究的时间成本，为实现加速发展目标赢得了历史进程。以上所说的后发优势是站在后发民族一边来论述的，还有另一方面，就是站在发达民族一边来看待后发优势。其一是由于发达民族资本与技术的过剩，客观上要求进行一系列政治、经济和军事、文化的扩张，在一定条件下从外部来的现代化要素就打破了后发民族固有的经济发展模式，“用强制方式包括用商品的重炮去传播一些现代化因素，去打破传统社会自身无力克服的封闭性与停滞性”。其二是发达民族利用自身的新技术和剩余资本进行经济侵略，利用产业提升和调整，把某些低技术产业转移给后发民族，以利用那里的低廉劳动力、丰富的自然资源和低利率的资本等生产要素，以提高发达民族的国际竞争力，这同时也为后发民族提供了加速发展的重要现实条件。其三是发达民族利用区位、资源、技术的先发优势，向自身周边的后发民族进行多元扩张，由于发展不平衡规律作用的结果，有的发展快，有的发展慢，形成一定的现代化进程的辐射圈，这种辐射圈效应将会成为后发民族的加速发展优势。

（2）后发劣势。对于后发民族不仅有后发优势，同时存在着后发劣势，这是任何系统都存在两面性所决定的。后发劣势与后发优势是后发民族所具有的独特历史规定性和独特现代必要条件。这种后发劣势是后发民族在利用后发优势加速发展时所表现出来的消极负面发展效应。

一是受制于发达民族的劣势。后发民族实施衍生性发展战略，是在既定的国际环境和在既定的世界经济秩序中进行的，资本的输入、技术的引进、国际贸易的交换，总是受制于发达民族的游戏规则，这对后发民族独立自主的发展带来消极负面效应。也就是说，后发民族一方面要加速发展，另一方面这种加速发展又受制于发达民族的限制与约束。在当今世界现代化进程中，来自外部的变化、干扰、阻滞作用也越来越明显。在能源危机、生态危机、环境污染、金融危机中，后发民族成了发达民族转嫁危机的最佳对象，因此后发民族还是承担发达民族发展危机的受害者。

二是高速度压力劣势。后发民族要实现经济现代化和民族现代化双重任务，进行经济的、政治的、社会心理的、文化教育的加速发展，就自然而然地要承受高速度发展的压力，并且要以高于发达民族的经济发展速度来“强制推行工业化和技术革新”，这是所有后发民族经济体实施赶超型现代化的基本特征。后发民族要把发达民族300年的现代化进程，与发达民族当今经济社会的未来现代化进程进行叠加，以达到一个相当高的发展速度，这就客观上给后发民族带来高速度发展的巨大压力。这种高速度，必然导致国内经济社会在一定时期内发展的不平衡，可能这种不平衡带来的伤害比传统社会的贫困伤害还要严重。例如失业人群的剧增、农民潮的全国性流动、生态环境急剧破坏、独立主权的动摇等，都会以难以想象的方式表现出来。高速度发展是一把“双刃剑”，后发民族要有承受这种压力的心理准备和应对的有力措施。要把改革的力度、发展的速度、社会的稳定度进行整合，实行整体优化。

三是趋同发展劣势。一方面，处于世界中心的发达民族，利用自身的现代化先发优势，以及利用自身的资本、技术、商品在世界范围内把廉价劳动力、资源与市场瓜分完毕，而后发民族在狭小的空间进行加速发展愈发艰难；另一方面，所有后发民族都在醒悟，都在推进现代化，这就导致后发民族经济体的趋同发展，争资源、争资本、争技术、争市场，进行无序的低水平的无效益的竞争。对

于后发民族来说实现现代化是目标方向，但又不可能同步、同时、同水平、无差别地实现，总是表现出发展过程的不平衡。这种竞争不仅为发达民族利用其先发优势加剧掠夺后发民族的资源与市场提供了空隙，也为引发后发民族区域矛盾与冲突提供了条件，使加速发展目标的最终实现更加困难。

四是盲目求成劣势。后发民族在现代化进程中可能会出现盲目照搬发达民族的发展模式、经济体制和经营管理方式，盲目引进资本、技术、管理的现象，形成没有后发民族特色的“洋冒进”发展模式，导致发展受阻，甚至倒退。这种现象都是由于不切实际的盲目求成所致。加速发展没有重点，没有很好地对物质文明、政治文明、精神文明、生态文明、文化文明的制度供给进行有序安排，在不了解发达民族历史进程条件下，只看到发达民族的各种文明，就盲目利用发达民族的文明结果来支配后发民族的加速发展过程，将会导致事与愿违和欲速则不达的结局。例如，过早的仿效发达民族的生活方式、政治体制、文化模式，不切实际的超过大多数人的行为能力，造成生活的、政治的、文化的和精神的认同危机，导致后发民族加速发展目标的半途而废。

五是人口素质劣势。不切实际的人口增长，自然影响后发民族的现代化进程。第二次世界大战后，后发民族经济体人口增长率都高于2%，这就导致了后发民族人口大爆炸。有资料反映，1950年后发民族经济体的总人口只占世界总人口的66%，1988年增至占80%，2000年增至占92%，有50亿人生活在经济欠发达地区。人口压力和劳动力绝对过剩，已经为后发民族的加速发展带来阻力，严重影响着后发民族的现代化进程。适当的人口增长率，劳动人口的技能教育，全民文化的素质提升，则会产生劳动力的正面效应，加速现代化进程。

以上几种是后发民族的后发劣势现象表征。我们看到后发民族的后发优势，要扬长避短进行衍生性发展，当我们认识到后发优势背后还存在着后发劣势时，也要学会趋利避害，用积极的政策与制度安排去导向后发民族的衍生性发展。后发民族必须充分发挥后发优势，克服后发劣势，才能加快经济现代化和民族现代化进程。

第二节　形成后发优势的条件及整合

后发民族经济体要借鉴后发优势理论，特别是当代后发优势理论，努力寻求符合自身发展的后发优势，才能实现衍生性发展目标。然而，后发优势的实现不是自发形成的，它是构成国民经济综合发展水平的诸多要素综合作用的结果，后发优势需要具备一定的前提条件。

一、后发优势形成的条件

形成后发优势的条件有许多，但主要有以下几个方面：

（1）生产力水平。经济发展的决定力量是社会生产力。经济加速发展离不开生产力发展所提供的可能性条件。生产力是指主体人以自身的活动来引起、调整和控制人与自然之间物质变换关系的能力。生产力是人们以往实践活动的结果，又是实现人的活动的前提。生产力形成、存在并发展于人的活动之中，体现着人的本质力量。生产力发展的历史就是社会主体力量不断增长的历史。现有生产力为后发民族经济体实施衍生加速战略提供了历史性前提。

（2）交往方式。人类社会最初的发展是在彼此隔绝、互不干扰的条件下进行的。正是由于交往促使生产力与生产关系的矛盾运动逐渐冲破狭隘的地域与民族局限，打破了发展的隔绝状态，导致了现代文明的产生。作为社会发展的重要条件，交往使得社会发展的确定过程发生了摇摆和偏离，导致经济社会的超常规发展。

（3）机遇。机遇是经济发展目标在社会波动中形成的加快实现的时空条件，它表现为经济社会发展阶段的某一特殊环节。机遇具有随机性与不可重复性，它以其一维性向前运动，去而不返。当时间运动到一个节点，由于各种因素相互作用而产生一种有利于加速发展目标实现的可能性时空时，认识到并抓住这种机遇，发展目标就会实现；否则，就失去了机遇，加速发展的目标就会落空。

（4）自主能力。衍生性发展是主体利用交往而进行路径选择，它体现着经济社会发展的目的性与合理性。人类总体历史要通过具体民族的历史发展进行表

征，具体民族的发展是基于个人或民族的利益要求而展开，表现为后发民族趋利避害的价值选择。历史上的跃迁，常常是在几种社会形态同时并存，后发民族与发达民族相交往的情况下，自觉或不自觉地、被迫或主动地利用发达民族的先进经验和成果，从而自发或自觉地超越某种社会形态，“减轻”发展所带来的痛苦，“缩短”发展的必然过程。社会主体的自觉自为程度，决定着经济社会发展的目的性与合理性的实现程度，决定跨越发展的自觉程度。

二、后发优势整合理论

整合后发优势理论是在继承和发展以往相关优势理论基础上建立起来的，它具有完整的理论体系。整合后发优势理论是在研究两个或两个以上具有明显差异的民族经济体之间，实现从低层次向高层次加速发展轨迹中提出来的。两个具有很大差距的民族经济体发展的不平衡，是整合后发优势理论产生的前提条件。它研究的主要对象是后发民族经济体，研究的核心问题是后发民族在实施衍生性发展过程中的战略，进行经济形态转型所涉及的条件培育和改革路径，从中寻找最大限度发挥后发优势的模式和规律，为后发民族经济体实施衍生性发展战略构筑理论依据。

（1）整合后发优势研究前提。后发优势是后发民族经济体的特有发展要素，又与其他发展要素相整合，形成一个动态的复杂开放系统，我们称为整合后发优势。它在吸纳新古典经济理论的多种基本假设前提的同时，还必须遵守成本—收益框架下的相关前提条件。这些相关条件包括：一是后发民族的经济资源具有经济价值上的稀缺性，这种资源稀缺性能够促进后发优势在发展中的加速作用，为赶超发达民族提供发展的基础；二是后发民族要拥有主权，并符合理性经济人的要求，其经济行为的决策是经济主体的理性追求，只有满足营造适合的后发优势—选择通向后发优势的最短路径—合理界定后发优势的条件，后发优势才是有价值的；三是后发优势依存的经济体系应是一个有组织性的开放系统，系统目标整合能激活后发优势，系统要素整合具有高度相关的集聚性、互动性和结构功能性，系统的结构层次具有质量、能量和信息的流动交换性，具有系统的自组织能力。此外，后发优势构成要素还需要与系统历史、系统环境、系统文化背景进行整合，使其产生正效应。我们论述的后发优势，是整合的后发优势，表现在后发民族在利用后发优势时，其效能应是最优化。这里有决策的执行过程，有系统发展的负熵效应。所以说，整合后发优势不能简单地用后发优势来替代，它属于更高层次的系统后发优势，整合后发优势更强调优势的整合性、创新性和系统的自组织性。整合后发优势注重以国家或地区为载体的民族经济体的优势整合，但更注重全球性生产要素的整合，尤其是后发民族经济体稀缺要素的整合。整合后发优势的价值衡量标准，是世界性的、全方位的和系统整体的价值观。

（2）整合后发优势理论框架。整合后发优势理论强调后发优势与先发优势的差异协同，后发民族与发达民族的差异协同，两者属于辩证的统一，并在衍生性发展中达到因果互动。整合后发优势是从更高层次来看待两者的辩证关系，不能简单运用矛盾对立的思维方式来看待两者的差异协同。差异是前提、是动力、是加速发展的源泉；而协同则是在加速发展中达到整体全面、协调和可持续的发展。后发民族要营造自身的具有特色的比较优势，来构筑后发优势，而且是整合式的后发优势，以此推动发展转型，达到赶超发达民族的目的。发达民族的先发优势是通过率先实行市场化体制、雄厚资本积累和先进的科学技术而带来发展的机遇，从而经济处于发达阶段，并拥有控制和导向后发民族的能力。这种由先发优势所形成的经济控制能力，对后发民族形成一种不平衡态势，产生一种压力，导致后发民族意识改革，并由压力转换成动力。在世界经济全球化进程加快的今天，先发优势与后发优势、发达民族与后发民族、压力与动力、目标与路径是系统辩证的统一，其中的关系是整合关系，并非是单一的矛盾与阻碍。后发民族要善于从内外发展要素中，把具有比较优势的要素进行整合，构筑后发优势，使其在加速发展中发挥应有作用。后发民族对于先发优势不应是简单对立和排斥，而是吸收、融合，外生变量经过整合转变为内生变量，以壮大后发优势，使加速发展更具有强大动力。人类社会的需求是多种多样的，发达民族不能穷尽人类社会发展的所有需求，这就为后发民族整合内生变量与外生变量开辟了广阔的天地，为实施衍生性发展战略提供了理论依据。

整合后发优势的理论基点在于民族经济发展存在着不平衡性，人类社会需求不能穷尽，先发优势与后发优势是差异协同的系统整体。后发民族在实施衍生性发展战略过程中，一般情况下其经济形态具备了工业化的初级阶段，并拥有完备的工业体系和各种创新的条件，经济增长处于罗斯托提出的为起飞做准备的阶段与起飞阶段之间。一般情况下整合后发优势用于后发民族的经济加速发展阶段。问题是后发优势是否只存在于后发民族呢？整合后发优势理论认为，在一定的经

济形态中，后发优势的产业具有本经济形态特征的规定性。后发民族实施衍生性发展战略，可构筑整合后发优势，而发达民族要想保持其先发优势地位，也必须不断从自身的各种发展要素进行整合，以求创新，其实质是整合先发优势，否则发达民族的先发优势就会丧失。

整合后发优势强调发展主体的多因函数和发展目标的多元性。从后发民族经济体的制度安排来分析，运用制度创新的衍生性发展战略表现为后发民族经济体政府的政策（体制、机制、制度）安排，使新生的发展主导力量能够凸显，从而带动整个后发民族经济体的经济增长，最终达到加速发展目标的实现。

三、整合后发优势的类型

整合后发优势的形成，对于后发民族来讲，其阻碍与约束因素是诸多的。由于阻碍与约束因素的不同，形成整合后发优势的类型有所不同。整合后发优势的阻碍约束因素有以下几种：

(1) 制度性约束。制度供给不足、规则执行不连续、资源配置机制无效，这就约束了后发优势的有利形成，使制度供给成本加大，市场机制变革难以进行到底，制度约束是构筑整合后发优势的最基本的制约因素。

(2) 物质性约束。衍生性发展战略必须反映经济高速增长，而经济能否高速发展要受物质条件的制约，例如自然资源的短缺、人口压力、资本缺口、技术装备落后、知识存量薄弱和生态环境脆弱等。物质条件的约束导致整合后发优势的直接弱化，这属于硬约束。

(3) 人文约束。人文因素在后发民族经济体实施衍生性发展战略过程中，其作用越来越凸显。这是因为一个民族传统文化观念的深厚积淀及习惯势力的顽固残留，构成了对整合后发优势的巨大威胁。往往一个创新制度受到传统人文的影响，如价值观、世界观和过程观等，使整合后发优势丧失活力。在营造整合后发优势时，一定要全面、客观地对待各种约束条件所带来的各种影响，应善于处理和勇于处理各种阻碍和约束，这个过程是一个整合后发优势的过程，也是整合后发优势显现作用的过程。整合后发优势的类型主要有以下几种：

(1) 资源型后发优势。实践证明，丰富的资源是促进后发优势形成、推动经济社会转型、拉动经济增长的重要物质基础。一般情况下，后发民族经济体大都属于自然资源富饶的地区。以资源来构筑后发优势，存在着自然资源不可再生，以及过度开发造成生态不平衡和环境污染等问题。来自后发民族经济体的经验说明，丰富的资源优势不等于经济优势，资源型后发优势也不等于绝对经济优势。当我们构筑后发优势时绝不能以牺牲明天的幸福和子孙后代的利益为代价，片面追求高速度和暂时繁荣，毁灭性地发挥资源型后发优势。当我们构筑资源型后发优势时，要把握资源浪费少、能源使用少、水资源污染少、环境生态恢复好的可持续发展的原则，要把握运用高新技术开发资源的原则，要把握现实发展与未来发展的关联度，只有这样才能科学地推动经济社会衍生性发展。

（2）联动型后发优势。所谓联动型后发优势，其实质是在经济发展不平衡状态下，通过市场“看不见的手”和政府调控“看得见的手”联合“握手”，达到“携手”共筑后发优势，并在产业结构优化升级过程中得到实现。联动型后发优势应具备这样的条件：一是后发民族经济体处于经济落后状态；二是立足自身，借助外力，使资源和资本流进来；三是靠政府的产业政策和体制创新拉动社会转型；四是后发民族经济体要注重构筑经济中心地带，以经济增长极拉动整体发展；五是后发民族经济体不应死守三大产业和重化工业的结构发展，而是以收入弹性为基准和以生产率上升为基准来制定加速发展规划和产业政策。联动型后发优势的构筑应把握需求收入弹性的变化，不同需求收入弹性表明不同产业潜在的市场份额，只有把资源配置到需求弹性高的产业，市场份额才会提升，加速发展的目标才有可能实现。生产率上升基准是市场比较成本说的动态表述。后发民族经济体在调整产业结构中，只要满足区际间的竞争游戏规则，产业链的前向与后向延伸效应就会同时产生，联动型后发优势也就得到实现。

（3）机遇型后发优势。所谓机遇型后发优势是指后发民族经济体应抓住大的宏观系统为之提供的主客观机遇，谋求和推动经济加速发展的时机优势。机遇是一个时间范畴的概念，它是由多因素组合而成的发展最佳地区和最佳时期。抓住这一时机构筑后发优势，其效率和质量就会出现乘数加速发展，在同一单位时间内，其蕴涵的价值量要高出一般发展状态的几倍。机遇的类别很多，但要有识别机遇的真才实学，抓住机遇就有成功的可能，不抓机遇就必然会失败。机遇是一种潜在的资源，但并不是胜利的成果。拥有机遇型后发优势，实际上就为后发民族经济体提供了加速发展的捷径。例如，日本在近代以来的发展中经历了三次跃迁：第一次是从封建岛国转型为新的帝国；第二次是从战败的三等弱国转型到世界第三经济强国；第三次是 20 世纪 70 年代由自由贸易立国转型到科技立国。日

本每次转型都抓住了外来强制力、现代化移植技术和自主开发创新，形成了独具特色的机遇型后发优势。

（4）创新型后发优势。创新是后发民族经济体构筑后发优势，实现加速发展的灵魂。后发民族的创新对于在较短时间内赶上或超过发达民族至关重要。美国经济学家约瑟夫·熊彼特的《经济发展理论》首先提出创新概念。他的创新观主要是指“建立一种新的生产函数”，即把新的生产要素与生产条件进行整合后引入生产体系。熊彼特把创新划分为五种状态：一是引进新产品；二是运用新技术和新生产方式；三是开辟新市场；四是挖掘原材料的新供应来源；五是实现企业的新组织方式。后发民族的创新，是在以发达民族作为标杆的前提下进行的，其成本的支付要小得多。只要敢于创新，就能构筑后发优势，实现加速发展。当今社会是竞争创新的时代，竞争的制高点和制胜权在于新理念—新体制—新技术的整合创新。信息社会为后发民族的创新提供了低成本的信息传输，这就使营造创新型后发优势显得更加简单。创新在现代社会中具有泛式的意义，方方面面都存在着创新的可能性和现实性。不同的领域都有不同领域的专家、学者，这些高智商的人才的作用，是创新的主体。后发民族在构筑后发优势过程中，一定要重视专家、学者、知识分子和专业技术人才，用创新的制度调动创新人才的潜能，贡献于民族经济的伟大复兴。

（5）强政府型后发优势。后发民族经济体的一个重要经济特征是市场经济体制的不完善和不成熟，后发民族经济体的经济运行不是依靠市场“看不见的手”起作用，而是依靠政府干预“看得见的手”在起主导作用，在这种经济形态下，经济管制、产业政策、人口控制、基础设施建设、社会积累与分配等都由政府说了算，而且可以带来明显的干预效果。后发民族经济体政府有效率的行政干预，可使构筑后发优势的步伐加快。这种低成本、高收益的政府干预，对于后发民族是一种后发优势，我们称为“强政府”型后发优势。所谓强政府是指政府在构筑后发优势中，能够提供科学、廉洁、高效、优质的服务；能够提供调控有力、运行有序、配置合理的市场体系；能够提供有效率的制度安排，包括发展战略、产业政策、分配制度等；能够调动后发民族的精神，整合积极的民族文化，为后发优势服务。强政府应是物质文明、政治文明、精神文明、生态文明的整合体。后发民族由于发展压力巨大和历史包袱沉重，更需要一个强政府来导向经济社会的快速健康发展。也就是说，强政府必须有一个高质量、善决策的领导阶层，对经济的干预指令能够贯彻到底。由此看来，后发民族构建一个高质量的政府是一项重要的头等大事。判断一个政府的作用大小或能力高低，取决于政府是否有较高的理性、效率性和自律性。政府理性应包括经济发展的目的性、决策的科学性和政策的连贯性。政府的效率性是指经济增长只有通过提高效率才能实现，政府效率主要看该政府机构是否精干与高效，是否执政为民。强政府要有自律性，要有对自身行为及各种经济组织行为的约束能力，以防止和减少自身的"寻租"行为和腐败现象。强政府能够正确把握国内外发展形势，并在权衡利弊的基础上，勇于做出决断，制定正确的发展战略，推进科学合理的改革，对经济社会发展有调控能力。强政府在开放系统中，一方面能充分利用国外资本，另一方面又能处理好民族资本不受侵害，使各种资本要素在加速发展的前提下协调互补，共筑后发优势。

（6）学习型后发优势。理论的推演和实践的验证表明，学习型后发优势是构筑后发优势中成本最低、潜力最大、波动曲线最小的一种后发优势类型。所谓学习型是指政府导向下的全社会的学习，是一种学习发达民族先进体制、机制和制度的过程，是一种学习发达国家先进技术、知识和管理的过程。通过学习使全民素质提高，使旧观念、旧战略、旧思维方式在学习过程中得到自我否定，并吸纳先进的东西，为构筑后发优势打下坚实的思想基础。技术上的后发优势离不开学习的激励和提升，引进发达民族的技术，需要学习、消化与吸收，而后才能创新。

后发民族要始终把学习与创新贯彻在加速发展的全过程。学习的积累与创新的成果不仅要通过与时俱进的学习过程来改革传统的社会文化，而且要通过理性的真知灼见推动传统制度的变革，实现良好的社会契约、道德准则等非正式安排。这样构筑后发优势、实施经济加速发展和推进社会转型就拥有了社会基础和文化氛围。经济的竞争是人才的竞争，后发民族要抓住发达民族经济科技外溢的历史机遇，创造以人才为本的学习型后发优势。

第五章　衍生性发展的途径

从世界民族经济发展的角度来看，后发民族经济体实现加速发展目标，其发展途径具有多样性，但其中带有普适性的做法是实施非均衡协调发展。实践证明这一发展途径带有规律性，并且十分有效。因此，非均衡协调发展已具有成熟理论的模式，这对于后发民族现代化建设具有非常现实的指导意义。

第一节　非均衡协调发展的含义

非均衡协调发展是指后发民族经济体为了实现经济加速发展目标而实施的经济结构调整的政策措施，表现为经济各产业发展主次安排和发展顺序的先后，从而做到资源的有效配置，使经济增长与经济转型在不均衡状态下发展，并最终使各次产业发展达到协调，促使民族经济快速提升，实现衍生性发展目标。在这里非均衡发展只是后发民族经济体实施加速发展的途径选择，其目标是通过非均衡途径达到国民经济的协调发展，即进入衍生状态。经济的均衡发展—非均衡发展—非均衡协调发展是不同的发展途径，这里我们将着重研究非均衡协调发展的理论与实践。

一、非均衡协调发展的历史过程

世界近代史的经验告诉我们，均衡与非均衡发展都不是后发民族经济体最佳的途径选择，而只有非均衡协调发展才是取得经济社会发展成功的正确途径。从理论角度分析，任何绝对的均衡与绝对的非均衡都是不存在的。均衡与非均衡的绝对化，只能导致经济社会发展失败的教训。20 世纪 50~70 年代的中国均衡计划经济的发展及20世纪70~80年代苏联非均衡计划经济的发展实例，说明了把均衡与非均衡发展绝对化都是注定要失败的。

在世界近100多年的历史过程中，有三次大的经济发展阶段，其历史轨迹也说明了非均衡协调发展的历史作用。第一阶段，19世纪90年代中期到20世纪初的第一次世界大战的20年，发达民族经济体发展明显加快，而这一时期正处于第二次科技革命的蓬勃发展，发达民族经济体的工业化转向以发展重化工业为重点，自由竞争转向垄断阶段。这一阶段是发达民族经济体非均衡发展的典型时期。第二阶段，20世纪40年代中期至70年代的25年的大发展，这是第二次世界大战后新科技革命产生重要影响的时期。这一时期，发达民族经济体与新兴工业化民族经济体开始了经济的快速发展，而在这种特定产业领域高度发展带动下，使民族经济整体达到一个新的发展水平，呈现出非均衡协调发展的特征。第三阶段，20世纪80年代至21世纪初，伴随以电子信息产业为核心的高新技术的飞跃发展，世界经济获得了具有时代特色的长足发展。发达民族经济体完成了由工业化经济转型为以信息化为主的服务型经济，高新技术产业迅速兴起，并与传统产业相结合，形成国民经济的主导力量。世界经济三次大的发展，其非均衡协调发展都与工业革命相结合，与高新技术的推广运用相伴生。某一特定产业领域的快速发展，都是从非均衡发展开始，再通过不断协同与调整达到其他产业领域的协调发展，使整个国民经济在一定程度上达到相对均衡；再由于新产业新科技的产生，新质态基础上的非均衡出现而产生的对经济发展的拉动作用，进而使经济达到另一个度上的相对均衡，促进经济在差异协同中持续发展。由非均衡发展，到相对均衡产生，再到非均衡协调发展，进而达到新质态基础上的非均衡，以至于循环与更替促进经济社会的发展。在这个发展过程中，非均衡发展带有普适性，均衡发展带有相对性，非均衡协调发展具有规律性和动态性。经济社会的非均衡协调发展的内在规律性，表现为经济加速发展过程的实质是经济结构调整与提升过程，这个过程必然是一个非均衡发展过程，是一个生产要素非均衡投入和生产过程的非均衡增长过程。经济发展加速过程还表现为技术进步与各次产业衍生过程，这种衍生过程是一个生产要素在各次产业与产业内部非均衡投入、技术在各次产业与产业内部非定速扩散、生产力在不同区域与不同时段的非均衡集中，导致国民经济发展呈现出非均衡性。后发民族经济体由于资本、技术、资源的相对短缺，就决定了其经济加速发展的途径是非均衡协调发展。

二、非均衡协调发展的内在含义

非均衡协调发展属于发展经济学和民族经济学范畴的一个重要概念，其内在实质是经济在发展过程中表现出非均衡占据着主体地位和主导作用，均衡发展只是处于相对的动态发展中，经济运行全过程是一个非均衡协调发展过程。在后发民族经济体加速发展过程中，非均衡是一种动力机制，是经济发展的实现方式，也是经济增长的动因；而均衡发展是经济运行的相对结果，是衍生性发展目标之一，它客观上要求经济发展是协调的和可持续的，但它只是具有相对性。作为后发民族在运用整合后发优势实施衍生性发展战略的理论体系中，应把非均衡发展动力机制与经济均衡发展目标进行有机结合，实施非均衡协调发展。在实施非均衡协调发展过程中，要关注某地区、某产业、某领域的经济快速增长，还要注意这种非均衡发展会引发生产力布局失衡、经济增长不同步、利益分配差距拉大、制度供给有差异等社会问题，抓住时机解决这些问题，使经济社会协调发展。非均衡协调发展不仅是经济发展的一种动力机制，而且是社会转型期的带有根本性的机制。

非均衡协调发展是建立在以市场机制为主的国家调节基础上的。市场机制运行的结果是经济运行产生非均衡发展，宏观调控的“有形的手”进行资源有效配置，弥补“市场失控和失灵”，追求整体经济的协调发展，市场机制与宏观调控有机结合，是非均衡协调发展的前提条件。笔者认为，后发民族经济体应建立市场机制，但在某些经济活动中，由于市场机制存在着短期性与随意性，特别是在经济转型过程中，宏观调控的“有形的手”的作用更为明显。非均衡协调发展是传统与现代、市场与政府相互作用、相互整合的结果，是内在机制作用的表现。经济增长与社会发展都存在着体制与制度的变革，存在着经济结构的调整与提升，这个过程就是构筑后发优势的过程和实施衍生加速战略目标的过程。后发民族为了赶超发达民族，促进经济社会转型，就要提供有效率的制度供给，尤其是产权制度的改革与调整，这是构筑后发优势的关键环节。

经济社会在转型过程中，后发民族经济体的政府应以市场经济体制为基础，实施强有力的政策引导和行政干预，来实现非均衡协调发展。在当代现代化发展浪潮中，经济结构发生巨大调整，新兴产业以其巨大的生命力冲击着传统产业，并起着决定性的作用。新兴主导产业的兴起和壮大，尤其是制造业，它具有很强的产前与产后的联动效应，在市场作用下再加上政府干预，后发民族经济体加速发展目标就可能会取得显著成果。

后发民族经济体政府实施正确的非均衡协调发展的干预，主要在三个方面：一是对农业在经济结构中的基础地位与作用给予强有力的支持，这是因为一方面农业在经济结构调整变化中的地位处于下降趋势，另一方面农业的现代化更是现代化经济发展的基础。市场“无形的手”在农业现代化方面难以起更大的作用，就要靠政府“有形的手”给予支持，使整个国民经济得到协调的发展。二是对基础性主导产业发展的选择与扶植。市场主体一方面在市场机制作用下选择利益最大化的产业发展，另一方面市场中利益最大的产业未必属于将来经济社会发展的主导产业，市场主体与政府的选择往往在开始是不一致的，这就需要政府来筛选和扶植那些资本投入大、技术水平高、见效周期较长的基础产业作为主导产业来发展。三是政府可运用行政手段、经济手段和法律手段对选定的基础性主导产业给予财税政策、产业政策和金融政策的有力支持，并制定有效的人口、资源、环境政策，以保证国民经济持续协调的发展。后发民族实施衍生性发展目标的评价在经济现代化方面主要是衡量其人均经济规模指标和结构指标。这些指标集中反映后发民族经济发展水平和经济发展质量，它体现着生产力发展方式由粗放型向集约型转变，经济结构由低级向高级转变，实现经济结构构成的合理化与整体优化。集约型经济是资本、技术、生产相对集中，使资源配置的效率最大化，而资源配置效率在很大程度上依存于经济结构的整体优化。产业结构的提升和区域经济结构布局优化是经济结构整体优化的主体内容，属于国民经济整体素质提升的重要组成，是推动经济发展、提高经济效益的最直接的路径。非均衡协调发展是后发民族经济体实施衍生加速战略的最为直接的路径选择，非均衡发展与协调发展是系统辩证的统一，两者在经济结构调整和优化中达到有机结合，推动衍生性发展目标的实现。

综上所述，后发民族构筑整合后发优势，实施衍生性发展战略，非均衡协调发展是最为成熟、最为有效的路径。后发民族要善于运用均衡发展和非均衡发展理论指导经济的加速发展，要善于把均衡—非均衡在实践过程中进行整合，真正成为适合本民族加速发展的非均衡协调发展理论，以取得经济转轨、社会转型的衍生加速。非均衡协调发展不仅是一个理论范畴的问题，而且是一个实践过程的路径问题，而这一发展路径的最终实现还要与后发民族的政治与经济体制、制度

供给、文化思想观念的转变、经济结构的调整与优化、生产要素数量与质量的整合、生产方式的提升与转型、主导产业的筛选与扶植等相关联和互动。非均衡协调发展理论真正含义是经济社会的各组成要素的系统衍生，从而实现辩证的统一，这是由经济社会所构成的系统整体性与复杂性所决定的。

第二节　非均衡协调发展理论演进

非均衡协调发展理论是在均衡发展理论和非均衡发展理论基础上，伴随工业革命而产生的，它经历了历史的总结、实践的抽象和理论的充实，成为现在的科学理论。通过对历史上有代表性的均衡发展理论、非均衡发展理论的回顾，并对非均衡协调发展理论进行界定，便于我们在历史进程中去把握理论的演进过程，进而在实践中有效地指导经济发展。

一、均衡发展理论

均衡概念最初来源于物理学，从物理学的意义上说，均衡包括两个方面的含义：一是相反的力量或作用之间处于平衡状态；二是相反的力量或作用之间的任何一方这时都不具有改变现状的动机或能力。19 世纪 70 年代以来，一些西方经济学家对均衡发展问题作了很多研究，形成了均衡发展理论。

（1）一般均衡理论。1874 年，瑞士洛桑学派的主要代表人物、法国经济学家瓦尔拉斯在运用数学方法分析研究社会经济现象时，在他的著名代表作《纯粹政治经济学纲要》中首创了一般均衡理论，即“瓦尔拉斯均衡论”。他认为，市场上任何商品的供给、需求和价格都不是孤立存在的，而是相互影响、相互依存的，当市场上一切商品的价格恰好使这些商品的供给和需求相等时，市场就呈现均衡状态，这时的价格即均衡价格。显然，“瓦尔拉斯均衡论”的要义在于揭示并研究商品一供求关系一价格之间的均衡关系以及强调商品生产均衡状况的常态性。

（2）局部均衡理论。以英国经济学家马歇尔为代表的新古典经济学派把瓦尔拉斯的一般均衡理论扩展到整个经济系统，提出局部均衡理论，认为市场均衡应具有两方面含义：一是指市场供给和需求两个变量相等；二是指决定供求的各个经济主体和经济运行机制都不存在改变自己和他人供给行为和需求行为的动机和能力。在持续失业或持续短缺条件下，经济系统通过各种变量的数值调整，向某一点收敛，不再存在继续变动的趋势，这种经济的稳定状态，也应被看做是一种均衡。反之，非均衡是指在有效需求和有效供给不一致的状态下，经济系统处于不稳定的状态。这时，经济系统具有向其他状态转变的暂时性和过渡性。

（3）平衡增长理论。20 世纪 50 年代，一些发展经济学家基于均衡发展思想，提出平衡增长理论，主要包括罗森斯坦·罗丹的大推进理论、纳克斯的贫困恶性循环理论、赖宾斯坦的临界最小努力理论和内尔森的低水平均衡陷阱理论等。

临界最小努力理论是美国经济学家哈维·赖宾斯坦于 1957 年在《经济落后与经济成长》中提出的。赖宾斯坦认为，不发达经济中既存在着提高人均收入的刺激力量，也存在着使人均收入下降的因素和力量。如果经济发展的努力达不到一定的水平，提高人均收入的刺激小于临界规模，那么，就不能克服发展的障碍，冲破低水平均衡状态。赖宾斯坦的命题建立在这样一个经验证据上，即人口增长率是人均收入水平的一个函数。当人均收入处于维持生命的低水平的均衡状态时，人口的出生率和死亡率都很高，此时可以假定人口增长率为零。一旦人均收入超过低水平的均衡状态，在出生率不变或没有下降的情况下，死亡率首先下降，人口增长率提高。此时，增长的收入倾向于提高人口增长率。但当人均收入继续提高，超过一定点以后，出生率和人口增长率就下降，经济发展也就获得新的动力。从长期看，发展中国家推动人均收入上升的刺激力量一般小于人均收入上升时形成的阻力，引起一个反复轮回的所谓“恶性循环”。“临界最小努力”是指保持在临界点规模上的刺激力量，这种刺激力量来源于创办企业、增加知识存量、提高居民生产技巧、提高储蓄和投资在国民收入中的比例等活动。所以，发展中国家要摆脱“恶性循环”，从落后状态向比较发达的状态转换，经济所受的刺激必须大于“临界最小努力”，即必须有更多的企业家从事赶超“临界点”的经济活动，同时投入更多的资源，才能促使经济高速增长。

低水平均衡陷阱理论是由发展经济学家内尔森进一步提出和完善的理论，主要内容是：不发达经济的痼疾表现为人均实际收入处于糊口或接近维持生存的低水平均衡状态；很低的居民收入使居民储蓄和投资率受到极大局限；如果以增加国民收入来提高储蓄和投资，又通常导致人口的增长，从而又将人均收入拉回到

低水平稳定均衡状态之中。这是不发达经济难以逾越的一个陷阱。内尔森认为，形成低水平均衡陷阱有四个社会技术条件：一是人均收入水平和人口增长率的高度相关联；二是人口基数过大和人均收入过低，使得任何投入的额外追加都难以提高人均收入，进而使储蓄和人均投资的增加也十分困难；三是耕作制度的落后，使发展中国家最为宝贵的土地资源严重稀缺；四是所采用的生产方法缺乏效率。此外，若干非经济因素和经济活动中只改变收益分配格局而不增大国民收入总量的"零和效应"，也是阻碍经济发展的。持续的经济增长要求打破低水平均衡陷阱，在可动员经济资源（包括资本）不变和没有来自经济外部刺激（外力助推）的情况下，要走出陷阱，就必须使人均收入增长率超过人口增长率，因此，必须多管齐下，综合治理。

二、非均衡发展理论

非均衡是相对于均衡而言的一个概念。非均衡增长思想早在17世纪就已产生，随着经济增长的实践经验积累及经济发展的不断深化，有关思想被不断总结，并逐渐发展成思想体系，上升为非均衡发展理论。

（1）经济增长—经济结构理论。有关经济增长与经济结构关系的研究，最早于17世纪由英国经济学家威廉·配第在《政治算术》中提出。他认为，不同行业及其在不同国家的人均收入存在着差异，其成因在于"比起农业来，工业的收入多，而商业的收入又比工业多"。这就指出了工业比农业的劳动生产率高，而商业又比工业的劳动生产率高，即农业—工业—商业在劳动生产率方面是递进的关系，这就是所谓的配第法则。该法则奠定了非均衡发展的基本思想，即经济发展的重心应从生产率低的产业向生产率高的产业转移，从而就能大大提高经济整体效益与产出效率。

1940年，英国经济学家科林·克拉克依据配第法则，进一步研究了经济增长与经济结构的关系。在他的《经济进步的条件》著作中，通过对世界诸多国家统计资料比较分析得出了规律性结论："随着时间的推移和社会在经济上变得更为先进，从事农业的人数相对于从事制造业的人数趋于下降，进而从事制造业的人数相对于从事服务业的人数趋于下降"，后人称为"配第—克拉克法则"。在这里阐述了人均国民收入的增长来源于产业劳动生产率的提升和产业结构的调整。西蒙·库兹涅茨在"配第—克拉克法则"基础上继续对不同国家统计资料进行分析研究，得出结论：劳动力和国民收入在三次产业中的分配存在着不平衡；农业在国民收入中的份额日益下降，工业与服务业的份额在不断上升；经济增长与产业结构之间存在着密切的关系。

此后，钱纳里与赛尔奎因等经济学家把研究触角伸展到产业结构构成的生产要素配置领域，其理论贡献在于：提出了一种对不同国家工业化和经济增长原因进行比较的研究方法论；并指出产业结构变动对劳动生产率提高和经济增长具有重要的作用："在部门之间要素收益率存在显著差异的情况下，结构变化就成为说明增长率和增长模式变化的重要原因。"这就指出了经济产出的增长、生产率的提高与不同资源在不同产业的配置方式有关，与经济结构和产业结构的进程转换效果有关，这就是经济增长—经济结构理论的内在规定性。

(2) 现代非均衡理论。在相当长时间里，西方古典经济学家确信，只要市场是完善的，价格具有充分弹性，市场将自动出清，进而实现充分就业的"供求均衡状态"。然而，市场经济运行常常偏离均衡的轨道，非均衡作为社会经济的一般常态，在既定的价格下市场并未出清，社会经济不时遭到失业、通货膨胀和经济危机的困扰。1929~1933 年的世界性经济危机，使我们认识到均衡理论是一个远离现实无法企及的目标。

英国著名经济学家约翰·梅纳特·凯恩斯比同时代的许多人更早、更敏锐地觉察到传统经济理论与实际的差距，在 1930~1936 年凯恩斯逐步与古典学派经济学决裂，1936 年发表了《就业、利息和货币通论》一书，以"反危机"为目的，系统地提出了他的经济理论以及相应的经济政策纲领。凯恩斯政策主张的核心是改变自由放任主义，实行政府干预经济的政策，以提高社会需求，实现充分就业。凯恩斯以就业为中心的宏观经济分析，实质上是一种"非瓦尔拉斯均衡理论"，这是因为凯恩斯的宏观失业模型是建立在有效需求不足和非自愿失业的非均衡前提下，以市场变量的不确定性为基础，价格信号和数量信号共同成为市场调节机制，国家财政政策和货币政策成为克服市场失衡的政策手段。第二次世界大战后，凯恩斯的宏观非均衡分析逐渐为人们所接受，成为西方国家制定反危机措施的主要理论依据。20 世纪 60 年代，一些西方经济学家从凯恩斯理论中得到启发，认为微观上的均衡分析与宏观上的非均衡分析事实上处于割裂状态，宏观非均衡现象只有从微观行为人在非均衡环境下的行为变异中得到说明。

克洛尔是现代非均衡理论的系统阐述者。1965 年，在《凯恩斯的反革命》中，他对非均衡情况下的家庭行为进行了分析。在非均衡条件下，当家庭在劳动市场上不能根据意愿供给劳动时，劳动供给就受到市场需求的数量约束，由于劳动供给受到有效需求不足的制约，家庭收入就会减少，进而导致家庭在消费市场购买力的下降。克洛尔把数量变量引入了需求函数，与凯恩斯的宏观消费函数相一致，使宏观经济现象与微观经济主体的选择行为相矛盾的缺陷在一定程度上得到克服。

1971 年，巴罗和格罗斯曼在《收入和就业的一般非均衡模型》中把克洛尔的收入变量的限制作用加以推广，在阐明需求函数和供给函数的有效限制因素的基础上，提出了宏观一般“非瓦尔拉斯均衡模型”，认为在凯恩斯失业均衡状态下，由于存在非自愿失业和商品供给过剩，愿意提供的劳动和商品供给大于劳动市场和商品市场的实际需求，因此，劳动市场和商品市场的实际供求均衡是由有效需求决定的，一种市场上的非均衡状况必然影响另一种市场上的非均衡状况。

1982 年，法国经济学家贝纳西在《市场非均衡经济学》一书中，系统论述了微观经济学中的非均衡及其对经济人行为的影响；1984 年，在《宏观经济学与非均衡理论》一书中，他从宏观经济学的微观经济学基础出发来研究宏观水平上的非均衡问题。贝纳西模型试图用严谨的数学手段证明非瓦尔拉斯均衡理论的微观基本概念，以一种严密的方式研究所有种类的市场非均衡和价格机制的不完善，由此引申出一些可操作的理论结论或政策处方。

（3）不平衡增长理论。发展经济学的不平衡增长理论主要包括赫希曼、辛格的不平衡增长论，格申克龙的大突进理论，缪尔达尔和卡尔多的循环累积因果论等。大突进理论是由美国经济学家亚历山大·格申克龙提出的。他认为，作为工业化主导的现代工业的建立与发展，不仅与传统经济有着鲜明的反差，而且它所拥有的经济增长和结构变化的巨大推动力是十分突出的。格申克龙通过研究欧洲工业化历史，总结出六种因落后程度不同所决定的各种不同的工业化形态特征，指出工业化前夕的相对落后程度越大，则工业化起步的“大突进”程度往往越高。一是一国经济越落后，其工业化起步就往往越缺乏连续性，而呈现出一种由制造业的高速增长所带来的大突进过程；二是一国经济越落后，其工业化进程中企业规模就越大；三是一国经济越落后，就越重视生产资料的生产而不重视消费资料的生产；四是一国经济越落后，人们消费水平受到的压力就越重；五是一国经济越落后，经济发展中的制度安排就会越激进，制度性因素的强制性和广泛性就越显著；六是一国经济越落后，其农业在为工业发展拓展市场方面就越是难以发挥积极的作用，因为这要以农业劳动生产率的提高为基础。由于上述发展中国家发展水平的差异，表征着各国工业化在产业结构、市场结构等方面必然存在显著差异。这种发展差异使各国在形成自己的工业化前提条件方面，以及克服相关的障碍方面，不再完全遵循先进国家的路径模式，而具有本民族国家的特色，即发展路径的替代性。

循环累积因果论是在缪尔达尔的循环因果原理基础上，经卡尔多等人提出的具体理论模式而形成的。瑞典经济学家缪尔达尔认为，社会经济制度是一个不断演进的过程，这种演进是由技术的进步以及社会、经济、政治和文化等因素的演变造成的。在一个动态的社会经济过程中，社会经济的各种因素是互相联系、互相影响、互为因果的。某一社会经济因素的变化，会引起另一社会经济因素的变化，而第二级的变化会反过来推动最初的那个变化，导致社会经济过程沿着最初的那个变化的方向发展。所以，社会经济诸因素之间的关系不是守恒或趋于均衡，而是以循环的方式运动；不是简单的循环流转，而是具有累积效果的。缪尔达尔在因果循环理论中，强调了三个环节，即起始的变化、第二级的强化运动、最后的上升或下降过程。卡尔多继承并发展了缪尔达尔的思想，同时提出了相对效率工资的概念，所谓相对效率工资是指货币工资与生产力增长率的比值。卡尔多认为，在发达区域由于聚集经济而使规模报酬递增，因而其产出增长率和生产力增长率提高，致使相对效率工资下降。反过来，相对效率工资的下降又导致区域产出增长率的进一步提高。这种循环累积的利益使发达区域经济以更快的速度增长。

（4）区域发展理论。区域发展理论的核心内容是发展中国家通过不平衡增长达到区域经济相对均衡发展的战略构想。区域经济不平衡增长的理论主要有佩鲁的“发展极”理论、缪尔达尔的“回荡效应”和“扩展效应”理论、威廉姆森的倒“U”形理论等。发展极理论是法国经济学家佩鲁在1955年提出的，他主张把国民经济分成部门、行业和工业项目以便优先安排发展项目。由于不同地区增速不同，某些主导产业和具有创新能力的行业增速最快，因此，这些产业在空间地区聚集形成对周边产生功能强大辐射作用的城市中心，这就是“发展极”。发展极形成是由不平衡机制作用的发展过程，发展极的地区与城市具有创新效应、支配效应和推动效应。发展极内的主导产业和具有创新能力的企业在空间上的集

中，作用表现在技术创新示范扩展效应、资本集中扩展效应以及生产规模集中扩展效应。发展极一旦形成，就会在厂商之间和行业之间产生网络联系，扩大外部经济共振效应。发展极理论是把熊彼特创新理论、不平衡增长理论和新古典经济学要素流动理论在现实经济发展中加以结合，并使其运用到空间发展上的概念。“回荡效应”和“扩展效应”理论是瑞典经济学家缪尔达尔提出的，他用“回荡效应”说明发展对周边地区具有负面影响，即由于落后地区与发达地区存在发展差距，受利益机制驱动，落后地区的资本、技术人才等生产要素就会不断流向发展极，使地区发展失衡。在市场机制作用下，进而更加扩大了地区差距，严重影响了落后地区经济发展。伴随发展极的增强与扩展，当发展到一定值时就会产生“扩展效应”，即一方面该效应具有市场调节作用，发展极生产规模扩大引起生产要素供不应求，导致生产成本上升，使得获利机会下降，这时就会出现资本、技术、人才生产要素向相对落后地区扩展，市场机制有利于地区经济发展；另一方面该效应有助于政府不平衡发展战略的实施，把握时机，导向地区内与地区间的经济协调发展。倒“U”形理论是由美国经济学家威廉姆森在20世纪60年代提出来的，其理论的主要内容有：随着经济增长和收入提高，区域间不平衡程度呈现出先扩大后缩小的倒“U”形变化。虽然经济发展初期区域间增长不平衡与区域人均收入扩大现象会加剧，但从长期看，区域经济增长与区际人均收入将趋向均衡。威廉姆森认为，经济发展初期区域发展差距扩大是经济增长的必要条件，当经济发展到一定水平后，均衡发展过程又构成经济增长的必要条件。

三、非均衡协调发展的理论界定

非均衡协调发展理论既不简单地等同于非均衡发展理论，也不等同于均衡发展理论，它是以后发民族经济体的发展不平衡为研究对象的始点，以经济协调发展为相对终点的经济发展理论。在这里研究的主体对象是后发民族经济体，从经济发展不均衡与相对均衡，达到新质态的协调发展，再到新质态的发展不均衡，这是一个系统整体过程，也是理论研究的系统过程。一方面，非均衡协调发展理论吸纳了非均衡发展理论的动力机制，讲究效益与效率优先，讲究优先发展主导产业和高新技术，讲究市场机制与政府制度供给相结合，实现超常规发展；同时，也吸纳了均衡发展出现的稳定性、协调性和整体系统性，以及经济整体协调发展的目的性和长久性。另一方面，该理论扬弃了非均衡发展的动荡负面效应和均衡发展的热寂效应，使经济发展在快速、健康、协调的“轨度”中运行，讲效益与效率优先而不排斥整体协调，讲协调健康可持续发展而不排斥发展活力。非均衡协调发展理论更注重非均衡发展与均衡发展之间的临界点，更注重非均衡发展与均衡发展的时空转换过程和生产要素整合重组的排序。均衡发展与非均衡发展是经济发展的两个方面，是发展过程而不是简单的结果，结果孕育在过程之中。在经济加速发展过程中，均衡与非均衡是一个此消彼长的关系，均衡阶段过去，非均衡就会占据主导，打破均衡的热寂效应，使经济发展产生非均衡的快速增长。当非均衡发展导致经济社会转型过快，社会结构失稳，经济畸形发展，人们的心理承受度难以接受时，均衡就会跃升为主导地位，促使经济协调与社会稳定。非均衡协调发展理论能否贯彻到底，将会以民族心理承受能力得以验证，这又与民族素质、民族文化和民族世界观、价值观有直接联系。非均衡协调发展理论，把经济、政治、社会、文化和主体民族的心理素质有机联系，它是一种发展“度”的理论，是力度—速度—平衡度等相关函数衍生的理论。

非均衡协调发展理论更适应后发民族经济体加速发展阶段。由于后发民族经济体市场经济体制不完善、市场价格形成机制不健全、市场信息渠道不通畅，导致市场中的总需求与总供给不对称、有效需求和有效供给不对称、国民生产总值增长率与要素投入率不对称、效率与分配不对称，这些种种不对称说明经济社会发展不平衡、不均衡、不协调的客观存在，为非均衡协调发展理论找到了生存与作用的基础。后发民族经济体本身存在着资本、技术、人才等资源短缺，各种经济社会资源要素短缺形成发展的约束瓶颈，而瓶颈的解决要求兴建各种项目不影响进行大规模投资，资本的短缺又不可能使所有瓶颈在同一时间解决。客观现实要求后发民族经济体必须实施集中有限资本和资源，重点投向某些主导产业，使投资效益最大化。这种集中资本、集中投资造成经济发展的不均衡，这种现象又反过来促进新的投资决策，运用新的制度集中新资本、进行新的投入。这是一个投资循环过程，是由优先发展的主导产业分层次、分阶段地带动其他产业发展的良性循环，最终实现非均衡协调发展的结果。

非均衡协调发展理论是对自产业革命以来，主要发达国家和新兴工业化国家成功经验的高度总结，主要表现在以高新技术装备的主导产业更替、发生要素联结方式的变化和经济结构向高度化的推进，使国民经济在非均衡中达到新质态的协调发展。马克思关于第一部类即生产资料的优先发展从而带动第二部类即消费

资料的发展，就充分体现着非均衡协调发展的思想。如果说非均衡发展是由主导产业即工业制造业（生产资料的生产）启动的；协调发展则是由提供产前—产中—产后服务和各要素的产业依此层次结构的扩展而产生的联动扩展效应，使各次产业间、生产与消费部类间以及行业部门间相互作用、相互促进，引导着国民经济整体协调发展，并使非均衡协调发展理论及规律得到充分体现。

后发民族经济体在把握非均衡协调发展理论过程中，要正确认识协调发展的重要作用。经济发展中的非均衡发展过程虽然是以各产业部门的优先投入导向总产出总供给的不平衡、不均衡为特征的发展，但这一特征是以发展均衡与协调为基本方向的，这是非均衡发展得以实现的基础前提。非均衡发展并非意味着没有被确定为重点的产业与部门就不发展，而是各产业间、各部类间、各行业门类间在发展的某一阶段处于不平衡状态，是一种暂时发展滞缓的表现。客观实践证明，优先发展的主导产业不能离开其他产业而无限制地发展，优先发展生产资料的生产，是在消费资料等其他部门生产支持下的优先，而不是无约束的发展。国民经济的发展是在其经济结构、产业结构、技术结构、区域结构的内在比例咬合运行中发展的。优先发展的主导产业只有在这一产业结构内才能获得真正的发展和联动效应的扩展。优先发展的产业与部门一方面客观要求与其他产业部门协调配合发展，另一方面优先发展的产业与部门反过来为其他相对延缓发展的产业部门提供资本、技术与新的发展领域，正是产业间的相关性和联动性为非均衡协调发展提供了实践基础和理论前提。非均衡协调发展是有条件的，也会受到经济发展的内在协调性制约。正是这种制约使非均衡协调发展总是要在一定的区位间运作，打破了这种区位界限，非均衡协调发展就不会成立。非均衡协调发展的约束界限，原则上受非均衡协调发展中的供给缺口或需求缺口界限的警戒线约束，受国民经济结构中最薄弱部门的限制。此外，其他约束性条件还有：一是经济制度的约束，包括经济组织变革、市场制度变化、经营管理创新、产权制度变革等，影响着非均衡协调发展的进程；二是经济发展阶段的约束会影响生产能力、技术水平、生产要素的丰歉程度及分工、专业化程度的巨大差别，这直接影响非均衡协调发展的结构类型和运行模式，制约着非均衡协调发展的进程；三是技术进步程度作为非均衡协调发展的关键力量，决定着经济转型质量，决定着非均衡协调发展目标的实现；四是结构调整、对外开放、政府干预及环境污染等因素也会构成对非均衡协调发展的约束。

非均衡协调发展的重点，主要包括产业的非均衡协调发展、城乡的非均衡协调发展及资源、人口的非均衡协调发展，处理好上述关系，对后发民族经济体实施衍生性发展战略具有重要的意义。

第三节　非均衡协调发展

区域经济发展中有三种可选模式：一是均衡发展模式，即每个区域、每个产业都保持相同的发展速度；二是区域经济的非均衡发展模式，即发展有快有慢，有先有后；三是区域经济的非均衡协调发展模式，强调在区域经济非均衡发展的同时，采取积极的方法，对这种不均衡进行适度的调控，以期实现区域整体经济的快速、健康和可持续发展。此模式已成为许多国家和地区经济发展的首选模式，也是我国实现经济和社会可持续发展战略的首选模式。

它是一种适度倾斜的不均衡发展战略。所谓适度倾斜，就是国家根据需要和各地区的投资经营环境和投入产出效果，确定若干重点开发区域，并在资源分配和政策投入上，实行适度的倾斜政策。在我国，可以确定以下一些重点发展区域：一是具有大规模开发能源和原材料工业条件的资源富集地区，如以山西为中心的能源重化工基地、三峡地区等；二是发展高新技术产业和出口创汇产品条件好、开发潜力较大的经济技术较发达地区，如沪宁杭地区、山东半岛城市群等；三是生产技术设备、产业结构和产品结构严重老化、亟待大规模更新改造的老工业基地，如辽宁中部地区等。

它是一种区域之间协调与互补的战略。我国东部沿海地区经济发达，技术较先进，科研力量也强，市场发育程度较高，但自然资源短缺；中、西部地区自然资源丰富，但技术工艺比较落后，科研力量较弱，市场发育程度也较低。区域之间这种优劣并存、长短互见的状况，正是推动区域间相互依赖、互相补充，开展经济技术协作的内在动力。实行非均衡协调发展战略，在经济建设中可以建立各区域优势互补、互通有无的新格局。在比较利益选择和优化产业结构的基础上，创造真正的经济活力。

它是一种开放型的战略。实行非均衡协调发展战略，不仅东部地区，而且

中、西部地区都要根据对外开放的要求，积极参与国际竞争和交换。东部沿海地区，已形成了沿海特区、对外开放城市、开发区等经济开放的格局，要利用有利的机遇实现产业结构高级化，及时跻身于国际分工行列，并为中、西部地区让出一部分传统制成品的国内市场；中、西部也要在国际竞争中有所作为，建立多元化的开放体系，形成多元化的开放格局。

它是一种符合社会综合效益原则的战略。实行非均衡协调发展战略，不仅东部地区，而且中、西部地区原有工业基础都将得到应有的发展和提高，这对整个国民经济持续、健康发展至关重要。还必须看到，非均衡协调发展战略可以使中、西部地区特别是西部地区获得同东部地区公平竞争的体制和政策环境，使聚居在西部边远地区的少数民族经济可以得到相应的发展。这些地区和民族经济发展了，也就为开发西部地区创造了非常有利的条件。

它是适合市场经济条件下的区域经济发展战略。首先，非均衡协调发展模式尊重市场经济规律和市场的选择，强调按照最大效率原则配置和利用各种社会和经济资源，使之发挥最大的经济效益。这既是区域经济实现可持续发展的基础，同时又是产生区域经济发展非均衡的直接原因。其次，它强调区域经济的协调发展，即国家通过宏观政策和宏观调控确保区域经济非均衡的适度化，实现社会的稳定和区域经济的协调和可持续发展。因此，区域经济非均衡协调发展模式是我国市场经济条件下，公平和效率的统一，“看得见的手”和“看不见的手”的完美结合。

一、产业的非均衡协调发展

产业的非均衡协调发展，是指民族经济体并不是孤立地发展少数优势产业，而是在突出发展优势产业的基础上，围绕优势产业建立一个结构紧凑、相互协调而又具有较高经济效益的产业体系。这一产业体系包括：

（1）核心产业群，它由主导产业及其他专业化产业构成，在区域产业体系中居核心地位。衍生加速论：当代民族经济发展战略研究现代产业成长，首先是从主导产业开始的。主导产业是指对民族经济体的发展方向、发展速度、发展结构产生带动作用的产业。主导产业在不同的民族经济体、不同的历史阶段内有不同的确定原则。罗斯托指出，发展中国家尤其是后进国家经济发展的核心问题是确立主导产业的先后顺序。后发民族经济体在不同的发展阶段一般也要经历从纺织工业到重化工业、制造业，再到耐用消费品工业、服务业、信息产业的发展进程，这种发展进程与技术创新以及产业结构升级密切关联。主导产业有三大特征：一是引入新的生产函数，创新在其中起着内生变量的决定作用，导致产业不断升级；二是其增长率明显快于整体经济增长率；三是以其较强的产业联动扩展效益带动其他产业的发展。选择主导产业应遵循：一是比较优势明显，后发优势潜力较大；二是经济效益好，增长速度快；三是联动扩展效应广。

（2）关联产业群，它是围绕核心产业群发展的产业。该类产业群可以分为三类：一是为核心产业提供配套产品的产业，该类产业在投入产出或工艺、技术上与核心产业的联系非常直接而且密切，它们是围绕核心产业的建设和发展而存在的。因此，为了保证核心产业再生产过程的安全可靠性和节约运费的需要，必须同步协调发展关联产业，以满足核心产业对协调配套产品的基本需要。二是对核心产业的产品进行横向和纵向加工的产业。三是为当地居民提供一般消费品的产业。上述前两类产业与核心产业共同构成产业集群，成为民族经济体发展的“加速器”。

（3）基础性产业，包括交通运输、公用动力、供水等生产性基础产业，以及通信、技术开发、劳动力培训等社会性基础产业，由于此类产业的产品难以进行区际调剂，也不可能进行储备，因此，其建设规模应能满足核心产业、关联产业和居民生活的需要。

二、城乡的非均衡协调发展

城市与乡村是一个民族经济体的两种基本社区。传统的农业与现代的工业、封闭的农村与开放的城市、落后的农村居民与发达的城镇居民并存，是许多后发民族经济体的基本矛盾之一。

这种二元经济社会结构的基本特征是：城乡之间产业发展差距较大；城市化发展严重滞后于工业化进程；农村人口比重大，城乡居民的不同身份待遇构成不同的经济、社会利益集团；城乡发展失衡，农业发展远远比不上工业，农村发展大大落后于城市，农村居民收入和文化教育水准与城市居民相差太远。这种状况，对实施衍生性发展战略将形成极大的制约，必须按照非均衡协调发展的要求，逐步得到改善。在城乡矛盾中，农业、农村和农民是矛盾的主要方面，因此，促进城乡非均衡协调发展，应在加快城市第二、第三产业发展的同时，把着

力点放在农业、农村和农民方面，要在大力发展农业、调整农业结构，适当发展规模经营，逐步提高农业劳动生产率的基础上，把农业的产业化经营作为一项重要措施。此外，在农村人口流动、农业发展投入、扶贫济困等方面采取有效的政策。

（1）大力推进农业产业化经营。农业产业化就是按照农业经济再生产的规律，将农业的前、前中、前后诸多环节通过利益纽带联结为一体化的生产经营体系；提高农业生产组织化程度，引导农民走向市场；促进生产要素在城乡之间双向流动，加快城乡一体化进程，均具有重要作用，是加快农业、农村和农民发展的一条重要途径。一是大力发展农产品加工“龙头”企业，努力提高农产品综合加工转化能力和增值水平，增强“龙头”企业的市场竞争力。积极发展各种形式的流通企业，带动农村市场建设。二是强化基地建设，调整农业结构，培育优势产业，促进生产要素向优势产业集中，推动基地建设适度规模经营，形成适应多层次、多样化市场需求的专业化、规模化优质农产品基地。三是处理好企业、基地和农户的利益关系，形成合理的利益联结机制，提高农业的组织化程度，建立社会化服务体系，增强对农业产业化的保障水平。

（2）消除城乡壁垒，引导农村劳动力合理流动。农业剩余劳动力向非农产业流动、农村人口向城市流动是现代化过程中普通存在的现象，是经济发展的客观规律。后发民族经济体应把促进农村人口向城镇集聚和农村劳动力向第二、第三产业转移作为城镇化的根本任务，形成中心城市、县城、中心镇分工明确、布局合理的城镇体系，充分发挥城镇第二、第三产业在吸纳农村劳动力就业中的主渠道作用。要加强对农民的技能培训，建立城乡统一的劳动力市场，并相应改革有关就业、福利、社会保障等制度，逐步消除城乡壁垒，促进城乡经济一体化。

（3）制定农业发展政策，增加农业发展投入。农业发展政策是政府为促进农业发展而采取的措施和策略，主要包括农业财政政策、农业信贷政策及农业价格政策等，这些政策为增加农业投入、促进农业发展起着十分重要的作用。一是在农业财政政策方面，政府要对大中型水利工程、大规模造林、草原建设、农业科研和技术推广、农村扶贫救济等方面加大投资力度，提高农业投入占财政支出的比重，同时，重视“成本—效益”分析，提高农业投资的经济效益和社会效益。二是在农业信贷政策方面，要发展和完善农村的金融组织机构，制定合理的利率，增加生产性贷款，引导民间资金市场的发育和健康发展。三是在农业价格政策方面，后发民族经济体工业化初期，需要通过价格手段为工业积累资金，当工业化发展到一定阶段时，应适时调整价格政策，使工农业产品的定价不应存在过大的差距，并严格控制价格“剪刀差”扩大趋势，采取经济、行政手段尽量消除价格政策造成的消极影响，保持农产品价格的稳定。

(4) 加大扶贫开发力度。加快贫困地区少数民族脱贫致富步伐，是民族经济衍生性发展的重要内容。由于贫困的原因是多方面的，因此，消除贫困也需进行多方面努力，但关键是在外界的帮助下，调动起贫困地区少数民族的积极性和创造性。总体而言，一是要大力发展科技教育，提高农民素质；二是要加强基础设施建设，改变生产条件，改善生态环境；三是要重视智力开发、控制人口的过快增长。

三、资源、环境、人口的非均衡协调发展

资源、环境、人口作为人类社会发展不可缺少的条件，在民族经济发展中起着十分重要的作用。资源是经济社会发展的物质基础，环境是经济社会发展的保障条件，人口是经济社会发展的原动力。资源、环境、人口的非均衡协调发展，是衍生性发展战略的根本要求。

(1) 资源的合理开发和利用。资源的含义有广义和狭义之分，广义的资源包括自然资源、人力资源和资本资源；狭义的资源仅指自然资源。我们这里讲的资源是指狭义的自然资源。自然资源即自然界中能够为人类利用的物质和能量的总和，包括土地、淡水、森林、生物与各种矿产资源。自然资源在人类社会中占有非常重要的地位，它是人类赖以生存和发展的物质基础，是社会财富的重要源泉，是民族经济体发展的重要条件。

然而，由于人类发展对资源总需求的无限膨胀与地球所提供的资源总量正在逐渐萎缩，造成资源的供给与需求之间的深刻矛盾，主要表现在：土地资源日渐减少，淡水资源十分紧缺，森林资源难以为继，矿产资源日益贫乏。人类社会面临的资源问题，究其根源，主要是以发达民族经济体为代表的工业化社会所形成的不可持续的生产和消费模式以及资源分配、占有的严重畸形化所造成的。后发民族经济体如果重蹈发达民族经济体的覆辙，拼命向自然界掠取资源，无视资源本身的系统性和有限的再生能力，必将导致严重的资源危机。解决资源问题，是发达民族经济体和后发民族经济体共同的责任。对于自然资源比较丰富的民族经

济体，无疑应发挥资源优势，实施自然资源转换战略，但应坚持资源开发利用与保护再生并重、实现自然资源最优利用的原则；坚持产出多、质量高、物耗少、能耗低，建立资源节约型生产体系、发展循环经济的原则；坚持生态环境质量不断改善、系统风险最小的原则，把经济活动的眼前利益与长远利益、局部利益与整体利益结合起来，在自然资源合理开发利用过程中，实现经济衍生性发展。

（2）环境的保护与治理。环境通常是指以人类为主体的外部世界，即人类生存、发展所必需的、相适应的外部条件，包括自然环境和人工环境。环境是人类生存的场所和人类活动的重要基础性条件，也是人类发展的资源和经济社会发展的物质前提。然而，在人类社会加速推进工业化过程中，也带来了严峻的全球性环境问题。

第六章　衍生性发展要素配置

由于我国复杂的地理环境和各民族特殊的历史发展进程，形成了我国各民族复杂多样的生计特点。新中国成立后，我国学者通过对我国各民族经济独特经营要素的研究，开始对各民族经济和文化关系命题的研究。一种特定的民族经济独特经营要素是指居住在相似生态环境并保持相同生计方式的各民族，在历史上形成的具有共同经济和民族文化特点的综合体。例如，藏族生活在青藏高原，过着“似牧非牧似农非农”的经济生活，同时，部落组织大量存在，普遍信仰藏传佛教，实行政教合一的政治制度。某种特定民族经济独特经营要素的产生和形成，总是以特定民族的社会形态为背景，与每个具体社会的生产方式相联系，因此，民族经济独特经营要素之间的差异主要反映在生计方式、物质文化和精神文化等方面。同时，民族经济独特经营要素和从多方面深刻影响着各民族特定的社会形态，呈现出浓厚的地方色彩和民族色彩，展现出鲜明的个性，使我们能准确把握和深刻理解各民族特定的历史进程。

民族经济的本质特征具有二重性，即民族因素与经济因素二者融为一体，是一个独立的现实存在，它是民族与经济这两个要素在互动过程中所形成的具有特殊构造的有机现象。“对民族而言，民族经济本身是一个独立的存在，具有自己的特殊结构与本质属性；对经济而言，它本身也是一种客观现象，同样具有自己的特殊结构与本质属性。”任何民族都有自己内部的经济联系或共同经济生活，同时，不同民族之间又发生着相互的经济交往即存在着相互影响的经济关系。民族内部与民族外部的这种经济联系或交往关系，不仅是产生民族经济的基础，而且是所有民族生存、发展和共同繁荣的基础。因此，我们所认知的民族经济发展，既包含民族的发展与进步，也包含民族的经济发展与繁荣。

作为民族形成和发展的基础，共同的经济生活是把民族结成一个统一整体的基本力量。没有共同的经济生活，民族本身不能存在。一个民族的共同经济生活和该民族的社会生产方式有着密切的联系，但它并非社会生产方式本身，而是指一个民族内部，由于生产分工、产品分配和交换关系的发展，使人与人之间、地区与地区之间在经济上互相依存，从而把人们结合成为一个整体的那种联系。没有共同的经济生活，民族的形成和存在则是不可能的。由于共同经济生活的发展，人们彼此之间的接触日益密切和频繁，原来的部落语言已无法满足人们的交际、交流和从事各种经济活动的需要，于是原先那些比较接近的部落语言就逐步形成一种新的共同语言，从而为民族的形成创造了语言基础。同时，由于居民人口大量增加，居住的人群日益稠密，也由于生产和经济利益的要求，占有财富和保护财富的要求，人们对内对外都不得不更紧密地团结起来，于是“各亲属部落的融合，从而各个部落的领土融合为一个民族的共同领土也就成为必要的了”。这就为民族形成提供了地域条件。由于共同生活的建立和发展，作为经济基础之反映的共同文化，也就逐步形成了。

民族是社会生产力发展到一定水平而产生的，是比氏族和部落更高级、规模更大的社会共同体。任何一个民族都是由一定数量的人口组成的，人的生存离不开物质资料的生产，民族的发展也离不开一定的社会生产。在民族和经济的相互关系中，经济是矛盾的主要方面，它对民族的发展具有决定性影响。集中体现在：①经济是社会生活的基础，而影响民族发展的其他因素如政治、道德、宗教、地理环境等归根结底是受经济发展水平制约的。比如原始民族中的大自然崇拜、动物崇拜等，实际上是古代社会狭隘的生产关系和地下的生产力的反映，正是在这个意义上，马克思主义认为：一切观念形态“归根结底都是从他们的经济生活条件、从他们的生产方式和产品交换方式中引导出来的”。唯物史观最核心的一个思想，就是把一切社会意识形态归结于它的现实基础，即经济条件的反映。②经济条件是民族发展的决定性条件。民族形成以来经历了不同的社会经济形态，而不同的社会形态又是由不同的社会生产力方式决定的；随着社会生产力的不断发展，民族也在不断发展，到了社会主义它就走上了全盛的发展阶段。人类之所以分成许多不同的民族，是因为生产力和科学发展水平还不够高，还不足以克服社会和自然条件的局限性所造成的差异，这是一个极其漫长的过程。③民族发展规律要受社会基本经济规律所支配；社会基本经济规律决定社会生产发展的一切主要方面和一切主要过程及其根本方向。正确认识和掌握社会基本经济规律，可以促进社会生产的不断发展，从而实现各民族的共同繁荣。

在民族发展与经济发展的相互关系中，经济发展是决定民族兴衰的基本条件。但是，不能单纯地强调经济的影响力，必须同样重视民族因素对经济发展所具有的巨大制约力。

第一节 民族经济独特经营要素在民族经济发展中的主体性

当我们把一个民族在历史上形成的、至今对一个民族的发展仍然发挥重大作用的特定民族经济独特经营要素纳入制度的视角，当我们把民族地区的经济发展纳入制度变迁的分析框架，民族经济独特经营要素在民族地区经济发展中的意义就凸显出来了。民族经济独特经营要素在民族地区经济发展制度变迁模型的基本假定是：在民族地区经济发展中，由于民族因素的存在，民族地区的各族人民为了获得最大的潜在利润，使民族地区的经济发展成为一种诱致性的制度变迁过程。其数学模型为 $Q=F.f\ (L,\ K,\ S,\ T,\ A,\ \cdots)$ 表示民族地区经济发展 Q 与影响要素之间的函数关系，其中 F 为非正式制度要素，K 为资本，L 为劳动，S 为自然资源等。从中我们可以看出，民族经济增长与非正式制度之间存在密切的正相关关系，非正式制度直接决定各要素对民族经济如何贡献及贡献多少。

非经济因素与人类的生产和消费有着密切的互动作用，在经济发展中有着不可忽视的重要功能。非经济因素既可能是促进经济发展的动力，又可能成为制约经济发展的“瓶颈”。国外最早关于非经济因素的研究是亚当·斯密的《道德情操论》，该书以经济学的眼光剖析了道德情操问题。此外，边沁、贝克尔、舒尔茨等也从各个不同的方面来研究经济发展中的非经济因素。而在国内，吴敬琏、茅于轼等学者也从不同的切入点探讨了经济发展中的非经济因素。非经济因素“主要是指人类行为的‘非物质方面’，如政治、法律、宗教、伦理、文化、心理、制度、教育、婚姻、生育、时间配置和社会相互作用等”。非经济因素是指一个民族在社会实践活动中形成的、相对于经济因素而存在的意识形式，以及在此意识形式支配下所产生的各种行为方式。它主要表现在某一地区、某一民族的传统价值观、生活习俗、教育意识、科技意识及婚育观念等方面。目前，我国正在进行西部大开发，而西部地区又是少数民族聚居的地区，因此，研究民族经济发展中的非经济因素具有重大的理论和实践价值。国内对民族经济发展中的非经济因素研究的文献很多，作者统计了1979~2008年中国期刊网上关于民族经济的论文发表情况。30年共发表关于民族经济的论文多达6298篇，其中，非经济因素研究中，文化方面的378篇，教育方面的311篇，制度方面的71篇，思想方面的124篇，以多个非经济因素为研究对象的共计286篇。作者分析了以多个非经济因素为研究对象的286篇论文的逐年发表情况。统计表明，整体上来说，关于我国民族经济发展中非经济因素研究的论文数量是在不断增加的，在2006年和2007年达到了高峰。

第二节　民族经济独特经营要素技能释放的制约

一、民族地域性和固有的民族思想

1. 自然地理环境因素

民族地区基本上分布在我国四大生态脆弱地带中的西南石山岩溶地区、北方黄土地区和西北荒漠化地区，绝大部分是干旱或半干旱地区，内蒙古高原边缘风沙化，黄土高原沟壑水土流失，秦巴山地生态恶化，横断山脉高山峡谷封闭，西部沙漠高寒山区。地形复杂，气候多变，自然灾害频仍，风沙、风暴、滑坡、泥石流、雪灾、地震等较多。1986~1999年，西部民族地区因草地开垦而增加的耕地占到新增耕地面积的69.5%，因开垦林地而增加的耕地占到新增耕地面积的22.4%，导致水土流失速度加快，生态环境严重破坏。据统计，西部民族地区水土流失面积为10436. 9万公顷，占全国水土流失总面积的62.5%，长江、黄河源头的水土流失面积共计18.1万平方公里，分别占流域面积水土流失总面积的31.7%和51.8%。云南、贵州、广西三省区的少数民族，大多聚居在我国西南石山岩溶地区。这类地区以山地为主，是丘陵、峡谷与盆地交错分布的高原山区。特别是贵州省，其山地约占全省土地总面积的87%，丘陵占10%，而坝子仅占3%，是全国唯一没有平原大坝的省份。

思想观念往往主导着人们的行为方式，虽然思想观念不是经济发展的直接原因，但它从深层影响着经济发展，而且往往是根本性的。落后保守的思想泯灭了人们的进取心，使人们安于现状，不思进取，甚至阻碍进取，对社会经济发展影响极大。例如：能源奇缺是西藏经济发展的“瓶颈”，为消除它对经济的制约，政府打算在羊卓雍湖修建一座水电站。一些笃信宗教的藏民群众硬说那是个“神湖”，动不得，反对修建。考虑到民族团结的大局，工程在已投入3000万元资金后只得下马。

民族地区群众由于多居住在偏远地区，受现代思想尤其是市场经济的价值准则影响较小，持有很多不利于现代经济发展的思想观念。这些思想观念在民族地区都不同程度的存在着，它是落后的、保守的，与市场经济要求竞争、追求利润最大化、突出个人价值等格格不入。由于思想意识的特殊性，在短时期内很难完全改变，而这样的思想意识不被新的价值观念所替代，必将影响着人们的行为、生产、生活等各个方面，也就必然制约着民族地区的经济发展。

2. 自然资源优势难以转化为经济优势

生产力是人们利用和改造自然使其适应社会需要的物质力量，是人们解决社会同自然之间矛盾的实际能力。它表明人与自然界的关系。生产力是由客观物质要素所构成的复杂系统，包括劳动对象，以生产工具为主的劳动资料和从事社会生产实践的劳动者，生产力构成中还包括科学技术、科学管理等非实体性要素，它们是生产力系统中的智能性要素，在生产力发展中具有极为重要的作用。从经济学的角度看，经济活动是将三个基本要素即自然要素、劳动、资本进行有效结合并创造价值的过程。民族地区地上地下资源人均占有量远远高于全国平均水平，我国农用土地后备资源主要集中在民族地区，煤炭、石油、天然气储量相当大部分也在这些地区，已探明的多种有色金属储量几乎都占到全国的1/3到1/2以上，水利蕴藏量超过全国的一半。民族地区具有地广人稀、资源丰富、潜力巨大、前景广阔的显著特征。但由于民族地区自然要素开发落后、劳动力低下、资本缺乏等原因，导致自然资源优势难以转化为经济优势并推动经济发展。民族地区劳动力素质不高。马克思在100多年前曾指出，人是诸多生产力因素中最活跃的因素。离开了人力资源的作用，离开了人的力量的推动，任何自然资源和资本资源都只是一堆僵死物。它们只有在人的力量驱动下，只有“被劳动的火焰笼罩着，被当作劳动自己的躯体时，才能被赋予活力，才能在生产过程中发挥自己的职能和作用，才能提高劳动生产率”。劳动者是生产力中最活跃的主导要素，现代市场经济的竞争归根结底是人才的竞争，人力资源的高素质和充分利用是经济发展的重要基础和前提。总体上看，边远民族地区由于历史、自然条件等原因，人口数量虽大，但文化水平低，文盲比重大，贫困人口多，人的思想观念比较落后，人力资本存量相对贫乏，加之经济社会发展相对滞后，市场配置人才资源的机制尚未完善，对人力资源开发工作投入不足等原因导致中小学生辍学严重，教育发展滞后，劳动者接受教育的机会有限，知识陈旧率高，人才专业结构、分布不合理，对人才的聚集功能较弱，劳动者整体素质较差。这是边远民族地区人力资源的基本状况，也是制约边远民族地区经济社会可持续发展的重要因素之一。

3. 科学技术与民族地区经济发展

生产力中劳动者的劳动技能和科学文化素质的提高、生产工具的改进和创新、生产新工艺的采用、新的劳动对象的开发和利用，都依赖于科学技术的发展。没有科学技术，就没有现代化的物质生产。而科学管理可以通过对生产力中的各个实体要素的调动、处理、匹配、选择等手段，协调生产力中各个环节、各个方面之间的关系，使其在数量上适当、比例上合理，形成最优化的生产力的总体功能，从而使人力、物力、财力得到充分的利用，取得最佳的整体效益。民族地区由于科学技术的落后，影响到生产力中的各个因素，制约生产力的提高。

4. 民族地区经济发展的瓶颈

民族地区资金缺乏、自然条件差、基础设施薄弱是制约民族地区经济社会发展的主要“瓶颈”，而资金短缺是形成“瓶颈”的重要因素。民族地区经济发展水平低，“造血”功能不强，能够用于经济建设和优势产业发展的资金相对短缺，虽然中央政府不断加大民族地区经济建设投资，但进行大量水利、交通、生态环境等工程建设，发展优势产业的资金仍然十分紧张，影响到生产力的提高和经济的长远发展。所以，民族地区即使有大量的自然资源优势，但最终由于生产力水平低下，改造资源、开发资源的能力始终有限，大量自然资源难以形成优势并发挥出应有的经济效益，自然资源优势难以转化为经济优势并推动经济发展。要发展民族地区经济，不能单从自然资源着手，还应另辟蹊径，发掘其他的经济增长点。

二、产业结构的失衡制约了经济的发展

民族地区的经济结构很不合理。首先，第一产业经营比重不大，第二产业比重较小，第三产业增长缓慢。在第一产业中，粮油种植比重很大，占绝对地位，其他经营比重小，是以粮食为主的单一结构。其中牧区也是以牧业为主要的经济收入来源，且为粗放型，集约化程度很低。第二、第三产业中，轻重比例失调，提供社会服务的部门严重滞后。工业又主要是为中东部地区提供原材料、能源等初级产品，与居民生活密切相关的轻工业产品大多是从外部调入，“马太效应”的作用非常明显。这样的经济结构构成，使民族地区事实上处于一种非常不利的地位。其次，在经济成分中，国有经济比重大，非国有经济比重小；在各类生产企业中，劳动密集型企业比重大，资金、技术密集型企业比重小。总体看来，民族地区经济基础薄弱，产业水平低，结构不合理，关联度低，协调性差，无法应对日益激烈的市场竞争。

产业结构失衡是制约民族地区经济发展一个至关重要的因素，课题组以青藏高原东北少数民族为例阐释。

甘南藏族自治州位于甘肃省西南部，在东经100°45′~104°45′，北纬33°6′~35°34′。甘南藏族自治州位于青藏高原东北边缘，地处甘、青、川三省交界处，北靠临夏回族自治州，南临四川省阿坝藏族羌族自治州，西连青海省果洛、黄南州，西接定西、陇南地区。从经济区位看，甘南处于兰州都市圈向西南辐射的前缘地带，对兰州都市圈经济发展有着较大的支持；甘南地处我国北方农牧交错带的西南缘，是甘青宁农牧交错区重要的畜牧业基地，畜牧业发展具有较大比较优势，对区域资本积累和商贸发展有重要作用；甘南的旅游区位较为优越，生态旅游业发展潜力很大。

甘南州产业发展现状分析：

1. 总量规模

从甘南州产业对经济总的贡献上来看，2007年甘南GDP总值35.37亿元，仅占兰州市（732.76亿元）的4.83%，在甘肃省各地市（区）中排名倒数第一位。

2. 产业竞争力

在遵循综合性原则、可操作性原则、系统性与层次性原则的基础上，课题组以畜牧业占第一产业的比重、所处的生态区为基准，引入了9个牧业比重较大的少数民族地区（甘南、甘孜、阿坝、伊犁、果洛、玉树、昌都、那曲、阿里）作为比较对象，构建了包括 5 个一级指标、14 个二级指标的区域产业竞争力指标体系，采用主成分分析法对甘南进行产业竞争力的综合评价（见表 6-1）。

表 6-1　区域产业竞争力指标体系

评价目标	一级指标	二级指标
产业竞争力	产业发展水平	畜牧业产值、工业总产值、第二产业比重、第三产业比重、第二产业就业比重、第三产业就业比重
	产业增长能力	第二产业增长率、第三产业增长率
	产业盈利能力	工业利润、工业增加值率、产值利税率、全员劳动生产率
	产业市场竞争力	市场占有率
	产业技术竞争力	研发经费占 GDP 比重

参考数据取自 2005 年各省统计年鉴，数据标准化采用标准经计算得出甘南的产业竞争力综合得分为 –0.13，在参照区中排名第七，比排第一位的阿坝少 0.81 分，这个结果说明甘南的产业竞争力在我国少数民族地区中处于落后地位。

3. 专业化程度

为了更全面、客观地反映甘南产业发展的整体水平，课题组采用反映专业化程度的指标——集中系数，对甘南产业发展进行定量评价。集中系数计算公式为 $CC_{ij} = (e_{ij} / p_j) / (E_{in} / p_n)$。为了计算方便，并在甘肃省内具有可比性，式中 CC_{ij} 为 j 区域 i 产业集中系数；e_{ij} 为 j 区域 i 产业产值；p_j 为 j 区的人口总数；我们取 E_{in} 为甘肃省 i 产业产值；p_n 为甘肃省总人口数。

结果显示，甘南三次产业集中系数中，第一产业系数大于 1，第二、第三产业集中系数均小于 1，说明其产业总体发展水平在甘肃省内并不高。但需要注意的是，甘南作为以第三产业尤其是依托旅游业发展为 GDP 主要贡献份额的区域，其第三产业集中系数居中；第一产业对其 GDP 贡献份额约为 28.7%，但其集中系数却最高；第二产业集中系数最低，第二产业对其 GDP 贡献份额约为 24.2%。

第三节　技术进步在经济发展中的作用

技术，是指生产实践的经验和科学运用于生产过程的物化形态及知识形态的

总和，既包括工程意义上的“硬技术”，如物化为生产设备、生产工艺的科学知识等，也包括管理意义上的“软技术”，如管理技术、决策技术等。所谓技术进步，从经济学的意义上说，是指由于表现为劳动手段、工艺流程的改进、发展与完善，新技术、新工艺、新设备、新材料、新能源的生产和制造，科学决策方法的改进和完善与经济管理技术的改进和提高等技术的变动，用同样的或较少的投入可以获得较多的产出，从而带来劳动生产率的提高。

从历史角度看，技术进步是一个渐进和跳跃相统一的过程。因此，根据技术进步过程的性质，可以将其分为渐进型技术进步和创新型技术进步。渐进型技术进步是指在社会生产过程中，人们对现有的技术或技术体系进行改革创新，或在原有技术原理和组织原则的范围内提出某些方面或体系结构的新原则、新方法，表现为技术的革新和进化。创新型技术进步是指在社会生产中认识自然客体的知识的长期积累，推动现有技术原理发生新的、革命性的突破，使劳动工具和机械设备体系或生产动力体系等发生质的变化，从而引起新的技术或体系的诞生。课题组研究技术进步在经济发展中的作用，主要是研究创新型技术进步，即技术创新。

一、技术进步对经济发展的贡献

技术进步对经济发展的贡献，在于不增加资金和劳动力的条件下，通过内涵扩大再生产来实现，其主要标志是：提高技术装备水平；改进工艺、采用新材料；提高劳动者素质；提高管理决策水平；迅速发展社会生产力；变革社会生产关系和社会生活；等等。

具体地讲，技术进步对经济发展的推动作用主要体现在以下几个方面：一是技术进步可以减少对自然资源的依赖，提高经济发展的稳定性，增强市场竞争力。一些后发民族经济体发展过程中，由于受到自身所拥有自然资源有限的约束，往往依赖于国际市场。一旦自然资源减少，或国际市场价格上涨时，便会使经济发展受到影响。技术进步推动新产品开发，随着新能源、新材料的发现和应用，必然促进民族经济体持续、稳定发展。二是技术进步使技术装备、工艺流程、质量标准具有科学性和先进性，可以减少要素投入；自动化、机械化逐步代替人力，使劳动生产率大幅度提高，而且随着自动化和机械化的日益进步，也使资本收益率越来越高。三是技术进步使劳动者的素质不断提高，劳动者掌握越来越复杂的技术，工艺知识、操作能力不断提高；技术进步促进生产过程分工协作，产生协作生产力。四是技术进步使工艺、产品质量提高，促进产品结构多样化、高度化，丰富我们的生活内容，改善消费质量和消费结构，提高劳动者的积极性。五是技术进步使能源和原材料消耗减少，使用效率提高，从而使生产的投入越来越节约，产出水平越来越高，为经济效益的提高奠定基础。六是技术进步改变我们的文化理念、工作方式、生活方式、组织形式和管理方式，使人们的思想观念现代化，给经济增长内容创造了新的社会形式。

关于技术进步对经济发展和社会变革所起的重大作用，马克思和恩格斯在《共产党宣言》中有一段著名的话：资产阶级争得自己的统治地位还不到 100 年，它所造成的生产力却比过去世世代代总共造成的生产力还要大，还要多。自然力的征服，机器的采用，化学在工农业中的应用，轮船的行驶，铁路的通行，电报的往返，大陆一洲一洲的垦殖，仿佛用法术从地底下呼唤出来的大量人口。试问在过去哪一个世纪能够料想到的竟有这样大的生产力潜伏在社会劳动里面呢？而这种生产力的巨大发展，正是技术革命的结果。人类几千年的文明史，正是人类利用自然、改造自然的过程，也就是技术进步的过程。

20 世纪以来，由于科学技术发展的速度加快，特别是随着以微电子技术、生物工程、新材料等高科技为代表的第四次科技革命的到来，技术进步对经济发展的影响比过去更明显地增强。一是科技与经济发展高度接近和统一。过去科技研究独立于经济活动之外，技术成果转化为生产力的时间需要几年、几十年，而现在大大缩短。因此，在当代，技术的成熟性与经济的有效性和社会的需求性已基本融为一体。二是技术进步在经济增长中的作用越来越大，已成为经济发展的决定性因素。经济增长是现代社会发展的物质基础，而经济增长的主要因素是资本投入、劳动投入、技术进步。这三种投入与经济增长的关系可简单归纳为以下类型：第一种是技术不变，资本、劳动投入增加，产出与投入等比例增长；第二种是三项投入均不变，但调整它们之间的匹配关系，经济可适度增长；第三种是资本、劳动投入不变，但技术进步水平提高，结果是单位投入的产出可成倍增加。这是因为技术进步是一种智力投入，其成果往往辐射到各个领域，产生连锁反应。技术进步通过发明创造新的生产工具与设备，通过扩大劳动对象的数量和提高劳动对象的质量，以及通过训练教育转化为劳动者的知识与技能，使劳动能力创造出大大超过自身价值的新价值，生产出远远超过劳动力再生产费用的剩余

产品。三是技术进步在生产力中的地位越来越重要。马克思在100多年前就已经指出科学技术是生产力，是实现财富的创造力。他认为："劳动生产力是由多种情况决定的，其中包括工人的熟练程度，科学的发展水平和它在工艺上应用的程度，生产过程的社会结合，生产资料的规模和效能，以及自然条件。"科学技术的飞跃发展，已使技术进步与生产力的诸要素紧密结合起来，成为现代生产力中最活跃、最重要的因素，技术进步渗透和覆盖了生产力的每一个部分，使它们的性质和功能发生了根本性的变化。一些经济学家运用定量分析方法，测算了技术进步对经济增长的贡献率，具体论证了技术进步在经济发展中的作用。20世纪50年代，美国经济发展迅速，但不少经济学家感到困惑的是美国国民产出中，有相当一部分无法用资本和劳动力要素的增长来解释。

后发民族经济体实施衍生性发展战略，必须由起始阶段的资本投入直接拉动转变到依靠技术进步推动的道路上来。后发民族经济体要赶上发达民族经济体先进水平，必须靠技术进步和智力开发。后发民族经济体实施衍生性发展战略，日益受到人力资源、物力资源、资本资源、自然资源的约束，靠大力增加资本投入和劳动投入来发展经济，难以实现有效的高速增长，也不符合实施衍生性发展战略的基本要求。只有依靠技术进步，才能更充分发挥生产要素的优势作用，节省投入，增加产出，提高质量，缩小差距。因此，应把依靠技术进步推动经济发展，作为后发民族经济体衍生性发展的一条基本原则。

然而，技术进步也有其局限性。从一般意义上来讲，技术可以被看作是一种中性的因素，在一定条件下可以推动整个经济和社会发展。但实践证明，人们在把技术引进到一个社会的同时，也引进了使这种技术能真正起作用所必需的社会心理因素和社会生产关系。因此，对技术的选择也就是对社会的选择。例如，在与自然界的关系方面，由于引进某些现代技术打破了生态平衡，已经发生了进化上的某种倒退现象。尤其是在农业方面，这些现代技术已经引起过分利用最肥沃的土壤，为了追求最大利润和种植最有利可图的农作物而完全放弃传统的农业，改变原有耕作制度，而新的耕作制度却不能保证经过改造的耕作制度的再生产。由此，应该根据生态发展的观念全面地重新考虑技术概念，技术概念应以人与自然衍生的原则为基础，而不再以人过分而又轻率地支配和"剥削"大自然为基础。所以，后发民族经济体不仅应该从技术和经济的角度出发来掌握技术，而且应该从社会和文化的角度出发来掌握技术。

二、后发民族经济体技术进步的途径

技术进步有其客观规律性。后发民族经济体的技术进步，首先要遵循技术进步规律，同时，根据后发民族经济体技术经济发展基础，选择适合后发民族经济体实际的技术进步道路。

1. 技术进步的一般规律

技术进步作为与人们生产过程、生产方式、经济增长与经济形态相生相伴的客观存在，有其发展的规律性。一般而言，技术进步规律包括技术创新规律和技术扩散规律。

（1）技术创新规律。技术创新是技术进步的一种飞跃、革命、质变、跃迁，它属于技术进步的历史发展与积累过程的实现，人们称之为技术进步的纵向进步规律。熊彼特认为技术创新的内容既是新设备、新材料、新产品、新工艺、新技术的开发、发明与应用，也是社会生产、经营组织与管理方式的更新和方法的提升。技术创新的过程是人们在社会生产实践中对科学技术的认识不断深化、不断突破、不断飞跃，不断应用于生产过程并对社会经济发展产生革命性影响的一个历史过程。

技术创新规律表现为，技术进步导致社会分工越来越细，社会协作越来越密切，社会生产规模越来越大，社会结构越来越复杂，经济发展速度越来越快，劳动生产率越来越高，社会发展水平越来越发达。总之，技术创新规律就是技术进步成为经济发展第一推动力的法则。

（2）技术扩散规律。所谓技术扩散是指技术成果通过市场或非市场的渠道方式去传播和应用，从而扩大技术成果的应用范围，在一定的地域范畴内形成推动经济增长的巨大动力的过程。

技术扩散规律的显著特点是，技术成果扩散所产生的经济推动力要比技术创新本身所直接产生的经济推动力要大得多。技术扩散规律的根源在于技术创新，技术扩散的本质是以往各种技术创新知识积淀性的经济潜力的现实反映。技术扩散的过程是在社会生产中不断模仿和推广的过程，它具有社会横向波散效应。技术扩散是通过生产线引进、工艺更新、产业提升、产品产量增加、产品质量提高、市场占有扩张体现出来的，以此来促进企业和产业生产率的增长，加快社会经济发展。随着发展中国家与工业化国家经济发展差距的缩小，创新技术和占据

技术进步制高点则成为发展中国家和地区加速经济发展的第一推动力。

技术创新规律与技术扩散规律在运用过程中不应截然分开，而是在不同的国家与地区，不同的发展阶段，应有不同的侧重。后发民族经济体在实施衍生加速战略的初始阶段，遵循技术扩散规律，既要引进最先进技术，实现技术转移的跨越式发展，也要重视其他民族经济体消化吸收技术的梯度推移；当经济进入起飞期时，遵循技术创新规律，要把具有自主知识产权的技术吸收创新放到第一位。在市场经济体制伴随经济发展走向成熟，并已融入世界经济一体化中时，后发民族经济体要想谋求更大发展，拥有技术成果的自主知识产权至关重要。问题的实质不在于两个规律本身，而在于如何把握由技术的扩散转向技术的吸收创新，在什么时机、在哪些领域实施转型。两个规律对于后发民族经济体的技术进步都要发挥作用，而运用规律的效果则体现在科学的决策中，是否用最小的投入，得到更大的产出；是否增强技术的核心竞争力，推动衍生加速战略的实现。

2. 转移扩散型技术进步

转移扩散型技术进步，是后发民族经济体在实施衍生性发展战略初期，运用技术扩散规律推动技术进步的主要途径。

所谓转移扩散型技术进步，是指后发民族经济体通过引进方式，转移扩散发达民族经济体的先进技术，提高产业的技术装备水平，促进经济发展。这种转移扩散的对象一般是发达民族经济体已实现广泛商业性应用的技术，后发民族经济体不需要再对该技术进行应用性开发和改造。当后发民族经济体积累了较强的物质技术基础后，开始在技术引进的同时，进行消化吸收和改良革新，逐步向吸收创新型技术进步转型。

由于区域经济发展不平衡，在当今世界或一国之内，一般可划分“比较先进”、“中间”和“比较落后”的经济、技术发展梯度，不同民族经济体之间也客观存在这样的发展梯度。因此，后发民族经济体推进转移扩散型技术进步，可有两个技术来源：一是从“中间”经济、技术梯度的较发达民族经济体引进技术，这种技术是“中间”梯度的较发达民族经济体从“比较先进”梯度的发达民族经济体引进并消化吸收后，再向“比较落后”梯度的后发民族经济体传递的，可以称为是技术的梯度推移；二是从“比较先进”梯度的发达民族经济体直接引进技术，甚至在消化、吸收后再向“比较先进”梯度的发达民族经济体或向“中间”梯度的较发达民族经济体传递，可以称为是技术的跳跃式转移或反梯度转移。

20世纪80年代初，中国学术界曾就技术转移扩散问题进行了一场争论，对技术进步与经济发展理论形成了深远的影响。夏禹龙、何钟秀等学者认为，中国经济发展不平衡的特点，自然在国内形成一种经济、技术力量的梯度。内地和边远地区，技术力量薄弱，资金不足，开发较慢，其大片地带仍然处于“传统技术”、经济落后水平上；此外，大多数地区是“中间技术”、一般水平；还有一些地区则已具备“先进技术”和雄厚的经济力量。因此，在实施对外开放政策过程中，应该由沿海先进地区首先掌握世界先进技术，然后将这些技术按梯度逐步向“中间技术”地带、“传统技术”地带传递和转移，这样花费少而获利多。这一观点被国内学术界称为“梯度理论”。课题组与郭凡生、潘照东等学者认为，中国现有经济、技术发展梯度是一种客观存在，但并不表明技术转移的走向；梯度推移是技术转移的一条途径，但不是唯一途径；跳跃发展是技术转移的另一条途径，在某些领域中技术的反梯度推移也是经常发生的。这一观点被国内学术界称为“反梯度理论”，其主要依据：一是现有生产力水平的梯度顺序，不一定构成未来引进世界新技术与开发的顺序。这两者间不能作简单的趋势外推，更不能将现实的梯度顺序作为一个规律来排定未来引进世界先进技术和开发的顺序。从国内外经济发展史和现实情况看，按生产力一、二、三级梯度引进技术和顺序开发并不是一个规律，明显发展的例证很多。二是未来技术引进和经济开发的顺序是由经济发展的需要和可能规律制约，而不是由现在各地区技术和经济发展水平来决定。在这里，需要是指经济社会发展中必不可少诸因素的急需方面，可能是指满足这一需要在资金技术上的可能性，其中技术上的可能性主要指整个社会的技术力量。当然，不能否认不发达的西部民族地区和发达的沿海地区在引进新技术时的某些重大差异。发达地区主要靠自己的智力吸引和消化引进的技术，大部分资金也可以由自己解决。而不发达地区则必须是人才、资金和技术同时引入才可能较好地消化和吸收引进的先进技术，使自身的技术和经济水平产生超越性发展。这就使不发达地区的开发比较复杂，需要考虑和协调的因素增多，但现代生产力和科学技术的发展已使我们具备了这种力量，只要从整个社会角度看是需要和可能的，就可以使资金、技术、设备、人才长途“迁移”，发达的沿海地区对不发达的西部民族地区实施集约型开发。三是在新技术革命的条件下，国内技术的反向推移将会大量产生。所谓国内技术的反向推移是指在可能和需要规律制约下，第三梯度得到首先开发机会，直接引进国际上先进技术，将这些技术吸收消

化后向第一、二梯度的推移。这种反向推移体现了经济技术发展的可超越性，也符合生产力发展的地区不平衡规律。四是现代科学技术向自然资源比较丰富的地区转移是基本走向之一。过去中国实行闭关锁国政策，既限制了国外先进技术向不发达的西部民族地区的直接输入，也阻碍了国内发达与不发达地区的技术经济交流，使西部民族地区依靠其丰富的自然资源引进国外先进技术和资金，实现自身超越发展的可能落空。当今世界经济的迅速发展，新技术革命中先进技术广泛应用于经济建设，不但为不发达国家，而且为不发达的西部民族地区带来了超越性发展的机会，随着中国对外开放政策的实施和进一步扩大，不发达的西部民族地区完全可以依靠其丰富的资源优势，从国际上引入大量资金、技术和人才，使自身的经济技术产生超越性发展，而不仅仅依靠接受国内第一、第二梯度转移来的、相对比较落后的技术。“梯度理论”与“反梯度理论”的争论已过去20年，今天来看，其主要观点仍适用于后发民族经济体技术转移与扩散。应当指出的是，“梯度理论”片面强调技术转移的梯度顺序，而“反梯度理论”又突出强调技术转移的跨越式发展。事实上，将二者结合起来正是后发民族经济体转移扩散型技术进步的完整概念和内涵。

就中国的西部民族地区而言，根据经济、技术发展的需要与可能，既要积极吸收沿海发达地区有计划、有步骤“推移”、“转递”过来的成熟技术，也要直接引进一些适应西部民族地区产业结构、在沿海发达地区尚未吸收的先进技术。后发民族经济体推进转移扩散型技术进步，必须根据自身资源、经济、社会特点，特别是产业结构特点和现代化建设的总体要求，突出重点，审慎决策。一是要围绕优势产业和优势产品，有选择、有步骤地进行技术改造，以技术结构的合理化推动产业结构、产品结构的合理化。选择市场需求量大、经济效益高、最能发挥自身优势、带动作用强、较便于利用新技术的产业或产品作为主攻方向，把产品开发、技术开发、技术改造、技术引进、国内和地区协作攻关有机结合起来，采取多种形式和特殊政策，积极采用适用的先进技术。二是要争取主动权。由于在技术进步的转移扩散阶段，后发民族经济体对发达民族经济体的先进技术依赖性很强，在技术贸易中处于不利地位，但在引进技术过程中要积极争取主动，特别是要注意避免发达民族经济体将过时的设备和技术，包括污染环境、浪费资源的工业技术，转移到后发民族经济体。三是要注意适用性。实践表明，曾经促使北美、欧洲、日本等发达民族经济体迅速发展的资金密集型技术，输入比较贫穷、落后的后发民族经济体之后，非但没有带来预期的经济效果，反而引发不少经济社会问题，诸如，经济上负债过多，技术上依赖性过大，产品缺乏竞争力而不能在外贸中创造理想的经济效益，由于缺乏与引进技术相适应的工业与教育结构使这些技术不能充分发挥作用，阻碍自身发明与革新能力的提高，加剧失业现象等。因此，后发民族经济体在科学技术急剧发展的今天，必须根据自己的实际情况，选择适应于一定时期内自身的技术、经济、社会结构的技术，即适应于自己的生产因素的“适用技术”，既充分照顾到目前的实际，又充分考虑到长远的需要。只有这样，才能克服盲目性，保证转移扩散型技术进步的有效推进。

3. 吸收创新型技术进步

吸收创新型技术进步，是后发民族经济体在实施衍生性发展战略过程中，运用技术创新规律的必然选择，是在特定发展阶段起主导作用的技术发展路径，是在开放的技术发展环境和有效的自主技术选择条件下，依靠后发民族经济体内生技术积累函数机制，实现技术进步的基本模式。

所谓吸收创新型技术进步，是指后发民族经济体吸收外部先进技术作为自身技术进步的突破口，进行有组织、有规划、有系统的技术开发研究，并整合为一系列高效的创新体系，推动技术进步和经济增长。技术吸收的来源，主要是引进发达民族经济体的先进技术，但对于先进技术的选择只限于引进对实现衍生性发展战略有重大作用的关键技术，对于妨碍后发民族经济体技术结构优化、不利于主导产业形成和企业成长的技术，则不在引进和吸收之列。吸收创新意味着后发民族经济体内生技术基础已经形成，有一定的技术规模、技术队伍、技术成果，技术积累已具备“起飞”的最低限度；具备技术市场需求和潜力；有技术引进的经验和吸收创新的意识，能够作出科学的技术引进决策；技术发展的基础性因素已达到一定规模和质量。创新在这里是指在对技术成果进行消化吸收时，能够进行较高水平的跨越式发展。吸收消化是为了创新，创新必然以消化和吸收为前提。创新要把握高起点、高水平、高效益，并对产业结构提升起到技术支撑作用。创新要有跨越式发展意识，直接实现较高层次的创新。创新本身就反对因循守旧，反对亦步亦趋，主张敢为人先，勇于攻关与攀登。

吸收创新型技术进步既不是在引进技术基础上的简单改良，也不是完全立足于自有技术基础上的封闭式开发，而是在吸收先进技术基础上，进行高起点、高水平的创新。因此，在实施中有以下功能：一是加速功能。吸收创新型技术进步

具有层次高、活力大、影响面广的性能，因此，无论在基础技术、主体技术还是在关键技术、高新技术方面，都会出现加速发展，甚至赶超世界先进水平。当然，这种加速发展或赶超是以技术的不平衡发展为前提的，即后发民族经济体应突出重点，以重点技术的创新突破，提升整体技术进步水平。二是学习功能。吸收创新必然带来技术学习效应，只有认真学习，才能达到消化吸收的功能，从而才会出现技术创新。后发民族经济体的技术学习功能应是完全自主的主权化行为，不应受外部势力的牵制和制约，只有这样，吸收创新才能有内生变量增升的机制。后发民族经济体应高度重视营造全民族整体学习的氛围，这是吸收创新型技术进步取之不尽、用之不竭的源泉。三是合作功能。吸收与创新是技术进步的两个核心概念，在引进—学习—模仿—吸收—创新这个技术进步的系统链中，"吸收"居于引进、模仿与创新之间，而"创新"位于科技进步系统链的最高阶段，也是成果产出期。在吸收阶段最大的特点是技术学习、消化占据主导地位，技术成果需求大，引进技术就成为可能，发达民族经济体与后发民族经济体建立技术交流协作也具有坚实的基础。技术合作比单纯的技术引进要水平高，而且能够创新，可以发挥技术成果的最大效能。技术合作为技术创新提供了开放与学习的环境，使技术创新纳入良性循环的系统，整合各种经济技术关系，加速产品生命周期的运动，增强产品的市场竞争力，充分发挥技术创新的潮流效应、连锁效应和突变效应。

后发民族经济体实施衍生性发展战略的推动因素既有物质资本，也有人力资本，在一定程度上人力资本的作用已远远超过物质资本。由于人力资本是通过人力资源开发形成的，因此，可以说人力资源开发是实施衍生性发展战略的决定性因素。同时，人力资源开发直接促进民族素质提高，对后发民族实现现代化更具战略意义。

第四节　人力资源开发在经济发展中的作用

人力资源，就是能够作为生产要素投入社会经济活动的劳动人口。它具有三个基本特征：一是能动性，即人力资源在经济活动中起主导作用，这是人力资源与其他一切资源最根本的区别。二是特殊成本性，即人力资源是投资的产物；人力资源一旦形成，在使用过程中呈现收益递增规律。三是高增值性，即人力资源能够在使用中实现自我补偿、更新和发展，而其他非人力资源却只会在使用中引起自身损耗。人力资源开发，就是通过提供稀缺资源和服务，使自然形态的人力资源得到加工和改造，成为具有相当健康水平、知识和技能水平，以及社会适应能力的合格人力资源的过程，也是通过人力资源投资形成人力资本的过程。由于人力资源有着自身的特点，因此，人力资源开发或人力资本在经济发展中起着十分重要的作用。

一、人力资源开发与经济增长

人力资源开发，包括五个方面的内容：一是体力开发，包括增进人口寿命、体力强度和疾病治疗，提高力量、速度、耐力、柔韧度、灵敏度等人体运动的功能，以及对于一定劳动力负荷的承受能力和消除疲劳的能力。体力的大小可以通过由质和量共同决定的体力存量来表示，一般而言，社会生产力水平越高，劳动复杂程度越高，对体力质的要求也越高；反之，则对体力量的要求越高。二是智力开发，即通过训练和环境塑造，使人的智慧能够充分表现出来，如对事物的分析能力、归纳能力、抽象能力等。三是知识开发，即通过教育，包括初等、中等和高等教育及知识更新、岗位培训等继续教育，提高人类在社会实践中对客观世界的认识能力。四是技能开发，即增强劳动者所具有的技术经验和操作能力，如工业新技术的掌握和应用、现代农业技术的推广和普及，特别是现代信息技术，更需要劳动者及时、熟练掌握和运用，以保证生产的顺利进行。五是随机开发，即对劳动者在就业岗位变迁和劳动力流动中进行适时培训，特别是在机构改革、机构转换、企业转产、管理更新、产品升级等方面，随机开发更为必要和迫切。综上所述，人力资源开发的核心内容，就是提高劳动者素质。

人力资源开发对经济发展的推动和促进作用，突出地表现在以下几个方面：一是劳动者素质的提高引起物质资本、资金和技术投入使用效率提高，从而使投入同样多的物质资本、资金和技术，可以获取更多更大量的产出。二是劳动者素质的提高引导物质资本、资金和技术投入的增加，如扩大要素投入的范围、增加要素投入的种类、提高利用国外资源的规模等，这是因为当劳动力素质较低时，有些资源不能投入生产过程并发挥作用，而当劳动力素质提高后则可以用于生

产，成为生产的要素。同理，当本国劳动力素质较低时，国外的先进技术、管理方式、生产手段，难以为该国所利用，而当本国的劳动者具有消化、吸收国外资金、技术、管理方式的能力后，就可以引进国外资源并转化为本国资源，推动该国经济发展。三是劳动力素质的提高和劳动者结构的改变，引起劳动力使用的更加合理及其使用效率的进一步提高，从而在不增加劳动投入和不增加其他要素的情况下引起产出量的扩张。

人力资源开发，之所以能够成为推动和促进经济发展的重要因素，一是因为劳动者知识的增加和经验的积累，将极大地提高人们对客观事物的认识能力，从而使自己的经济活动行为顺应客观规律的要求，减少不按规律办事造成的损失；二是因为劳动者素质的提高引起科学的进步、新技术的发明和制度创新，从而导致要素投入状况的改变及其使用效率的提高；三是因为教育的普及和文明程度的提高，使劳动者的责任感、事业心相应提高，价值观念转向促进经济发展。

世界经济发展的实践也充分表明，重视人力资源开发将有效地推动经济发展。第二次世界大战后，许多发展中国家都致力于实现工业化和现代化，但收效不大。这用传统的经济学观点难以解释，因为这些国家的资本积累率很高，并从西方发达国家引进了大量资金和先进技术装备。对于这些国家而言，真正制约其经济发展的决定性因素是人力资源没有得到充分开发，缺少大批受过教育、训练有素的劳动力、企业家和管理人员。由于劳动力素质低、管理落后、生产效益差等一系列问题，造成大量技术设备和生产能力闲置和浪费，扩大的资本存量得不到相应的要素配合，难以发挥作用。对于后发民族经济体实施衍生性发展战略来说，具有自然资源、资本和技术优势是重要的，但更重要的还是要拥有人力资本优势。因为人力资本缺乏是造成后发民族经济体经济落后和限制其经济发展的根本性因素，而拥有人力资本优势就可以转化或替代资本、自然资源和技术优势。形成人力资本优势的主要途径，就是高度重视人力资源开发。一个后发民族经济体，即使没有丰富的人力资源，但只要注重人力资源的投资，也是能够迅速崛起的。如果拥有了丰富的人力资源，却忽视其开发，不仅不能形成有效的人力资本，而且，经济发展也是难以实现的。

二、人力资本理论

人力资本，是指体现在劳动者身上以劳动者的数量和质量（劳动者的技术水平、工作能力和劳动熟练程度等）来表示的一种资本类型，是对人力资源投资所形成的资本。人力资本与传统经济学理论中的“劳动”、“劳动力”等概念有所不同。在传统经济学理论中，劳动力往往被视为一种从事体力劳动并且是天生的能力，作为这种能力的支出——劳动，也被视为是均一的或无差别的，至多只是区分为熟练劳动，这里所需要的知识和技能是少量的。因此，它所重视和所研究的往往局限于劳动或劳动能力的数量方面。正因为如此，人力资本问题在传统经济学理论中一直未能引起应有的重视。人力资本理论产生于20世纪60年代，其代表人物是舒尔茨。早在1960年，他发表了题为“向人的资本的投资”的报告，指出人的资本形成对经济增长具有巨大贡献。此后，他发表了许多关于人力资本的论著：1960年发表《由教育引起的资本形成》，1961年发表《教育和经济增长》，1967年发表《教育的投资的收益率》，1971年发表《人力资本投资——教育和研究的作用》等。他的理论贡献在于说明人力资本的重要性，指出过去的经济增长模式中，资本和劳动同质的假定不符合实际，将国民收入增长与要素投入贡献之间存在的巨大缺口，全都归于资源生产率，掩盖了人力资本的重要作用。人力资本作为内含于人体本身的生产或工作能力，并不是先天赋予的，也不是均一的。人力资本对经济增长的影响主要是它的质量方面，而不是数量的多少。人力资本及对人力资本的教育是现代经济增长的动力和源泉。

人力资本理论的提出和形成，在经济学中具有十分重要的意义，它解决了传统经济学理论所无法解释的许多疑虑：一是根据传统理论，资本—劳动力比率将随着经济的增长而提高，但统计资料却显示这个比率在不断下降，其症结在于没有把人力资本因素考虑在内，因为人力资本的增长不仅比物质资本而且比收入增长快。二是根据传统的理论，国民收入的增长与资源耗费的增长是同步的，但统计资料表明的结果却是国民收入远远大于投入的土地、物资、劳动力等资源的总量。这一点也可以从人力资本因素得以说明，因为投入与产出之间的增长速度之差，一部分源自规模效益，另一部分则是人力资本带来的技术进步的结果。三是对于第二次世界大战以来企业工人工资大幅度增长所反映的内容，用传统经济学理论很难得到合理的解释，当引入人力资本之后，这个问题非常容易得到说明，因为这个增长恰恰就是来自于人力资本的投资。

三、后发民族经济体人力资源开发策略

随着知识经济的发展，世界正在发生巨大的转变：社会生产中的体力劳动者向脑力劳动者转变，物质生产向科技知识生产转变，物质资本向人力资本转变。是否拥有人力资源优势将成为财富的源泉和标志，成为社会经济综合竞争力的象征。后发民族经济体要想推进衍生性发展战略，实现经济现代化和民族现代化目标，也必须适应新的形势，确立依靠人力资源开发和技术进步发展经济的思想，增强自身运用新知识、新技术的能力，推动经济社会的跨越式发展。

1. 人力资源开发投入

长期以来，后发民族经济体在经济发展中十分重视物质资本的投入，将有限的财力主要集中于固定资产投资，而忽视了人力资本即人力资源开发的投入，这是由于后发民族经济体在认识上停留在物质资本推动论，认为经济发展取决于物质资本，物质资本积累是经济发展的关键因素，而把人力资源开发投资看作是非生产性投资，认为教育是消费活动、教育经费属社会福利性支出。因此，要想使后发民族经济体加大人力资源开发投入，首先要提高后发民族经济体对人力资本在经济发展中的特殊重要作用的认识。

根据马克思劳动价值论，人力资源是社会财富和产品价值形成的根本原因，而其他资源只不过是被动地作为发展的条件和外在因素。在社会经济活动中，人力资源总是处于主导地位，是一种最积极、最活跃的生产要素，可以称为社会资源中的“第一性资源”。舒尔茨创立人力资本理论的最大贡献，就是证明了人力投资的作用大于物质投资，而且这是现代经济发展最重要的特征。这一观点并不难以理解。因为在知识经济时代，知识和技术进步是经济增长最重要的推动因素，而掌握知识和技术创新都必须通过高素质的人力资源来实现。人力资源的质量与知识、技术的吸收能力成正比。人力资源质量越高，对新知识和新技术的掌握和应用就越容易。如果知识更新、技术进步了，而人力资源素质与之不相适应，两者的结合必然会抑制生产范围的扩大以及劳动生产率的提高，从而抑制经济增长。从人的先天能力来看，各民族是趋于平衡的，是相近的，但后天获得的能力，各民族却大不一样。各民族人口质量的差异，主要取决于后天的能力，这种后天能力体现为知识、技能、文化水平、企业经营能力等，是人力资源开发的结果。人们通过学习所获得的知识和技能，是资本的一种形式，是知识、技术和其他生产要素有效发挥作用的根本保证。因此，人力资源开发对后发民族经济体发展的推动作用要大于物质资本。

根据上述认识，后发民族经济体应高度重视人力资源开发，多渠道筹措资金，加大人力资源开发投资力度，保证人力资本与物质资本的合理比例，使人力资本与物质资本共同发挥作用，最大限度地推动后发民族经济体衍生性发展战略的实施。一是后发民族经济体各级政府在财政支出安排中，要优先安排并尽可能在新增财力中多安排基础教育、职业培训等人力资源开发支出、基金，提高教育支出占国民生产总值的比例。二是广开财路，广泛吸引各类企业、境内外投资民间资金以及家庭、个人等多种资金，投入人力资源开发。三是制定并推行各种有利于促进人力资源开发投资的经济政策和社会政策，形成鼓励和支持人力资源开发的良好的经济社会环境。

2. 人力资源的教育与培训

在当今社会，知识和技术进步成为经济发展的主要推动力，随着知识经济的发展，知识性劳动将是绝大多数人谋生的基本手段，知识将成为人们最基本的消费品，知识的占有量将是人们富裕程度的基本标准。每一个社会成员自身的生存能力、发展能力，都将最终取决于他获取知识和运用知识的能力。有的专家指出，在农业经济时代，文盲、半文盲即可以从事生产劳动；在工业经济时代，接受过中等教育才可以从事生产劳动；而发展知识经济需要高素质的人力资源，接受过高等教育才可以从事知识经济下的生产劳动。在知识经济时代，由于先进技术的广泛使用，劳动将需要坚实的知识基础。不论是显性知识，还是隐性知识，都需要通过教育来传播，因此，教育将成为社会生活的中心，成为知识经济的“基础的基础”。教育决定着个人的就业和命运，决定着企业的生存和发展，决定着民族经济体的繁荣和富强。

（1）调整教育结构，提高教育投资效率。在教育发展中，要适应知识经济和科技发展的趋势。一是重点发展基础教育。基础教育是经济现代化和民族现代化的基础性条件，它关系到民族素质的普遍提高，因此，要加快普及基础教育。对于地处偏远的少数民族地区，可借鉴信息技术，发展以计算机网络为基础的远程教育及模拟教育。要重视少数民族语言、文字教育，以及运用少数民族语言教授的基础课程教育。二是大力发展职业教育与培训，提高劳动者技能。根据民族经济体发展的需要，创办和发展各类技术学校、职业学校，提供在职培训，把教育

与经济发展紧密地结合起来，使劳动者适应技术的迅速变革，提高劳动生产率。三是适度发展高等教育。根据民族经济体实际，培养高素质人才，逐步将基础教育向高等教育方向延伸。同时，利用高等院校高层次人才和科技成果集中的优势，为企业提供知识性、技术性服务，密切高等院校与企业的合作关系，使高等院校成为后发民族经济体知识传播和生产中心、新知识应用示范基地和高新技术产业孵化基地，推动后发民族经济体知识、技术创新和产业升级。

（2）把素质教育作为教育的核心。所谓素质教育，就是将学历教育的目标定位于培养学生获取知识的能力、运用知识的能力和创造知识的能力等方面，将教育的重点定位于基础性通识教育上，将专业教育拓展到管理教育领域。一是着力培养学生获取、运用、创造知识的能力。客观地看，获取、运用、创造知识的能力是每个民族经济体及每个个人在竞争中成败的关键，是其素质的核心。人的生命是短暂的，而知识的海洋是无边无际的，一个人不可能什么都知道。特别是随着现代科学技术及信息传播手段的长足发展，新知识在短期内迅猛增长和广泛传播，我们已无法接收和存储所有的知识。在知识经济时代，一个人掌握多少知识已不重要，关键是要有获取、运用、创造知识的能力。与之相适应，教育的目标已不再是直接给学生灌输知识，而是在使学生获得一定基础理论和基础知识的同时，着重培养学生获取、运用、创造知识的能力，增强他们的判断能力和想象能力，使他们有效地驾驭所掌握的知识。二是加强基础性通才教育。近 20 年来，知识创新表现出两大趋势，一方面是专业划分愈来愈细，许多重大突破都是在极“窄”的领域取得的；另一方面是知识的综合性、集成性日益增强，不仅表现在科学的发展过程中，表现在新的综合性学科和边缘学科的出现上，还表现在技术领域，特别是从社会需要出发，将已知的科学原理和技术有机地综合、集成，从而形成与原有技术完全不同的新技术。适应上述趋势，后发民族经济体要重视基础性通才教育，培养学生的综合和集成知识的能力，使他们成为具有一定专业知识而又基础扎实、知识面广博的人才。要改革学校的系科结构，建立跨学科的科研与教学组织。学校的专业设置、课程设置，都应体现基础性、综合性，既要加强基本理论和基本知识的教学，让学生掌握宽厚的基本理论和知识，同时，要强调文理科渗透、相互交叉，以学群、学类和专攻领域组织教学，实现教学内容综合化。三是重视管理教育。随着人类的知识创新向纵深发展，科技活动的综合性大大增强，信息生产及处理的工作量日益增加，这就需要加强理性化的管理和团队协作。有的学者认为，20 世纪是经济学人才的盛世，21 世纪是管理人才的天下，管理与科学、技术共同构成现代经济发展和社会进步的重要生产要素。适应管理科学及管理工作重要性日益增强的趋势，加强管理教育已十分紧迫，后发民族经济体应通过在高等院校设立管理系科、组建管理学院及举办多种形式在职管理人员进修班等形式，加快培养各类管理人才。

(3) 构建终身教育体系。所谓终身教育，是指完成某一阶段教育的人参加工作后，重新接受一定形式的、有组织的教育。终身教育是传统学校教育在时间上、职能上的延伸，其宗旨是通过不断的教育，以期使人们在价值观念、科技知识、工作及生活能力等方面，能够适应知识老化、社会变化的需要。1972 年，联合国教科文组织在研究报告中，建议把终身教育作为发达国家和发展中国家在今后若干年内制定教育政策的主要指导思想。由于知识与科技更新速度的日新月异，国际竞争日益激烈，后发民族经济体每一个从业者都必须树立不断学习和培训自己的理念，把终身教育作为一种基本的生存需要。终身教育对后发民族来说具有投入少、时间短、见效快的特征。通过终身教育可以使人力资源的能力日趋完善，在经济加速发展中充分发挥其潜能，提高劳动生产率，为经济社会发展服务。终身教育体系的构建，是促进学习型社会的形成、发展的重要内容，后发民族应树立全民学习、终身学习的理念，建立和完善多渠道、多形式、多方位终身学习的机制，推动学习型组织和学习型社区的建设。要加强终身教育规划的制订和协调，整合社会教育资源，运用好学习、文化、培训资源，建立教育培训网络；发展成人教育体系，做好各类人力资源的在职培训、脱岗培训、继续教育工作；强化用人单位在培训中的主体地位，鼓励个人自学、单位带薪学习，规范学习质量评估监管办法，提高终身教育的整体水平。

3. 人力资源的流动与合理使用

后发民族经济体缺乏高素质的人力资源，对知识与技术创新、对经济与社会发展，都形成一定制约。为尽快扭转这一状况，除了要通过教育投资大力培养人才外，必须制定人才政策，积极鼓励人力资源的合理、有序流动，优化人力资源配置，充分利用国内外教育资源及成果，保证衍生加速战略的顺利实施。

(1) 多层面促进人力资源合理、有序流动。后发民族经济体应在人力资源的管理制度、用人模式、社会保障、投资导向等方面进行调整，努力消除人力资源流动中的各种障碍，尽可能实现人力资源的优化配置。一是促进人力资源在企

业、单位间的合理流动。要发挥市场机制和政府宏观调控的作用，彻底消除人才的单位所有制和其他阻碍人才流动的政策、规定，为人才的自由、合理流动创造良好的社会环境。在政府部门及科研、教育单位，推行竞争上岗、优胜劣汰，增强各部门、各单位的活力，最大限度地实现人力资源的价值。在各类企业建立与现代企业制度相适应的劳动用工制度，全面实行劳动合同制。要进一步鼓励和支持民营经济发展，不断扩大民营企业对人才的需求和吸纳能力。二是引导人力资源在城乡间的有序流动。农村剩余劳动力向城市非农产业的合理转移，是消除城乡二元结构、推进城市化和工业化的必由之路，后发民族经济体各级政府要加强对农业劳动力跨区域流动的宏观指导和协调，克服盲目性和无序性。要加强对农民的职业技术培训，提高农民在城市获得就业机会的能力和创业的能力。要加快发展县域经济，特别要重视县域中心城镇和小城镇建设，增强对农业剩余劳动力的吸纳能力。开辟多种渠道，扩大对外劳务输出，鼓励后发民族经济体经过培训的农村剩余劳动力进入其他发达地区和国际劳务市场。三是重视国际间、地区间人才交流。对于后发民族经济体而言，进行多渠道的人才交流是十分必要的，它可以充分利用发达民族经济体的教育资源，弥补自身教育资源的不足，以较快的速度获得所需的专业人才和先进技术、管理经验。后发民族经济体可以根据自身发展需要，从发达国家或发达地区聘请具有某种专长的专家、学者前来从事某种工作和科学研究，或从事教育、短期学术交流及讲座或报告等。同时，也可以依据本民族经济体人才培养和经济发展的客观需要，将具有一定知识水平、技术能力的人，或者具有智力开发潜力和基础的人，有计划、有目的地派往发达国家或地区学习、进修、深造或进行短期学术交流，学成归来后更好地为该民族经济体发展和建设服务。这是提高自身知识和技术水平并迅速缩小与发达民族经济体发展差距的重要途径。

（2）完善人才政策，减少人才外流。由于后发民族经济体经济、技术条件的局限，加之发达国家和地区优越的工作条件、优厚的生活待遇的吸引，造成后发民族经济体的大量高级人才外流，对其经济发展形成巨大危害。一方面，后发民族经济体教育投资的效益外流，人力资源存量减少，已付出的教育成本虚耗，已形成的人力资本不能在发展中发挥作用；另一方面，后发民族经济体损失了他们创造的产出，加重了经济负担，进一步扩大了与发达民族经济体在技术进步和经济发展方面的不平衡。因此，人才外流是一种极不合理、极不正常的人才交流现象。为有效地避免、防止和减少人才外流，后发民族经济体必须制定合理使用人才并使其才能最大限度发挥的政策、措施。一是根据人才的特点，合理进行人才配置。由于人才通常在某种特定的岗位上可以发挥出很大作用，而改换其他工作后可能就难以发挥作用，甚至不能适应工作，造成人力资源的极大浪费。因此，必须根据人才的能力、专业和个性特征，合理使用，使其发挥最大的潜能，尤其从全社会的利益考虑，更需要创造条件，充分挖掘人才的潜力，使其多做工作，多出成果，提高人才的利用率。二是改善人才的工作、生活条件。贯彻按知识、技术等要素分配的原则，使人才的科学劳动支出及其对社会的贡献，在收入上得到体现，享有较高的生活、政治、社会待遇。要为人才的工作和科研活动创造良好的条件，在全社会形成尊重知识、尊重人才的良好社会风气与文化传统。允许进行各种学术探索、学术讨论和学术争鸣，为科学研究创造宽松的政治环境和学术环境。

综上所述，21 世纪属于知识经济时代，人力资本正在成为经济发展的第一资源要素，人力资源开发是各国实施经济发展战略的重中之重。后发民族经济体必须重视人力资源开发，以更有效的方式吸收、整合各种可利用的生产要素，努力实现衍生性发展战略。

第七章　衍生性发展支撑体系

由于资源禀赋不同，经济、社会、科技基础各异，每个民族经济体都不可能同时具备所需的全部生产要素，为强化自身的优势，必然要与其他民族经济体发生交换、合作关系。随着经济全球化和区域一体化的不断推进，国际间、地区间的经济合作日益紧密。对于后发民族经济体而言，发展对外经济关系必然会丧失某些利益，但比较而言仍是利大于弊。扩大对外开放，加强对外经济关系，是后发民族经济体实现衍生性发展战略的必由之路和重要支撑。

第一节　对外经济关系在经济发展中的作用

对外经济关系主要包括对外贸易和利用外资。对外经济关系在经济发展中的作用，体现为对外贸易与经济增长的效应及利用外资与经济增长的效应。

一、对外贸易与经济增长的效应

对外贸易是世界经济发展中各民族经济体之间基本的经济联系方式。这种经济联系的前提是各民族经济体之间存在比较成本的差异，导致在商品和劳务的交换中，交换各方都能获得比较利益，使其商品在国际市场得到价值实现，扩大国民收入，促进自身生产力的提高。所以说对外贸易推动着后发民族经济体的经济增长，是衍生性发展的助推器。根据国际贸易的基本原理，出口本国比较成本低的商品，而进口本国成本比较高的商品，在经济总量不变的条件下，可以增加本国的经济福利。这是因为通过对外贸易获得本国不能生产的商品或是国内生产成本太高的商品，使消费者得到利益；同时，通过参与国际分工、专门生产本国具有比较优势的产品，提高了资源利用效率。后发民族经济体在对外贸易中，能够通过静态效应、动态效应、乘数效应和联系效应促进经济发展。

（1）静态效应。静态效应是指国际贸易在一定时态状况下对贸易国的经济发展所起到的促进作用。一是促进对外贸易国的储蓄和资本积累水平。对外贸易拓宽出口国社会总商品销售渠道，加快商品价值的实现过程，缩短资本周转时间，提高周转速度，利润率随之增加，为社会储蓄增加了来源。出口增加了外汇收入，这使出口国可以利用外汇收入进口物质技术，增加外汇储备，提高偿债能力。对外贸易使储蓄与投资进入良性循环阶段，可促进出口国的经济增长。二是促进国际分工细化，提高劳动生产率。对外贸易的发展，可使国际间分工向生产的广度和深度推进，使各国在相同时间内生产出更多的商品，生产率的提高使社会所能消费的商品数量也相应增加，社会福利随之提高。三是对外贸易促进国际间资源的合理配置。对外贸易促使各国从事专业化生产，导致贸易方出口本国具有比较优势的商品，进口比较劣势的商品，这就改变了贸易国内原来的生产函数，使国际间资源得到了更合理的配置，使“帕累托效应”在资源配置上得到实现。总之，对外贸易促进国际合理分工，提高生产率水平，优化资源配置，使各国更有效地利用生产要素及资源，推动整个世界经济一体化进程。

（2）动态效应。对外贸易为后发民族经济体发展带来的动态利益主要表现在：一是对外贸易为后发民族经济体加速发展提供了目标对象。对外贸易使后发民族经济体更深切地认识自身的落后，以及这种落后所带来的贸易不平等与不均衡，导致后发民族经济体的觉醒，立志加速发展，并将发达民族经济体作为赶超的目标对象。二是对外贸易为后发民族经济体提供了引进先进技术的窗口、渠道。后发民族经济体具有后发优势，可以直接引进发达民族经济体的先进技术装备与知识，还可以借鉴发达民族工业化过程的经验教训，这样做省时间、省成本、低风险、高效率，避免了走弯路。三是促进规模经济形成。世界大市场和国际贸易竞争机制的不断完善，使得单个民族经济体的市场规模显得相形见绌，显得规模狭小。对外贸易的扩大，使内向型企业必须转换成外向型企业，突破狭隘的内向型企业屏障，不断壮大生产经营规模，降低成本，以利竞争。四是国际间的企业竞争促进技术创新。国际市场的形成，使单个民族经济体的市场与企业都成为国际市场的一部分，都面临市场的激烈竞争，优胜劣汰、适者生存的市场竞争规律导致不同民族经济体的企业都要进行技术创新。五是出口扩大导致企业规

模做大做强，提高社会就业水平，有助于后发民族经济体整体素质的提升，有利于人力资源的开发。

（3）乘数效应。对外贸易促进贸易国经济总量的不断扩张，是外贸乘数效应作用的过程。凯恩斯提出的投资乘数原理为外贸乘数提供了理论基础。根据这一原理，来分析对外贸易过程：某国的出口与国内投资一样，有增加国民收入的作用。当商品与劳务出口时，从国外得到外汇收入，导致出口企业与人员收入增加，并拉动消费增加；收入与消费的增加就导致对消费品需求的增加，从而又迫使消费品企业扩大生产规模，增加就业，增加收入。如此循环往复，导致国民收入总量的快速扩张，出口增加量的一定数量诱发国民收入呈若干倍于出口增加量的增长，增长的倍数取决于边际消费倾向。当商品与劳务进口时，效应与出口相反，它会减少国民收入。由此可见，只有当国际贸易对某国是顺差时，对外贸易才能增加某国的就业量，提高国民收入，这时国民收入的增加量将为贸易顺差的若干倍。这就是对外贸易乘数理论的内容。对于后发民族经济体来说，进口要减少国民收入，如果进口的不是最终消费品，而是中间产品或资本品，这种进口就是生产性支出，进口品就是“结果子的树”，而“结果子的树比果实本身价值更大，力量比财富更加重要”。进口生产要素要比进口最终消费品价值大得多，要对进口品进行区别对待，这很有现实意义。

（4）联系效应。后发民族经济体在经济发展过程中，可以通过前向和后向联系效应发展出口主导型产业，促进经济与产业结构的高度化。发展经济学家艾伯特·赫希曼在《经济发展战略》一书中提出“联系效应”概念。“前向联系效应，即每一非初级经济活动，将导致通过国内生产提供其所投入的意图。向后联系效应，即任何在性质上并非唯一满足最终需求的活动，将导致利用其产品作为某种新生产活动投入的意图”。依据以上概念，后发民族经济体如果大量进口某种资本品和中间产品，将直接导致其前向联系产业的发展与扩张；如果大量出口某种商品，将直接导致其后向联系产业的发展与扩张。一个新建行业的总联系效应越大，其带动产业结构提升的能力就越强。后发民族经济体选择确立出口主导型产业是经济加速发展的重要环节，主导型产业应具备前向和后向联系效应均比较大的特性为宜。主导型产业的扩张，必须要通过对外贸易提供市场条件，使主导型产业的产品有新的国际需求来支撑，产业结构的提升就有了保证。对外贸易带来国际竞争，可最大限度地保证产业结构高度化进程的效率。

二、利用外资与经济增长的效应

利用外资对后发民族经济体发展具有重要的作用，其正面效应很多，但同时也有负面影响。实践表明，只要因势利导，措施得当，负面效应可以得到有效控制并转化。

（1）正面效应。利用外资的正面效应主要有：一是利用外资可以解决由于进口大于出口所造成的国际收支逆差，填补国内储蓄缺口。同时，可增加国内税收，增强财政实力。二是利用外资可解决因经济发展而缺乏的生产要素，引进先进科学技术、生产工艺和技术装备，并消化吸收国外先进成果，进行具有知识产权的研发与创新。三是利用外资可同时引来先进的管理人才，以利提高自己企业家队伍，加速培养国内劳动力、技术人员、管理人员的能力，较快提高竞争力。四是利用外资有利于提高资源利用效率，促进国际分工和专业化生产，形成规模经济，增强国际竞争实力。五是利用外资可带动相关产业发展，增加就业岗位，有利于扩大就业和提高国民收入。六是利用外资可加强与国际金融机构和国际市场的联系，提升后发民族经济体的国际地位。此外，利用外资能为后发民族经济体提供整体学习的机会，有利于民族素质的提高和民族文化的多元发展。

（2）负面效应。利用外资的负面效应主要表现在以下几个方面：一是在技术方面，由于发达民族经济体的技术专利制度、技术保密制度、技术转让制度、核心技术封锁制度会严重损伤后发民族经济体的自尊心，阻碍后发民族经济体的技术发展进程。二是在消费方面，外资企业人员的高消费导向，影响国内人员消费早熟，导致消费结构畸形发展。同时，外来企业就业与产品大都为富有阶层服务，普通老百姓受惠较少，导致国内分配不均和地区、城乡经济发展不平衡，影响国内资本积累率下降。三是在管理方面，外资企业享受东道国的关税减免、土地低价租赁、劳动成本低的优惠政策，而且利用偷税漏税、贿赂官员、低报利润、虚报投资、高估成本、低估产品价格、转移作价等非法手段，牟取不正当收入，使外资企业利润超过东道国的社会收益。四是在金融方面，过多的外资会削弱后发民族经济体的储蓄能力和投资能力，经济发展的自力更生受阻；外资的投向能够扭曲后发民族经济体的经济结构、产业结构和产品结构，导致市场价格畸形和债务负担加重。五是在政治方面，利用外资往往在政治方面受到制约，资本输出国对后发民族经济体施加种种影响，以经济干预政治，达到控制后发民族经

济体政策制定和实施的目的。有的还进行颠覆政府的活动，影响后发民族经济体的社会稳定。

（3）效应转化。利用外资是一把“双刃剑”。既有正面效应，也有负面效应，两种效应在一定条件下可以相互转化，关键是处理好利用外资的数量与质量之间的关系。如果利用外资数量合理、质量较高，负面效应就会得到控制，甚至转化为正面效应；反之，负面效应就会扩展，甚至使正面效应消失殆尽。因此，后发民族经济体在利用外资过程中，一定要精心谋划，善于运作。在确定利用外资的数量时，一是保持利用外资的适度规模及债务负担，到期债务量应小于国民收入总值增长后所提供的国内储蓄量，不致使经济增速减慢；二是外资利用要提高效率，即债务在国民收入总值中的比重应逐年减少，否则债务扩大，将危及整个经济发展；三是到期还本付息的债务在债务总额中的比率应保持在15%为宜，不能超过25%的警戒线；四是当年还本付息的债务与出口收入的比率保持在20%为宜，否则，就可能会造成外债规模过大、债务负担过多、偿还能力不足，出现影响国际收支平衡和经济健康发展的负面效应。在提高利用外资质量时，一是要确保增值，使外资带来的各部门产出的增值量大于外资从该企业得到的利益，即社会收益大于私人收益；二是鼓励外资企业利润再投入，外资企业利润能够留下并追加资本再发展，有利于后发民族经济体的发展；三是努力实现国际收支平衡，外资企业尽可能多利用当地生产要素来生产更多的出口产品，创造更多外汇来减轻国际债务压力；四是积极推进国产化，鼓励外资企业逐年增加使用所在地区生产的原材料、中间产品配件及当地劳动力的比重。只有这样，后发民族经济体才能在利用外资中充分发挥正面效应的作用，将负面效应的影响减到最低程度。

第二节 后发民族经济体对外贸易发展策略

通过前面的分析，后发民族经济体积极发展对外贸易，拓展对外经济关系，对其衍生性发展目标的实现有着重要意义。对于后发民族经济体来说，通过对外贸易所获得的最大利益，应是通过引进先进技术和设备，增加资本存量，提高生产工业制成品的能力，促成产业结构和技术结构的成长。

根据第二次世界大战以来后发民族经济体的实践，在对外贸易方面可以采取的基本战略包括初级产品出口、进口替代和出口替代，其中后两种战略又均可分为初级和高级阶段。

一般情况下，对外贸易是以初级产品出口—进口替代—出口替代的顺序依次演进的过程。但是，本书认为，后发民族经济体不应简单照搬发达民族经济体对外贸易的进程，因为按这个进程死搬硬套，不适应衍生性发展的时间要求。后发民族经济体应根据自身特点和国际经济关系发展趋势，吸收各种对外贸易发展战略的长处，制定超常规的混合式对外贸易发展战略。这一战略应体现系统性、动态性和连续性，从低级到高级不断发展转化，几种战略有机组合、依次推进：第一阶段，初级产品出口和初级进口替代结合；第二阶段，初级出口替代和高级进口替代结合；第三阶段，高级出口替代和扩大内需结合。具体内容包括：

第一阶段：初级产品出口和初级进口替代结合。由前者为后者发展提供外汇支撑。初级进口替代分两大类：一类是建立非耐用消费品工业；另一类是侧重发展耐用消费品和基础工业。这要根据后发民族经济体的状况来确定，一般情况下是从发展耐用消费品工业入手，例如纺织、服装和家用电器等工业，生产方式相对简单，技术已标准化，市场需求容量大，可以作为初级进口替代的目标选择。为了使初级产品出口与初级进口替代有机结合，后发民族经济体应采取外贸政策、汇率政策、投资政策、产业政策、财政政策、金融政策等措施予以扶植。创造条件大量出口农矿产品和其他初级产品，以换取外汇。对初级进口替代产业实行贸易保护。制定严格的外汇管理政策，将有限外汇用于初级进口替代产业。通过税收、信贷、价格等手段，向初级进口替代产业提供特殊优惠。

第二阶段：初级出口替代和高级进口替代结合。当第一阶段贸易产业发展到一定程度，消费品市场渐趋饱和并价格下降，企业具有一定竞争力，就及时转向初级出口替代和高级进口替代期。这时，初级进口替代产业转变为初级出口替代产业，并获得出口外汇支持高级进口替代产业，用最终消费品出口所积累的资金进行资本品和中间产品的生产，例如建立钢铁、机械、石化等资本品工业；在最终消费品生产中，最大限度地使用国内资源，把最终消费品后向联系效应留在国内，提高工业制成品的国产化率。这一阶段需要出口退税、补贴、贷款等外贸、财政及金融政策扶植，确保出口稳定增长。同时，将有限外汇用于进口高级进口替代所需的中间投入、设备和技术。保持对最终消费品进口的限制，保持进出口

的顺差。在外汇政策上，适度放松外汇管制，保持复汇率制，奖励出口者。投资政策应对高级进口替代产业实行政策倾斜，鼓励企业走向规模经济道路，吸引外资流入政策和外资准入政策有机结合。

第三阶段：高级出口替代和扩大内需结合。在第二阶段发展到一定时期进入第三阶段，后发民族经济体资本品工业，钢铁、机械、石化等工业体系已成规模，在扩大国内市场占有率的情况下，应鼓励出口，使各产业进入国际市场参加竞争，并积累知识和经验，为经济结构高度化做好准备。这时，后发民族经济体应适当调整经济发展速度，夯实国际贸易基础，提高国民收入水平和支付能力，扩大内需，形成良性循环。在外贸政策方面应采取自由贸易、降低关税、减少配额、放宽市场准入，适度保留间接非关税措施；外汇政策方面取消复汇率制，实现浮动汇率，慎重对待资本项目开放；投资政策方面增加研发投入，提高基础研究水平，增强自主开发能力；实施区域协调发展；搞好基础设施建设，改善国民生活质量；放松对外资限制，简化行政审批手续，减少对利润汇出额度的限制等。

第三节　后发民族经济体利用外资策略

对于后发民族经济体实施衍生性发展战略而言，利用外资可以有效地弥补“储蓄缺口”和“外汇缺口”，有效解决资金不足问题。扩大对外开放，积极利用外资，是后发民族经济体的必然选择。在一定程度上讲，对外开放度和利用外资规模的大小，直接影响经济发展的速度和质量。因此，后发民族经济体必须坚定信心、统一认识，坚定不移地扩大对外开放，最大限度地利用外资。

由于当代国际资本流动的主要途径是以跨国公司为主导的国际直接投资，这也必然是各后发民族经济体利用外资的重点。适应跨国公司以利润最大化为目标，在全球整合与配置生产要素的特点，后发民族经济体要想吸引跨国公司投资合作，必须创造良好的投资环境，制定优惠的政策。

（1）创造良好的投资环境。后发民族经济体改善国内投资环境，是吸引外资的基础性环节。投资环境包括如下因素：一是政治社会环境。包括后发民族经济体的政局是否稳定、投资环境有无突变、政策是否连续、投资是否安全。政治稳定还要看投资法律、投资法规、投资条例是否健全，其中投资者的权利和义务是否明确，是否享有国内企业的同等待遇，对外资的干预措施是否太严，对外资规模和流向是否控制太死等都属政治环境的范畴。同时，社会文化因素对外资有重要影响，如居民的消费方式、文化传统、文明程度、风俗习惯等也是利用外资政治社会环境的重要内容。二是经济发展环境。包括后发民族经济体增长前景看好、资本收益率高、所有权与经营权比较宽松、币值稳定风险小、通货膨胀率低、关税保护适中、金融市场健全、资金融通业发达、外汇管制比较合理、资本流动和利润汇出方便、当地资本供应能力强、市场体制完备、劳动力熟练度较高、交通运输便捷、基础设施功能齐全等均为利用外资的重要选择条件。三是外资对投资风险的控制。投资环境不是一成不变的，市场在变，政局也在变，环境就一定会变。关键是外资能否承受得住这些变化，风险能否预见到，风险有多大，又如何化解风险，要有避险方案等。在这里外资投资风险最大的是政治风险，导致如下后果：投资损失得不到赔偿；投资得到赔偿，但所有权和经营权会丧失或受限制；政策导致已签合同被迫修改，难以履行或撤销；提高税率和其他管控，导致外资亏损甚至倒闭。因此，后发民族经济体政治稳定、风险可预测是创造良好投资环境的基础和前提。

（2）制定优惠的政策。外资包括直接投资，如独资、合资、利润再投入，也包括间接投资，如政府援助贷款、国际金融组织贷款、中长期出口信贷、国际金融市场融资等，这些贷款利率相对较低，期限也较长。后发民族经济体制定优惠的政策，主要是针对国际直接投资制定政策，主要包括健全外商投资法、投资利润可以直接汇出、对外企给予国民待遇、放宽外资市场准入制度。同时，在金融税收方面也应提供相应的政策优惠，包括提供低息贷款、减免各种税收，如所得税、营业税、财产税、利润税等，对企业引进原材料、零部件给予免除关税等。当然这些优惠政策是有条件的，也是有时限的。后发民族经济体可以设立经济开发区、自由贸易区、保税区、科技园区等，并给予优惠政策配套，以扶植高新技术产业的发展。

外资是一把“双刃剑”，后发民族经济体要学会趋利避害的策略。鼓励与限制是利用外资的两个方面，鼓励是为了发展，限制也是为了发展，为了保护民族优质产业和本国市场的有序运转，使外资更好地为本国经济发展服务。对外资实行限制政策一定要有“双赢”心态，要适度适当，不可过激。对外资实行适度限

制政策包括三个方面。

(1) 关于外资市场准入的政策。这是针对外资企业设立制定的限制措施。这样的政策分为两类：第一类属于审批制，针对外企入驻要实行申报、审查、许可制度，防止外资欺诈行为和损害本国利益行为。第二类属于限制外资进入行业的措施，包括国防、军火、航天航空、核工业；水、陆、空交通运输业；通信、大众传媒业；矿业、燃料开采业；农林牧渔业；房地产业。除以上产业与行业外，还有其他特殊行业也有限制。主要目的是保证国家安全、资源保护和特殊行业利益，以防外资进行垄断。以上行业也可根据情况在一定程度上进行开放，但要谨慎。为保持对特殊行业的控制权，可对不同行业分别规定不同的外资股份比例。

(2) 关于外资国民待遇的政策。主要措施：一是当地生产要求，外资企业一定比例的原材料和零部件必须在东道国购买；二是出口实绩要求，外资企业必须将其一定比例的产品出口到国外市场销售；三是利润汇出限制，对外资企业汇出利润、资本与投资有关的资金要进行限制，包括在数量上与汇出途径上进行限制；四是进口限制，对外资企业在进口产品的数量或额度上进行限制；五是出口限制，对外资企业出口产品在数量或价值上限制某些特定产品出口，或只能出口特定市场；六是生产许可要求，外资企业生产内容必须经过有关部门的许可；七是录用本地员工要求，外资企业必须录用一定数量的本地管理技术人员和工人。

(3) 关于债务危机预防政策。后发民族经济体间接利用外资要注意预防债务危机，大力发展出口产品生产和替代产品生产，增加出口创汇，以增强偿债能力，减轻外汇和国际支付的压力。具体预防措施包括：一是把握债务预警线，及时调整外资结构和数量，提高外资利用效率；二是引进外资主要用于出口创汇部门，减少其他部门间接利用外资，减轻债务压力；三是提高国内储蓄率，使储蓄缺口以国内储蓄填补为主；四是谋求外资来源多元化，增加国际援助，减少私人国外贷款；五是后发民族经济体联合行动，提高农产品和初级产品价格，增加出口收入；六是敦促国际金融组织采取措施，帮助后发民族经济体解除债务压力；七是与发达国家重新谈判债务偿还条件，降低债权国贷款利息、延长偿还期、增加用债务国货币支付外债的比例、利用债务国的产品与劳动来偿还债务、要求债权国帮助债务国发展生产出口产品等，建立新的国际经济秩序，以利于后发民族经济体发展；八是组建后发民族经济体的跨国公司、区域性金融机构，克服债务危机，促进整体发展。

第四节　制度因素在经济发展中的作用

人们在比较发达民族经济体与后发民族经济体的差距时，往往从技术、资本、劳动力等方面去寻找原因，而忽视最基本的制度差异。制度包括所有制、分配、机构管理、法律政策等，对经济发展起着关键作用。制度是促进经济发展和创造更多财富的保证，若社会群体发现现有制度已不能促进发展，就应当酝酿建立新制度，否则，经济就会处于停滞状态。所以，制度安排也是后发民族经济体衍生性发展的重要支撑体系之一。

一、制度因素在经济发展中的作用

制度因素是影响后发民族经济体经济发展的一个重要因素。制度首先决定于经济发展，它在经济发展过程中产生，随着经济的发展而发展和完善，并反作用于经济发展，影响着经济发展。制度在经济发展过程中发挥着重要功能，同时它又有一定的局限，需要客观具体地进行分析。

1. 制度及其构成

分析制度及其构成是分析制度因素在经济发展中作用的前提，制度通过一系列行为规则，影响社会经济的效率和产出。

（1）制度。制度是一种行为规则，它涉及社会、政治及经济行为，包括支配政治权力的配置与使用的宪法中所内涵的规则，确立由市场或政府来分配资源与收入的规则，以及管束的规则。

发展经济学家舒尔茨认为，制度的内涵主要包括：一是用于降低交易费用的制度，如货币、期货市场等；二是用于影响生产要素的所有者之间配置风险的制度，如合约、分成制合作社、公司、保险、公共社会安全计划等；三是用于提供职能组织与个人收入流之间的联系的制度，如财产，包括与财产有关的法律、资历和劳动的其他权利等；四是用于确立公共品和服务的生产与分配的框架的制度，如高速公路、飞机场、学校和农业试验站等。概括起来说，首先，制度是人的利益及其选择的结果。制度与人的动机、行为有着内在的联系，人们的任何社

会经济活动都离不开制度，什么事能做什么事不能做实际上就是个制度（规则）问题。如果没有制度的约束，社会经济生活就会产生混乱或者低效率。其次，制度是一种“公共品”。制度这种“公共品”与其他“公共品”（如广播或电视信号）是不同的，制度是无形的，而一般公共品都是有形的，一般公共品不具有排他性，而制度具有排他性。最后，制度是社会游戏的规则，是人们创造的，用以约束人们相互交流的框架。

（2）制度构成。制度构成包括三个基本要素，即社会认可的非正式约束、国家规定的正式约束和实施机制。一是非正式约束。非正式约束主要包括意识形态、习惯及价值信念、伦理规范、道德观念、宗教信仰等因素，它是人们在长期交往中无意识形成的，具有持久的生命力，并构成代代相传的文化的一部分。作为社会公认的行为规则和内部实施的行为规则，非正式约束在社会经济生活中发挥着重要作用。同时，由于缺乏强制性，非正式约束又存在一定的局限性。意识形态作为在一定的经济基础上形成的对于世界和社会的系统的看法或见解，倾向于从道德上判定劳动分工、收入分配和社会现行制度结构。它在经济发展中的功能主要表现在：可以节约信息费用，有效地克服“搭便车”问题，减少强制执行对于法律和法院所产生的费用以及实施其他制度的费用。习惯是在长时期里逐渐养成的、一时不容易改变的行为、倾向或社会风尚，通常表现为前人或多数人或年长的人的榜样或行为，习惯是所有在正式规则无定义的场合起着规范人们行为的作用的惯例或作为“标准”的行为。二是正式约束。正式约束包括政治规则、经济规则和契约，是人们有意识创造的一系列政策法则，以及由这一系列的规则构成一种等级结构，从宪法到成文法和不成文法，再到特殊的细则，最后到个别契约，它们共同约束着人们的行为。从经济学角度看，任何规则的制定及其实施都是需要成本或费用的，规则适用范围越广，那么规则实施的边际成本也随之下降。这就是规则实施的“规模经济”。三是实施机制。在现代国家里实施正式约束的机制是国家，包括公民议会、政府、立法司法执法机构等。实施机制是否健全是判断一个国家的制度是否有效的重要因素，离开了实施机制，任何制度尤其是正式规则就形同虚设。

2. 制度形成与经济过程

从时间上来说，制度的形成与社会经济的发展过程是相辅相成的。人类社会就是在人与自然、人与人、民族或各种社会组织之间的物质和精神的交换活动中获得发展或进化的。在人与人的社会交换中，伴随着“公平”、“正义”、“合理”等一系列的价值取向或判断，这些道德因素便通过制度化成为一种权力要素，规定着人们社会交换的基本框架并赋予人们特定的权利和义务。它为社会的共同价值标准、交换行为规范、组织原则、知识技能等人类发展的创造物提供了一个基本的世代承续的社会机制，保存了人们交换行为和关系的模式，并且通过使价值合法化和固定化来扩大社会交换的范围。因此，制度无非是把源于经济现实的共同需要转化为一个确切的交往结构。制度形成具有以下几个特性：

（1）制度直接起源于现实的经济过程。首先，制度作为一定经济关系观念化反映的物质化表现，并非任何外力的强加，而是直接深深扎根于现实的经济过程。制度起源于某种经济的和社会的职能基础，而且只能在现实过程的合力运动中产生。其次，制度虽直接起源于人类社会的经济过程，却不能把其简单归为经济因素的自身说明。如同社会由个体构成，但社会关系并不归属到各个个体的存在上，而是表现为外在于个人的社会现象一样，制度在其生成过程中获得了它确定的独立方式和内容，并派生出其他的必要关系。最后，制度一经确立，又成为经济过程的一种基本的支配力量，构筑了人类社会交换的框架与竞争的经济秩序，成为人们与资源存量之间、投入与产出之间、交换与分配之间、生产与消费之间的过滤器，从而在某种程度上可以改变孕育它的经济过程。

（2）社会赞同是制度生存的根本性基础。社会赞同作为来自每个个体发自内心的真实判断，被赋予制度权威合法性。某种制度获得社会赞同的程度越高，便意味着作为中介桥梁的制度在人类文化体的物质系统和解释系统之间实现了越大的一致性，并在降低制度维持费用的同时，得到了越大的收益；当一种制度为获取社会赞同的费用大于其制度收益时，或者说，当一种制度不能获得必要多数的社会赞同时，它就丧失了存在资格。因此，社会赞同在根本上决定着制度存在的合法性，制度必须随着社会赞同的变化而变化。当然，社会赞同也不是绝对的。个体“同别人利益相对立的个别利益的满足，正好就是被扬弃的对立面即一般社会利益的实现”。制度所代表的社会价值标准的这种性质及其实现方式，使任何制度都不能在其框架内赢得每个参与者的社会赞同。

（3）制度具有趋向一致性和趋向不平衡的张力。制度是以社会的同一性对所有参与者实施关系调整的规范和力量，它在促进社会一体化的同时，也带来了社会的分化。因为人们在交换中的所得不一定相等，也不一定同等地分担获取收益

的成本支出，这便使自然稀缺变成了社会稀缺，变成一种体现人的不平等关系的稀缺。制度在某一社会层面上维持均衡的努力，同时在其他层面上构成了打破均衡的力量，在某一方面对社会一致性的维护，又在其他方面引起了新的不一致。在平衡调整的过程中，制度自身得到创新。制度是稳定的，又是相对的，任何制度都不是永恒的，都是一种历史性的存在。

（4）制度化过程与现存经济的合法化过程是一致的。交往与交换是人类发展的一个最基本的要素，“不仅一个民族与其他民族的关系，而且一个民族本身的整个内部结构都取决于它的生产及内部和外部交往的发展程度”。人类在社会交往和交换中的制度调整，产生了差异分配。差异分配的每一步成功，又为下一步的交换提供一种竞争优势，导致了交换关系和竞争关系的分化。交换扩展着人类的信息源流，进而扩展其发展性的竞争选择过程。制度的确立，即使人们进入一个广大的社会交换网络，又在根本上规定了我们的竞争性选择，使人类的发展总是呈一种有限的片面性状态，这从一个侧面说明制度支持对新因素的成长具有特别重要的意义。

3. 民族经济发展的非经济因素

政治、法律、宗教、伦理、文化、心理、制度及教育等非经济因素既可能是促进经济发展的动力，又可能成为制约经济发展的瓶颈。我国少数民族地区经济落后，大部分非经济因素对民族经济发展往往起制约作用。本书从文化、人口素质与教育、思想观念及其他非经济因素等方面对国内学者关于我国民族经济发展的非经济因素研究进行讨论。改善少数民族地区的非经济因素，变不利因素为有利因素，将更好地促进少数民族地区经济的和谐发展。

非经济因素与人类的生产和消费有着密切的互动作用，在经济发展中有着不可忽视的重要功能。非经济因素既可能是促进经济发展的动力，又可能成为制约经济发展的瓶颈。国外最早关于非经济因素的研究是亚当·斯密的《道德情操论》，该书以经济学的眼光剖析了道德情操问题。此外，边沁、贝克尔、舒尔茨等也从各个不同的方面来研究经济发展中的非经济因素。而在国内，吴敬琏、茅于轼等学者也从不同的切入点探讨了经济发展中的非经济因素。非经济因素“主要是指人类行为的‘非物质方面’，如政治、法律、宗教、伦理、文化、心理、制度、教育、婚姻、生育、时间配置和社会相互作用等”。[①] 非经济因素是指一个

① 李岚. 应当重视西部民族地区经济发展中的“非经济”因素研究 [J]. 西北民族学院学报，2002 (1).

民族在社会实践活动中形成的、相对于经济因素而存在的意识形式，以及在此意识形式支配下所产生的各种行为方式。它主要表现在某一地区、某一民族的传统价值观、生活习俗、教育意识、科技意识及婚育观念等方面。[①]目前，我国正在进行西部大开发，而西部地区又是少数民族聚居的地区，因此，民族经济发展中的非经济因素具有重大的理论和实践价值。

4. 制度对经济发展的功能与局限

马克思认为，没有抽象的生产，也没有离开制度（马克思的提法是生产关系，实质上就是制度）的生产力及其发展。生产力总是在一定生产关系中组织和运行的。先进的生产关系会促进生产力的发展，落后的生产关系会阻碍生产力的发展。一个持续一定时间跨度的相对稳定的生产关系（制度框架），为生产力提供了一个相应发展的制度“空间”。制度在经济发展过程中发挥着重要作用。

后发民族经济体要实现经济的衍生性发展，必须充分调动和发挥资本、劳动和技术等各种因素的作用，而制度则是保持这些因素共同发挥作用的必要条件。制度本身虽不是经济发展与社会变革的终极原因，但发展与变革的结果必然以制度模式的改变得到最明确的表现。对后发民族经济体来说，制度因素是决定经济增长和社会进步的重要因素之一。

（1）制度的功能。制度作为社会统治者确定或社会共同认可的交往规则，具有统一性、稳定性和强制性，它一经确立，便把人的行为纳入某种关系框架内，使之与这种关系相吻合，而不是相背离，以此来保证发展目标和发展战略的实施。制度具有五种基本功能：

第一，约束功能。社会保持稳定，经济才能有序发展。而只有规则的存在，社会才能稳定，秩序才能形成。“没有社会秩序，一个社会就不可能运转。制度安排或工作规则形成了社会秩序，并使它运转和生存。”制度通过说服和强制执行两种方式来约束人们的行为，它规定人们能做什么、不能做什么，该怎样做、不该怎样做，从而维护社会的有序和经济的正常发展。

制度以某种关系为尺度对行为的限制，实际上是一种选择，它决定哪些因素进入当今社会发展的主流，哪些因素被排斥在主流发展之外，从而也就规定了社

① 李明文. 非经济因素对边疆多民族贫困地区经济发展的影响及对策——云南澜沧拉祜族自治县竹塘乡调查研究［J］. 思想战线，1997（6）.

会发展中实际的相互作用、偏好、大小以及对各种因素相互作用加以整合所得到的实际的社会发展形态。空间是行为（物质运动）的存在形式，人的活动空间的大小和发展成正比关系，活动空间越大，越有利于发展，活动空间越小，越不利于发展。

第二，信息功能。制度以明文规定或显著标示的形式向人们提供有关行动的信息，人们借助制度提供的信息确定自己的行动，预期他人的行动，以便自己可以行动或达到行动追求的目的。它与行动的物质对象无关，而与行动中人和人的关系有关，是关于如何处理人和人的关系的信息。制度及其提供的信息是人们彼此之间发生直接联系的纽带和条件。信息功能提供的据以决策的背景资料身后，隐含着行为运动的方向。行为运动方向与发展目标的差异性，决定了制度如果与发展目标一致，就会促进发展目标的实现，反之则会扭曲发展目标，阻碍发展目标的实现。

第三，激励功能。制度通过提倡什么或反对什么、鼓励什么或压抑什么，并借助奖励或惩罚的强制力量来监督执行其对社会成员某种行为的鼓励和促进。任何制度都有激励功能，没有激励功能的制度是不存在的。制度的激励，可以规定人行为的方向，改变人的偏好，影响人们的选择。不同制度产生的激励效应不一样，是否对人的行为给予激励以及激励程度的大小，决定了人的经济活动收益能否达到“最大化”，从而决定经济发展的快慢。激励功能提供社会整体意义上的创新条件和活力源泉。社会发展动力的核心是人的积极性、创造性和潜能的充分发挥，而正是制度激发和保持着社会共同体成员的积极性、创造性和潜能的发挥，才使社会拥有和不断产生自我更新能力，从而推动着社会的发展。

第四，形塑功能。人们的生产方式、生活方式、思维方式是在长期历史发展过程中积淀而成的，作为外部条件的环境、手段工具、科技、符号系统等为活动方式的产生或改变提供了条件，作为内部条件的共同体（社会）自组织系统则决定了活动方式产生或改变的现实性。习俗、法规制度就是在共同体（社会）自组织系统面对外部环境、手段变化而不断自我调适的演变过程中形成的。在这一过程中，一些做法被逐渐淘汰，一些做法则逐渐确立，并形式化、规范化、普遍化起来，进而在不同范围、程度和层次上成为人们共同接受的做法。去思想，去行动，去生活，经过无数次重复后，这些做法便自然而然地演变为人的活动方式。习俗惯例、法规制度作为非正式的和正式的规矩，既是人的活动方式产生或改变的机制，又是人的活动方式产生或改变的标志。“制度为人们提供了一定的行为模式，社会或团体力图用这些行为模式去模塑其成员；而社会或团体的成员则通过自己的行为去认识、验证、实践这些行为模式，当我们接受了这些行为模式和行为规范并付诸实践，以至在任何同类场合都以这种模式行事时，这套行为模式即被制度化了。”人的活动方式在社会化过程中产生或改变，社会化的主要渠道是制度化安排，制度“化”的过程即人的社会化过程，亦是人的活动方式的形塑过程。

第五，整合功能。制度的约束功能、信息功能、激励功能，目的都在于把人的活动纳入一定的“轨道”。当人的活动在制度规范下被纳入某种“轨道”按一定的方式进行时，分散的力量会聚起来，形成社会整体力量，这就是社会整合。制度形塑的活动方式会生成一定的社会结构。制度生成的结构是社会关系结构，制度产生的影响是通过社会关系结构而对人的行为的影响。特定的社会关系结构构成该社会成员特定的行为框架，通过这一行为框架，独立的个体行为者集合为社会，并以整体力量的形式表现自己。历史唯物主义认为，社会结构的总体化是通过生产方式对社会内部诸结构的规范性实现的；生产方式始终是社会的深层结构，它决定着社会的整体结构；在特定的社会整体结构中，其内部诸结构映现着某种共性，诸结构在功能上相互补充、相互促进，呈现出同构性；社会结构这种整体性及其内部诸结构的同构性是由占统治地位的生产方式决定的。

制度的约束，制度的激励，制度所包含的信息，制度将分散的个体行为纳入统一轨道、秩序、方式的功能，使它能够形成社会整体力量，能够成为整体性环节。制度所范导的生产方式、生活方式、思维方式、交往方式和管理方式决定了民族经济体的发展水平。不同民族经济体因其所行制度设定的目标不同、方式不同，经本民族人民活动提供的空间和激励不同，使之走上不同的发展道路，并导致它们在当代发展中基础、条件、水平、程度、所处地位和阶段的差异。同时，后发民族经济体现行制度的状况，适应现代发展的要求抑或不适应现代发展的要求，将决定它们在未来发展中保持领先地位或缩小与发达民族经济体的差距，还是逐渐落后或进一步拉大这种差距。

任何社会都有制度，无论哪个社会、哪个时期，其制度都是通过约束功能、信息功能、激励功能形成相对稳定的活动方式而实现社会整合的。不同制度产生不同结果，即使同一种制度也有一个从合理到不合理的演变过程。制度产生的结

果是多角度的，它既可以成为促进发展的因素，也可以成为阻碍发展的因素。

发展需要合理有效的制度。所辟空间广阔、所指方向正确、启动力强大持久的制度，能够保持与发展目标、发展战略的接续性、连贯性和一致性，它既能在改革中发展创新，又能在稳定中及时克服纠正社会机体滋生的弊端和社会行政管理体系的失误，从而为个人与社会、社会与自然之间达致和谐统一创造环境和条件。而当制度不适应社会发展，阻碍发展目标实现或发展战略实施时，就需要及时变革社会制度，使社会发展在各种因素的重新组合中达到新的水平，实现新的均衡。由于制度本身的局限性，制度也需要进行创新，需要随着社会的发展而发展和完善。

(2) 制度的局限。制度是有局限的，它对人的活动的限制以及它自身的特性就是它的局限。

制度的局限决定于制度单一性和行为多样性的矛盾、规定性和选择性的矛盾、稳定性和变化性的矛盾。这三对矛盾及其运动，既是制度局限性的原因，又是制度发展、变革的动因。

第一，制度单一性和行为多样性的矛盾。社会发展是多种因素共同作用的结果，制度只是其中的一个。在这个由众多因素组成的系统中，制度所起的作用是有限的。许多事情，其中包括制度何以产生这样的事情，是它管不了也不应管的。制度单一性和行为多样性的矛盾决定了制度具有两方面的局限：其一，制度的作用是有限的。在生产、关系和制度三者中，制度的产生及其性质由生产、交往规定。制度从人的关系演化而来，它可以规定、确认、强化和调控既有关系，却不能决定关系的发生。其二，制度对人的行为的约束是不完全的。人是有思想感情的，但制度不能规定、也规定不了人的思想感情。制度可以规定人怎样行动，却不能规定人怎样思想。在实际运行过程中，当碰到思想问题和情感问题时，制度就会做出让步。制度作为限制人们行为的规则，是理性选择的结果，因而能防止情感带来的偏见。

第二，规定性和选择性的矛盾。制度依靠规定人的活动空间来规范人的行为，从而维护某种目标和保障社会的有序稳定。从这个角度看，制度规定越细越好。但制度规定越细，意味着人们活动的空间越小，从而又限制了人的积极性、主动性和创造性的发挥。从有利于发挥人的主观能动性角度看，制度应当给人的选择留出充分空间，使其能自主作出多种选择。人在作出选择的同时，不可避免会发生违规行为，这又需要制度来规范。制度的规定性和选择性的矛盾决定了制度的又一个局限，即制度的效力与实效是不同的。制度是有效力的，制度规范具有约束力，在生产生活中确实可以发挥作用，人们应当并且能够服从和适用制度规范。制度是有实效的，人们按照制度的规定去做，其行为符合制度规范的要求，表明制度规范在生活中确实被服从和适用了。实效是效力的一个方面，是效力的一个条件；但它只是效力的一个方面、一个条件，而不是效力本身，不是效力的理由。实效是效力的核心部分和主要根据。效力和实效及其程度与制度本身的状况相关，它取决于制度的时空特性，取决于制度框架留给人们怎样的活动空间，取决于制度规则的健全完善与否。

第三，稳定性和变化性的矛盾。制度一经形成，就会在一段较长的时期内保持不变，并通过规范人的行为、调节人际关系给社会以秩序和稳定。稳定性是制度诸功能存在和发挥作用的条件，也是一定时期内社会发展所需要的。但社会的发展变化是不以人的意志为转移的，社会经济、政治、文化的变化必然会引起制度的变迁。制度在变迁之前压制变化，在变迁进行时，被改变的制度仍会阻碍变化。稳定性之所以是制度的又一局限，表现在人的行为不断变化，新的关系不断产生，制度却不随着变化而变化，因为一旦变化，它将失去稳定性。

制度对变化的压制，在开始阶段基本上有利于社会发展，但其后就逐渐成为阻碍社会发展的因素。总之，制度是有局限的，在社会发展中，制度不是万能的。制度局限性是有原因的，对来自外部的原因，制度自身不能解决；对来自内部的原因，则可以通过制度的发展、变革予以解决。

二、制度创新

制度的局限性产生制度创新的必然性，当制度内部的矛盾及其运动最终导致制度不再适应人的行为、人的关系和社会发展的需要时，制度就会发展、变革，推动矛盾的解决，实现制度创新。制度创新要受到主观和客观两方面因素的约束，通过自觉和自发两种形式来实现。

1. 制度创新理论

1971 年，美国经济学家兰斯·戴维斯和道格拉斯·诺思在《制度变革和美国经济增长》一书中提出了制度创新理论。戴维斯和诺思认为，制度创新是指能使“创新者”获得追加利益的现存制度的变革。它主要包括三方面的内容，即制度创新主要由制度需求引起；制度是经济增长的决定性因素；制度创新的预期收益大于预期成本是制度创新活动发生的前提条件。

制度创新不是孤立进行的，它受多种因素的影响。市场规模的扩大，生产技术的发展，一定社会集团对自己收入预期的改变等都会促进制度创新。而现存法律的限制，新旧制度安排交替的时间以及制度创新本身所需要的时间等又都会在一定程度上延迟制度创新。

制度创新也不是无序进行的，有着循序渐进的过程：第一步，要形成为获得潜在利益而进行制度创新的决策者，即"第一行动集团"；第二步，决策者提出制度创新方案，如果这时还没有现成的方案可供采纳，就需要等待制度方面的新发明；第三步，在有了若干可供选择的制度创新方案后，决策者按照最大利益原则进行比较和选择；第四步，形成"第二行动集团"，即在制度创新过程中帮助"第一行动集团"获得利益的单位，它能促使"第一行动集团"的"制度创新"方案得到实现；第五步，两个"集团"共同努力，实现"制度创新"。一次制度创新完成后，就会进入"制度均衡"阶段，这时无论怎样改变现存制度，都不会给从事改革的人带来追加利益，即没有"制度创新"的可能。当社会又采用了新的生产技术，或有了组织形式和经营管理形式的新发明，或社会政治环境有了变化等外界条件发生变化，又出现了获得潜在利益的机会时，才会产生新的"制度创新"的可能性。制度创新的动力是个人追求利润最大化，如果预期纯收入小于零，制度创新活动就不会发生。

制度创新有三种可供选择的方式，即在现实世界中存在着由个人、团体、政府担任"第一行动集团"所引起的三种不同层次的创新活动。其中，个人的制度创新活动并不需要支付组织成本，也不需要支付强制成本；团体的制度创新活动需要支付组织成本，但没有强制成本；政府的制度创新活动则既要支付组织成本，也要支付强制成本。

2. 制度创新的约束条件

后发民族经济体的制度创新以适应发展需要为尺度。在制度创新过程中，政治理念、现实情境、历史及文化传统等因素对制度创新有着重要影响，它们既可能阻碍制度创新，也可能促进制度创新，从而成为制度创新的约束条件。

（1）政治理念。作为社会意识形态的范畴，政治理念反映该社会制度提倡者或建构者对社会、人生、发展、人的关系特别是国家与社会关系突然状况和应然构造的认知及态度，体现一个社会或制度提倡者、建构者的价值取向。作为社会意识形态的核心，政治理念赋予制度以灵魂，构成制度创新的合法性根据。每一个提倡者、建构者都要有明确的政治理念，并力求赢得多数人的赞同，否则，制度创新就难以实行。政治理念来自实践。自从有文明史以来，历史上存在着并且迄今仍然存在着的各种各样的制度，无不依据不同的理念规范着人的关系，控制着人的行动。其中君权神授论和人民主权论是两种主要的政治理念。

在民主革命爆发以前，无论是欧洲还是亚洲，几乎所有的君主都把自己统治的合法性建立在“神授王权”的基础上，即君主的权力是上帝为了人的利益而赐授的，这种权力不受限制、不可分割，尽管君主在道义上负有遵从道德和神法的义务，任何对君主命令的违抗都是不合法的。在古埃及、罗马帝国以及中国、日本等，尽管奴隶制、封建制的具体形式各不相同，但统治者都披着“神授王权”的合法外衣，君主或者被视为神的化身，或者被视为神的子孙，或者被视为神择人物，他们的权力被说成神授予的，他们的意志被看做神意的体现。统治者就是依据君权神授来统治其人民，约束其行为。

产生于14世纪末的人民主权论，在近代的民主革命实践中得到逐步发展和完善。它认为，人是生而平等的，任何人都享有生命、自由和财产的权利，也具有尊重他人生命、自由和财产的义务。现代西方国家的基本社会制度都是建立在“人民主权论”基础上的。人民主权论较之君权神授论，也是社会文明的一大进步，它承认人享有自然权利，自然权利是自然法赋予的，人在自然状态下也具有保护自己和他人自然权利不受侵害的权利。当然，资本主义社会的“人民权利”是不完全的，正如马克思所说，资本主义社会的民主存在许多弊端。但资本主义是可以改变的，人民主权论的基本思想也是合理的和可以扩展的。社会主义的创始扬弃了传统的“人民主权论”，在理论上和实践上肯定和扩展了人民主权论的合理思想，强调正义、平等和自由、幸福，其基本宗旨是人民当家做主，一切权利属于人民。社会发展到今天，神授王权论已沦为历史陈迹，人民主权论及其包含的正义、平等、自由构成当代世界的主流意识，它无疑应当是指导后发民族经济体进行制度创新的基本政治理念。人民主权论作为一种原则，它规定了制度创新的方向和目标。后发民族经济体要进行制度创新，必须坚持理想与现实的统一、目标与过程的统一，即在现实条件的基础上，以解决人民生产生活问题为底蕴，来组织社会经济、政治、文化活动。

（2）现实情境。现实情境是制度创新所处的现实环境的总称，即制度创新赖以进行的舞台。它是制度创新的基本条件，是对后发民族经济体制度创新影响最大、最基本的因素。现实情境主要包括客观因素和主观因素。

现实情境中的客观因素主要有：一是人口因素，即人口结构、人口的数量和质量。它是社会发展的负重因素，人口少，制度创新的负面影响相对要小；人口多，制度创新的负面影响相对要大，前者使制度创新的周旋余地较大，后者使制度创新不得不慎之又慎。二是生产力状态和经济结构。生产力是社会发展的最终决定力量，经济发展的客观要求决定人们是否进行变革以及如何进行变革。任何制度创新都不能脱离生产力和经济结构的现状。三是人们的社会关系。制度创新是对现实关系的调整，它通过改变以生产关系为核心的社会关系达到促进生产力提高的目的。四是现行体制或制度。体制或制度一经形成，就对社会生活和经济运行起着实际调整作用，没有足够的力量很难加以改变。特别是由宪法所界定的政治制度，对制度创新更具有约束性。

现实情境中的主观因素主要有：一是民意，即人们的愿望或偏好，常常反映社会发展的趋势，体现或蕴涵一个事物、一种行为的合理性。因而制度创新如符合民意，推行起来阻力就小，易于成功；反之则会失败或事倍功半。二是文化素质。人们的文化素质水平高，就会认识到现行制度的缺点及新制度的优点，进而推动制度创新；反之则不想改变旧制度，也不会接受新制度。制度创新的难易程度与人们文化素质水平的高低正相关。三是心理承受力。人们理性认可的事情一旦真的发生，人们的心理有时会难以接受，从而导致与其理性认知相背离。因此，制度创新在得到人们认可的同时，还要考虑人们的心理承受力。四是习惯。习俗和惯例有的可升华为制度，有的则阻碍制度创新。后发民族经济体进行制度创新，要特别重视习惯因素的影响。五是思维方式。不同个体的思维方式不同。对同一件事，用不同的思维方式去观察、分析、理解、把握，会产生不同的看法。新制度的推行，往往会遇到新思维与传统思维的冲突融合问题。

因此，思维方式是制度创新的又一约束条件。现实情境中的客观因素和主观因素，其实都是以往活动的结果，与过去有着千丝万缕的联系。历史不限过去，历史就在今天。制度创新的过程，就是人们在现实情境中的选择过程。人们顺应社会发展的规律，适应或满足社会变化进步的需要，选择放弃在其中生活了很长一段时间的旧制度，补充、完善、建立新的制度，从而推动了制度创新。

（3）文化传统。文化传统作为世代相传、具有特点的社会因素，不但是一种价值观念、思维方式，制约着人们的思维内容和方式，而且是一种生活习惯、行为模式，制约着人们的行动内容和方法。在一定社会生活中的人们，由于受传统文化的长期熏陶和惯性作用，对新生事物特别是与文化传统不相符的事物都会有天然的排斥，甚至反对。因而文化传统是制度创新的根本性制约因素。

社会发展到今天，现代性已经成为最普遍、最显著的特征。现代性的观念源于西方，从西方传统文化中孕育产生。西方在现代化过程中，既不存在本土与外来两种文化形态的对立和冲突，也不存在与自身文化传统的全然断裂。尽管由于权利的转移或利益的再分配而使现代化的过程中充满了对立和冲突。但后发民族经济体的现代化则更多的是向西方学习来的，是由外部嫁接的。这种外源的现代化，不仅要面对利益的对立和冲突，而且还要面对外来精神与本土传统两种文化的对立和冲突，特别是要面对自身传统文化的抵制。因此，后发民族经济体的现代化就显得更加艰难。

后发民族经济体在实现现代化的过程中，由于利益的冲突和传统与现代的冲突，常常发生动荡。传统与现代的冲突又往往加剧了利益冲突，给利益冲突火上浇油，从而延缓现代化进程。因此，保持稳定，避免动荡，使现代性与传统文化相结合，应是后发民族经济体现代化的必由之路。

概括起来，政治理念、现实情境、历史及文化传统共同构成制度创新的制约因素。它们可能有利于制度创新，也可能不利于制度创新，总之是制度创新不可忽视的约束条件，是制度创新的现实基础。

制度创新是一个过程。后发民族经济体在制度创新过程中，必须注意与传统协调，满足现实需要，且又符合长远利益和目标，同时还要注意所处的文化背景和内外环境。这正如卢梭所说：一切良好的制度“在各个国度都应该按照当地的形势以及居民的性格这两者所产生的种种对比关系而加以修改；应该正是根据这种种对比关系来给每个民族都确定一种特殊的制度体系，这种制度体系尽管其本身或许并不是最好的，然而对于推行它的国家来说则应该是最好的”。这告诉我们，后发民族经济体的制度创新必须结合自身特点，根据自己的情况审时度势，走自己的道路。

3. 制度创新的形式

社会发展是人的活动过程，制度创新是人的活动的对象化形式之一，它包括

自觉和自发两种基本形式。自觉是指人的行为融入一个过程而对该过程及其结果能够意识和把握。自发是指人的行为融入一个过程而对该过程及其结果并不知晓，无从控制。即人的行为从开始到结果是一个完整过程，对这一完整过程的知与不知、控制与被控制是自觉与自发相互区别的基本点。

自觉、自发作为制度创新的形式，具有两方面的共同性：其一，自觉、自发两种活动形式都主张建立一种人的行为可以达到效用最大化的制度，即两种形式都具有方向性，基本方向（目标）相同。其二，制度特有的功能使人的行为可以预期，因此，无论是自觉建立的制度还是自发建立的制度，都与必然性相联系。

自觉与自发作为一个完整过程上的两个点，互相又是紧密联系、不可分割的。一是个体行为常常是自觉的，整体行为常常是自发的，无数个体的活动会聚在一起，产生整体活动的自发性。自觉性蕴涵自发性，自发性通过自觉性为自己开辟道路。二是自觉以自发的存在为前提，是对自发存在的自觉；自觉一旦形成，便有超越自发的可能，人们可以凭依自觉的成果，构想和从事自己的活动。三是经过实践的发展，个体自觉在某一点或几点上有可能上升为整体自觉。四是自觉中蕴涵着自发，自发中蕴涵着自觉，自觉、自发总是纠缠在一起的，无法分离。

自觉与自发作为制度创新的两种形式，有着不同的内涵。自发是原生态的制度创新形式，在人们对事物整体尚未认知之时，它充当着社会自然演进机制的角色。自觉是次生态的制度创新形式，在人们对事物的认识达到一定程度后，充当着社会创新性发展机制的角色。

实际上，制度创新既是自觉的，也是自发的，二者缺一不可。自由自觉是人的本质特征，人不能也无法摆脱自觉的追求，离开自觉，人的许多理想、目标就无法实现。人们虽然不可能对一切自觉，但却可能不断扩大自觉的范围，提升自觉的程度，使自发性不断转化为自觉性。社会生活不可或缺的规则在不断试错的过程中产生，不断试错的过程正是人自由自觉活动的过程，即人在意识、目的、计划指导下建构、完善、发展制度的过程。正如恩格斯所说："历史是这样创造的：最终的结果总是从许多单个的意志的相互冲突中产生出来的，而其中每一个意志，又是由于许多特殊的生活条件，才成为它所成为的那样。这样就有无数互相交错的力量，有无数个力的平行四边形，由此就产生出一个合力，即历史结果，而这个结果又可以看做一个作为整体的、不自觉地和不自主地起着作用的力量的产物。因为任何一个人的愿望都会受到任何另一个人的妨碍，而最后出现的结果就是谁都没有希望过的事物。所以到目前为止的历史总是像一种自然过程演变，而且实质上也是服从于同一运动规律的。”后发民族经济体在制度创新过程中，既要承认自发性的存在，并把它当做自觉的对象，从中吸取有益的东西，又要借鉴自发过程的自觉反思和认识，更好地调节控制自身的创新行为，从而用较短的时间，较小的代价，建构起合理的制度，换取较快的发展，缩小与发达民族经济体的差距。

三、民族经济快速发展的经济体制选择

任何经济增长过程都是在具体的经济体制下进行的，都必须借助于一定的经济体制的作用才能实现。因而后发民族经济体要获得经济的快速发展，就必须从自身的实际情况出发，选择相应的经济体制，并随着经济的发展而改革不适宜的内容，以便减少经济发展的阻力，加速发展的目标。

1. 经济体制与制度的关系

经济体制是在特定地理区域内进行决策并执行有关生产、收入和消费决策的一组机制和制度。作为经济增长过程的社会形式，它反映并由社会基本经济制度所决定，在社会生产和生活中更直接、更灵活地反映社会经济主体和社会经济过程的要求。

经济体制是以社会的所有制关系为基础，以国民经济运行机制为主要特征，包括社会经济决策机制、执行机制、动力机制等的社会经济运行的综合经济结构体系。它有三个方面的具体内容：一是从经济增长过程的不同环节来看，主要有企业生产和经营体制、价格体制、商品流通体制、外贸体制及金融、财税、收入分配体制等；二是从国民经济运行的调控来看，主要有国民经济的运行机制；三是从生产关系的构成来看，主要有生产关系的结构和资产的经营管理体制等。

经济体制作为基本经济制度的具体存在形式和运动状态，其本质是一种社会生产关系。在现实社会经济生活中，基本经济制度决定经济体制，经济体制是经济制度的体现并为经济制度服务；经济体制作为人们在生产中的社会结合方式具有相对的独立性，它不直接反映经济制度的社会性质。在国民经济运行中，经济体制的建立和发展主要决定于生产力的技术工艺性质和人们组织管理经营、技术的积累，而不决定于统治集团的更替和社会变革的性质，在生产力发展的一定阶

段具有历史的连续性。经济体制的核心是人的政治经济地位以及由这种地位决定的经济的、政治的利益，属于利益性的范畴，因而具有强烈的阶级性和政治性；经济体制是以人们在社会生产和社会活动中发展的技术上、组织上的各种关系为核心而形成的技术组织管理结构，属于功能性的范畴，本身不直接具有阶级性和政治性。经济体制的这种相对独立性，使实行不同社会经济制度的民族经济体在一定经济发展阶段可以选择相似乃至相同的社会经济体制，使实行同一社会经济制度的不同民族经济体在一定经济发展阶段或不同经济发展阶段，可以选择不同的社会经济体制，从而形成了当今世界性的社会基本经济制度与多样化经济体制的现象。如目前西方各国的基本经济制度都是资本主义私有制，但具体经济体制却不尽相同，如美国是自由竞争的市场经济体制，法国是有计划调节的市场经济体制，瑞典是福利市场经济体制等。现代社会主义国家（如中国），基本经济制度是社会主义公有制，但经济体制也选择了市场经济。正如邓小平所说："计划多一点还是市场多一点，不是社会主义与资本主义的本质区别。计划经济不等于社会主义，资本主义也有计划。市场经济不等于资本主义，社会主义也有市场。计划和市场都是经济手段。"

经济体制的独立性是相对的，一定的经济体制总是要反映一定的基本经济制度，接受其指导并为其服务。

2. 经济体制选择的主要因素

经济体制作为基本经济制度的具体存在形式和运动状态，其目的是为了保证和促进社会经济的增长。后发民族经济体只有选择与经济增长过程相适应的经济体制，才能有效实现资源配置，通过主体的努力把各种生产要素并入生产过程，从而形成经济增长的最大推动力量，实现经济的跨越式发展。影响经济体选择的主要因素有：

（1）社会生产力发展的规模和水平及其进一步发展的要求是后发民族经济体选择经济体制的基本决定因素和最终决定力量。生产力决定生产关系是马克思主义历史唯物论的基本原理之一。社会生产力发展的规模和水平，反映了其在一定发展阶段的社会分工和经济发展的水平，从物质技术基础上决定了一定社会生产关系的具体存在和运动的形式。如在社会生产力规模较小、水平较低，从而国民经济结构及其运行方式比较简单的情况下，为了高度集中和配置经济资源，促进经济的快速增长，可以选择高度集中的经济体制。苏联的这种体制能保证在较短时间内迅速建立起完整的工业体系和国民经济基础，促进社会经济的迅速增长。但随着社会生产规模的扩大、水平的提高，国民经济结构越来越复杂，这种以高度集中的行政管理为基本特征的计划经济体制就逐步由适应转变为不适应。只有适应社会生产力发展的要求，从本民族自身实际情况出发，选择能促进生产力发展的经济体制，改革过时的经济体制，才能实现经济的快速发展。

（2）后发民族经济体的规模和发展状况对经济体制的选择、建立和实行过程有着重要影响。在一般情况下，如果民族经济体规模小、人口少，信息网络的建立和完善比较容易，信息的传输和反馈比较便捷，往往选择和实行自由度比较大的市场经济体制，较大限度地发挥市场机制的作用。相反，如果民族经济体的地域广大、人口众多，在选择和建立经济体制时，往往需要考虑较多地运用直接或间接的调控手段，有效地加强国民经济的宏观管理，从而保证经济的持续协调发展。

（3）经济发展战略和对外竞争战略是影响后发民族经济体选择和实行经济体制的又一重要因素。经济体制作为社会经济增长的实现形式，是为一定时期的经济、社会发展战略服务的。因此，民族经济体在一定时期的发展中所面临的国际国内环境，以及受这种环境影响确定的经济发展战略，必然要对经济体制的选择产生巨大的影响，有的甚至是决定性影响。如苏联和新中国以及其他社会主义国家，都是在贫穷落后的基础上建立起来的，在国内面临着迅速实现工业化、奠定社会主义物质基础的任务，在国际面临着西方资本主义的经济封锁和帝国主义侵略的威胁。为了生存和发展，这些社会主义国家都无一例外地推行了优先发展重工业和以外延扩大再生产为主的经济发展战略。历史已经证明，这种经济体制使当时的各国都取得了经济高速增长的成就，在一段时期内显示出其有效的衍生理性。总之，后发民族经济体在经济增长和发展中选择和实行什么经济体制，主要取决于社会生产力发展的规模和水平、地域的大小和人口的多少、所面临的国际国内环境和据此制定的国内经济发展及对外发展战略等一系列历史条件，其中生产力水平是决定性因素。

3. 经济体制改革的内容

任何民族经济体的发展都不是孤立的，特别是现代市场经济的发展，使商品、劳务、资本和劳动力的流动日趋国际化，竞争和交换的广度和深度不断扩大。这一方面为后发民族经济体获得先进科学技术、实现经济跨越发展创造了条件；另一方面又使后发民族经济体处在不平等竞争和国际经济不稳定的风险之

中。因此，适应经济全球化和区域一体化趋势，改革旧的经济体制，就成为后发民族经济体迎接挑战、推动经济快速发展的必然选择。

后发民族经济体的经济体制改革主要包括五个方面的内容：

(1) 土地制度改革。农民占人口的绝大多数是后发民族经济体的主要社会特征。农民问题从根本上讲是土地问题。土地制度是否合理是解决农业、农村、农民问题的关键。后发民族经济体要实现加快发展，必须首先对包括土地的登记、使用、转让、出卖、纳税等一系列的农村土地制度进行改革，解放农村的生产力，发展现代农业，实现农村的快速发展。

(2) 财产制度改革。高度集中的经济体制在财产制度上基本都是公共（或国家）所有制占主导地位，由于这种财产制度在决策规则、激励体系、收益分配等方面容易窒息企业的经济活力，阻滞经济增长，不利于实现发展目标，因而要以明晰产权关系为重点，改革旧的财产制度，建立现代财产制度。改革的主要内容是发展私营、合伙、外资等民营经济，放宽私人投资领域，采取优惠政策鼓励和扶持私人投资、企业投资、外国投资，使各种经济成分竞相发展。

(3) 政府职能改革。为适应现代市场经济的发展，后发民族经济体必须重新评价政府和市场各自的作用，减少干预，强化市场、价格对经济的调节作用。政府职能的重点应放在制定和监督执行政策、法令上，保障经济活动的顺利进行；加强基础设施建设，为经济发展提供良好条件；提高教育、医疗、卫生、体育等社会精神文化生活水平，为经济建设提供动力支持；社会安定，做好协调服务，为经济建设提供良好的环境。

(4) 分配和福利制度改革。要改变政府完全包揽的福利制度和平均主义的分配制度，和劳动、储蓄、投资等紧密挂钩，将福利缩小在政府能够承担的限度之内，以不发生财政赤字和通货膨胀为宜。

(5) 经济监督机制改革。要保证市场经济的健康发展，还应当对包括财政监督、税务监督、银行监督、工商行政管理监督、审计监督、法律监督在内的经济监督机制进行配套改革，以促进后发民族经济体的民主法制建设，避免腐败和权力经济。

总之，后发民族经济体进行体制改革的目的是为了使经济体制结构具有积累、效率、公平、资源合理配置和有效利用、消费结构合理化等功能，以实现经济衍生性发展的目标。

第八章　衍生性发展的内在推动力

民族文化与民族经济是密切相关的一对概念。从广义的民族文化来说，民族经济只是民族文化的一部分内容，因此，任何民族经济体的生存与发展都是在一定的文化环境下进行的，民族经济只是民族文化的一种表现形式。后发民族经济体的衍生性发展，必然离不开民族文化的内在推动。

第一节　民族文化在经济发展中的作用

研究民族文化在经济发展中的作用，首先应搞清楚文化及民族文化的概念及特征，然后再来探讨民族文化与经济发展的关系。

一、民族文化的概念

文化，是一个颇具争议的概念。在中国，“文”与“化”两字最早并列使用是在战国秦汉之际，如战国末期《易逢滴苑象传》中有这样的表述：“观乎天文，以察时变。观乎人文，以化成天下。”这里的“人文”与“以化成天下”紧密联系，“以文教化”的思想十分明显。西汉以后，“文化”以整合词形式出现，如西汉刘向的《说苑·指武》称：“凡武之兴，为不服也，文化不政，然后加诛。”将“人文化成”转为“教化”之义，作为与“武功”相对的一种统治方法。在西方，“文化”一词最早来源于拉丁文“Cultuar”，意指耕作、培养、教育、发展出来的事物，是与自然存在的事物相对而言的。到了18世纪，在法国启蒙运动思想家的著作里，把文化与人的教养联系起来。在德国古典哲学家的著作中，文化被视为处于人们社会规范之外的绝对精神领域。从历史上看，中西方对文化的理解并没有本质区别，都是培养和发展，都是人与自然、人与社会的关系，是人的存在方式。“文化”一词真正的本质含义，是19世纪中叶以来随着民族学、人类学的产生而赋予的。人类学最早具有经典意义的文化定义，是被誉为英国人类学之父的爱德华·伯纳特·泰勒在1871年出版的《原始文化》一书中提出的，泰勒认为，“文化或文明，就其广泛的民族学意义来讲，是一复合整体，包括知识、信仰、艺术、道德、法律、习俗以及作为一个社会的成员的人所习得的其他一切能力和习惯。”泰勒的文化定义是学术界第一次给文化的一个整体性概念，其影响重大而深远，为后人表述文化现象、界定文化概念勾画出一个基本的范围和轮廓。此后，人类学、民族学各种流派的代表人物都给文化下过定义，并对文化的内涵和外延做出了不同界定。历史学、考古学、语言学、社会学、哲学、心理学、宗教学、政治学等学科在涉及文化研究时也都各持己见，提出了各式各样的文化定义。据统计，到20世纪70年代，世界文献中的文化定义已达250多种，非常有趣的是，这些随后出现的众多定义，并没有掩盖泰勒给出的定义的智慧之光，明显的变化只是在泰勒的定义中补入了物质文化的内容，使文化成了“包括实物、知识、信仰、艺术、道德、法律、习俗以及任何其他能力和习惯”。

目前，中国学术界普遍认为，文化有广义和狭义之分，“广义指人类社会历史实践过程中所创造的物质财富和精神财富的总和。狭义指社会的意识形态，以及与之相适应的制度和组织机构。”文化与民族，是两个不同的概念，但却是两个密切联系的概念。因为，一个民族之所以成为民族，最根本的莫过于形成自己特有的文化，包括形成相对稳定的物质生产方式、生活方式、行为规范、社会组织、生活习惯、语言和思维方式以及价值观念等。这些相对稳定且具有特色的文化，毫无例外地都会体现在民族共同体每个成员的实际生活中，体现在他们的思维方式和行为方式上，体现在他们所创造的物质产品和精神产品上，塑造了各有区别的民族。同时，这些具有特点的文化，还会以各种方式在这个民族中流传下去，世代相继地产生影响，从而形成本民族的文化传统。文化特点和文化传统，既是一个民族群体的凝聚力量，也是一个民族与其他民族相区别的最重要标志。可以说，在当今世界，文化都是民族的，民族是文化的载体，文化都具有民族性，民族性是当代文化的一个显著特征。正如人类学家怀特所说：“人们的行为差异取决于文化而不取决于人的生物因素。因此，在考虑各民族的行为差异时，我们可把生物学因素看成是一个常数而不予考虑。这样我们可以重复关于人的行

为差异的公式：C-B，文化产生或决定行为，个人行为取决于他所处的文化环境。或 B=F（C）：行为是文化的函数。各民族的行为差异是各文化差异的函数。”民族是历史的产物，它会不断发展、演变，因而文化的民族特征也会随之演变。同时，文化的民族特征又具有相对的稳定性，特别是凝聚民族群体的伦理道德、思维方式、价值观念而形成的民族文化精神，作为民族群体文化的根本特征，作为民族文化的基本传统，是不会轻易改变的。

民族文化的概念有很多表述方式，在中国民族理论界比较经典的民族文化定义是：“各民族在其历史发展过程中创造和发展起来的并具有民族特点的文化。包括物质文化和精神文化。饮食、服饰、住宅、生产工具属于物质文化的内容；语言、文字、科学、艺术、哲学、宗教、风俗、节庆和传统等属于精神文化的内容。”英国人类学家马林诺斯基认为，民族文化“是一个有机整体，包括工具和消费品、各种社会群体的制度宪纲，人们的观念和技艺、信仰和习俗”。本书倾向于民族文化由三部分构成，即物质文化、精神文化和制度文化。物质文化指人类创造的物质财富及其创造方式，它包括劳动工具和人类为满足衣、食、住、行等多种需要而创造出来的一切物质产品，是适应民族共同体生存与发展需要的物质财富。精神文化包括我们的文化心理以及诸如政治、思想、法律、道德、伦理、哲学、艺术、宗教等意识形态的各方面，反映民族共同体的价值取向、思想观念、道德意识等民族精神的文化特质。制度文化包括社会的经济、政治、法律体制及其运作方式，也包括婚姻、宗教等各种制度，是维护民族共同体秩序和组织结构的规制形态。

民族文化的三个部分并非截然分离，而是在相互交渗中构成一个整体的文化存在。这种文化存在与自然界相交形成一个边界，支配人类行为的自然强制力与旨在克服或减缓这种强制力的文化实践活动，在边界两侧相互作用。这些自然强制力经物质文化系统传递到制度文化系统和精神文化系统，通过它们的联结，实现着人类活动及其与生物圈的平衡，并在这种平衡被人类文化的创造活动打破后，不断造就出新的文化手段实现新的平衡。同时，这种文化存在也形成了不同人类群体之间的社会边界，展示了人类发展的民族特点及其局限性，并成为民族经济发展与变革的指示器。在民族文化三个部分的互动中，制度文化既是物质文化的精神化，又是精神文化的物质化。一方面，它把人们相互之间及其与自然界之间的现实的物质关系，升华为一种权力意志的精神表现；另一方面，它又把精神解释的某些意识观念，具体化为社会行为和组织框架的实践。这样，制度文化成了物质文化系统和精神文化系统连接的桥梁，成了二者互动关系的传承物。正是凭借这种文化存在的内聚力，人类维护了整体认同的连续过程，而形成社会历史的发展。

在当今世界，以民族为单位的文化发展，是整个人类文化发展最广泛的形式。由于民族众多，所以民族文化也呈现出多样性的特征。德国历史哲学家奥斯瓦尔德·斯宾格勒把世界文化区分为八种，英国的著名历史学家和历史哲学家汤因比则把世界文化区分为20多种。2001年10月2日，在联合国教科文组织第31届大会上，通过了《联合国教科文组织文化多样性宣言》，明确提出文化多样性对人类来讲就像生物多样性对维持生物平衡那样必不可少，文化多样性是人类共同的遗产，应当从当代人和子孙后代的利益考虑予以承认和肯定。民族文化的多样性，构成了世界多样性的主要表现形式，反映着世界多姿多彩的发展。然而，民族文化的多样性，并不等于多样的民族文化都具有先进性。任何一个民族，只有使自己的文化符合时代发展的需要，代表经济社会发展的方向，才能保持自己民族的文化形态在世界文化发展中的地位，才能争取获得更加优越的发展机会，拓展更加广阔的发展空间，因此，追求民族文化的先进性，实现民族传统文化的现代化，成为世界各民族文化发展的共同目标。民族文化的现代化，是一个历史过程。起初阶段是现代外来文化依附于民族传统文化；发展阶段是现代文化与民族传统文化分庭抗礼阶段；最后阶段是现代文化与民族传统文化整合。一般情况下，文化现代化的历史过程要比政治现代化、经济现代化、生活与生产方式现代化长得多。以中国为例，在18世纪，中国文化属于封闭的农业文化、宗教文化、礼仪文化，而当时发达民族的文化属于工商文化、科技文化、政治民主文化、法制文化。中华民族在与发达民族交往中，对当时的现代文化有了认同，于是在19世纪，中国想利用外来文化，发起了“洋务运动”和“戊戌变法”，现代文化在当时的中国留学生、工商人士和知识分子中间得到认同，并进入国家意识形态。世纪之交的“义和团运动”其实质是民族传统文化与外来文化的冲突和斗争。20世纪初的“五四”新文化时期，现代文化在国家意识中得到合法性。民族传统文化与现代文化整整斗争了一个半世纪，才使优秀的传统文化与先进的现代文化走在一起，形成民族文化的现代化。

民族传统文化与现代化是系统辩证的统一。文化是历史的沉积。经济文化都

有传统，人们都生长在一定的历史文化中，接受既有民族文化的传统，都不能超越民族传统文化。民族传统文化是某一民族由其历史延缓积淀下来的具有一定特色的文化现象、思维方式、伦理道德、情感方式、心理特征、语言文字和风俗习惯的总和。民族的传统文化总是不以人的主观臆断为转移，而在其民族生活和生产中进行延缓。在一定历史条件下，民族个体是无法与民族传统文化进行决断的，明智的态度只能是善待和调适。民族传统文化和现代文化是一个相互依存、相互发展和系统整合的关系，今天的现代文化就是明天的民族传统文化。今天的民族传统文化与外来的和现代的文化相结合，并成为民族主体的共同认识和行为准则，就是民族文化的现代化。

民族传统文化是民族构成的基本要素，是民族精神的核心表征，它具有调适人们内心世界的若干不适应、缓解因社会外界引发社会震荡造成的心灵冲击的作用。民族传统文化是民族整体的象征符号，是民族全体心理认同的归宿，是民族个体价值意义在第一语言环境中建构起来，并在民族群体的实践中得到肯定与认同。传统是民族生存和发展的家园，是创新的源泉，它为民族的文化提供灵感、题材、素材和思想底蕴。传统和传统文化孕育着特色和个性，孕育着民族本质的真善美，是民族生产、生活和文化的原动力。民族传统文化既可以成为创新与发展的发祥地，也可以成为故步自封和失败的替罪羔羊，它起着遮掩和延缓社会矛盾的作用。民族文化面对现代化冲击时，它的土壤、培基、母本作用就呈现得更为重要。传统与现代在民族实践中进行整合，传统不再是原来的传统，而是接受了现代的洗礼；现代也不再是简单的现代，而是饱含了传统的真善美并更具生命力。不论是传统还是现代，都不能以霸主身份拒绝和排斥对方，只有在交流中，在相互影响中，在互相杂交、嫁接、移植中进行整合，才能使民族传统文化和现代文化在追求先进文化的过程中得以统一和发展。

二、民族文化与经济发展的关系

研究民族文化与经济发展的关系，主要是从狭义角度，即从民族价值取向、思想观念、道德意识等民族精神文化角度，探讨其与经济发展的相互关系。

我们知道，任何一个民族的文化，都是在一定的地域环境中形成的，它反映了一个民族在特定历史条件下的社会生产力发展水平。不同民族对特定环境的适应方式和在改造自然环境过程中产生的本民族的文化特质，其本身也是民族经济活动的结果。因此，在现代经济社会中，经济因素是自变因素，是社会发展的原动力，而且，随着经济全球化的不断推进，经济发展对民族文化发展的作用更加突出。一是民族文化发展要以经济发展为载体和媒介。经济全球化的时代背景，决定了民族文化的冲突与融合都要通过经济发展的形式得以充分展现。经济发展的迅速扩张，为民族文化在更大范围、更深层次的相互交流和相互竞争提供了实现的可能性和必要性。从这个意义上说，经济发展为民族文化发展提供了上演形形色色角色的舞台，成为民族文化发展进步的“背景”，是民族文化发展的根本基础。二是经济发展和文化发展的不同趋势，决定了民族文化整合发展的复杂性和多样性。经济发展的客观要求，是实现世界范围内的统一性，在世界范围内实现自由的流通和交流，在这种“自由”中实现人类社会的经济发展。但是，这种发展的结果，不仅不能消除不同地域、不同民族间的文化差别，反而唤醒了各种民族文化形式的自我意识，争取自己生存与发展的权利成为各种民族文化形式共同的奋斗目标。这样，全球化时代的经济发展又为民族文化发展提出了新的问题，设置了新的“关口”。如何在经济全球化和区域一体化的背景之下，实现民族文化的多样化发展，成为人类文化发展必须面对的现实问题。三是经济发展与民族文化发展之间的冲突关系将长期存在。从人类社会发展的长期趋势看民族文化整合发展过程是漫长而又复杂的，这就决定了在民族文化整合发展过程中，必须重视和利用经济发展的基础作用，强调经济发展对民族文化整合发展的突出重要性。同时，必须保持民族文化发展的相对独立性，实现民族性与全球性的相互促进、民族文化与经济发展的衍生共生。

在现代经济社会中，民族文化因素是它变因素，它提供一种价值观直接影响民族的意识，其社会功能主要是为经济生活和政治生活提供某种约定俗成的行为规范。“生存环境的多样性和经济生活的多样性，造就了民族文化的个性特质，而现实的物质生产活动中产生的特定的民族意识，又成为影响该民族生存与发展的基本要素。由民族文化特征所赋予的价值观念、道德意识、选择方式等，成为民族特定的文化价值标准，对民族经济生活起到重要的影响。”联合国教科文组织非常强调文化在社会经济发展中的地位，“实现发展的动力实际存在于文化之中，存在于个人与集体的需要和愿望之中；对发展战略及其实施方式的选择本身，作为这些选择的价值体系和由此产生的生产和消费方式，从本质上讲，完全属于文化的范畴。因此可以说，在文化与发展之间存在着一种对应性：文化是发展的摇

篮。”拉兹洛形象地指出，“一个国家创造现代工业、发展高技术并形成一个消费社会，另一个国家则追求赶上来并实现‘现代化’，而第三个却予以抵制并寻找另一种方法来发展，这三条道路是由社会群体的文化特征和爱好所选择的。”从实践角度看，日本、东南亚和中国经济的迅速崛起，深刻地揭示了民族文化与经济发展的关系。20世纪80年代初，日本的汽车产量首次超过了美国，其彩电、冰箱、收录机等家用电器以及照相机等产品也横扫全球，在半导体等高科技领域，日本也在国际市场上与美国、欧洲展开了激烈的竞争。日本企业的成功及其在全球的迅速扩张，引起了世界各国的广泛关注，而造就日本企业成功的民族精神、企业文化、教育体系、管理体制、消费方式等也成为各国专家学者研究的热点。随着韩国、新加坡、中国台湾等亚洲国家和地区的崛起，特别是中国自20世纪80年代以来经济的持续高速增长，学术界对日课题化的关注又扩展到对创造亚洲经济“奇迹”的东亚儒家文化的关注。1979年，经济学家卡恩在其《世界经济发展》一书中，首先以儒家伦理来解释东亚经济奇迹之谜。他认为，东亚人民之所以特别善于组织，能够获得经济上的成功，主要是因为他们拥有一些源自儒家的共同文化，如家庭内的社会化过程特别强调自制、教育、学习技艺以及以严肃的态度对待工作、家庭及义务；协助个人所认同的群体；重视阶层并视之为理所当然；重视人际关系的互补性（最后两点相结合，能增加个人在机构中知觉到的公平性）。

中国台湾学者箫新煌也做过有益的分析：“东亚成功经历中的一个最激动人心却又研究得最少的领域，是对其在某些方面不同于传统亚洲的资本主义发展过程的各种文化因素的恰当鉴别。”他认为，“如果完全否认由这个地区人民的集体努力所达到的宏观经济活力与其共同特有的文化因素的关系，便是不可理解的。”许多人类学家对海外华人的调查研究说明，华人的家族观念、宗亲会、同乡会等纽带是他们成功的主要原因。有的学者认为，在1980年前后兴起的思想解放运动中恢复起来的传统文化，无疑对中国经济的高速发展起到了积极的作用，乡镇企业的经济奇迹更明显得益于传统文化，如对贤人的依赖、对区缘和地缘等传统关系的利用等。

学者们普遍认为，东亚儒家文化中的劳动伦理、节俭、勤奋、对教育成就的尊敬、在社会关系中避免公开冲突、对统治集团和权威的忠诚、强调秩序及和谐等，对工人、农民、企业家、公务人员甚至决策者所采取的能动性经济行为，都具有重要的意义。随着1997年东南亚金融危机的爆发，东亚文化对经济的促进作用受到人们的质疑，但不少学者仍坚持认为东亚经济发展的原动力是精神资本。韩国学者林阳泽在其新著《21世纪亚洲经济的展望与挑战》中指出，最能说明东亚经济发展的主张是：东亚特有的文化特征是促进东亚经济发展的根本，而且可以说，东亚特有的文化特征是儒家文化。对于亚洲人来说，与其说儒家是一种宗教，不如说是一种伦理。

儒家思想一方面逃避劳动，鄙视商业；另一方面又重视教育，看重现实，兼有融通性、社会服从、大一统、协同与调和等特征。所有这些特征都对短时期内促进东亚经济发展起到了积极的影响。

我们在讨论民族文化对经济发展的作用时，应当注意到其局限性。民族文化并不直接地、更不单独地对经济发挥作用，它在这方面的作用始终限定在一定经济、政治条件和国际环境中。

因此，简单地说民族文化在非常广泛的意义上应当同经济发展有某种关系是没有多大意义的。民族文化因素不应解释为民族日常生活中的个体行为，也不要渴望在这些民族文化因素中找到经济发展的终极“原因”，我们可以找到的只是发展的“契机”。

第二节　民族价值观与经济发展

民族价值观是民族文化的重要组成部分，有的学者认为，民族文化就是民族价值观。美国人类学家克罗勃和克拉克洪认为，“文化存在于各种内隐和外显的模式之中，借助符号的运用得以学习和传播，并构成人类群体的特殊成就，这些成就包括他们制造的物品的各种具体样式，文化的基本要素是传统（通过历史衍生和选择得到）思想观念和价值，其中尤以价值观最为重要。”许多社会学家和人类学家把“文字”定义为由一个社会或一些人共同承认的价值观和意义体系，包括使这些价值观和意义具体化的物质实体。因此，我们认真研究民族价值观的特点及发展变化规律，对理解民族文化在经济发展中的作用具有重要意义。

一、民族价值观的含义

在人类社会发展过程中，由于物质和精神的需要，使人类的实践活动成为一种价值活动。

通过反复进行的价值活动，人们必然形成各种关于事物的利害、好坏、善恶、祸福、美丑等观念，这就是所谓的价值观念。将这些价值观念中比较稳定、比较深层次的东西进行系统化，形成相对稳定的价值选择的结构体系和具有世界观、方法论意义的价值评价标准与价值评价思想的综合观念形态，则称为价值观。这种价值观并不是单个人的特殊的价值观，而是在社会实践过程中起主导作用的，为全民族所普遍认同的价值观，即民族价值观。只有形成民族价值观，才能在社会实践中对民族共同体成员树立价值理想、进行价值判断和价值选择产生影响，才能为民族共同体成员提供理想和行为规范，并提供进行价值判断的普遍尺度。

历史唯物主义认为，经济基础决定上层建筑，存在决定意识。民族价值观作为民族价值观念的总和，虽然具有一定的相对独立性，但它毕竟属于社会意识和观念上层建筑，是被一定的经济基础以及在一定经济基础上建立的政治制度所决定的东西，只能在一段时期内超前或落后于经济基础，而不可能长久维持。一旦社会经济基础发生变革，民族价值观或迟或早总要发生变化，旧的社会价值观总要被淘汰、被抛弃，并为新的价值观所取代，在全社会实现一场民族价值观的革命。这也从另一个角度提醒我们，否定一种旧的价值观、提倡或树立一种新的价值观，都不能离开一定的经济基础进行“超越”，而必须与民族经济增长的要求和经济基础的变更相适应。在民族价值观变革的过程中，固然不能割断历史传统，不能不受一个民族所处的地理位置、长期形成的心理特征、社会政治、文化氛围等影响，但起决定作用的、决定取舍的最高标准，则是生产力发展、经济持续稳定增长和社会进步的客观要求。后发民族经济体在实施衍生性发展战略，实现经济现代化和民族现代化过程中，必然要伴随着民族价值观的更新和变革，需要我们用生产力发展、经济增长和社会进步的标准去衡量和更新价值观念，抛弃那些过时的、旧的民族价值观，树立正确的、合理的、全新的民族价值观，促进经济社会的衍生性发展。

二、当代民族价值观的特征

在当代社会经济发展过程中，新的民族价值观作为一个结构体系，包括以下主要特征：

1. 多元性

民族价值观的价值现象从主体角度可划分为个人价值、集体价值和社会价值；从价值世界作为客体现象构成的角度，可划分为物质价值和精神价值。民族价值观更新和变革的总的要求是，在坚持社会价值、集体价值的同时承认个人价值及其基础地位，在坚持精神价值的同时承认物质价值及其第一性的地位，使民族价值观形成包括个人价值、集体价值、社会价值和物质价值、精神价值等内容的多元性的价值结构。

2. 多层次性

在民族经济体中，每一个人实际所处的位置或者地位是不同的，因而在此基础上形成的需要和满足需要的条件也是不同的。这就必然决定，人们从其现有的需求出发，为了满足其需要进行价值选择的目标、方向和标准也是不同的，从而使价值活动在价值结构上反映为高低不同的层次区分。只有理解了价值观的多层次性，才能更准确地理解处于不同生活条件下人们的不同需求。例如，社会学家马修斯的研究表明，在这方面的认识误区，可能会造成平民百姓的发展目标与规划者们的目标大不相同。他曾考察过一个加拿大政府鼓励纽芬兰的一些小渔村居民迁居的案例，政府认为这些小渔村在经济上已没有活力，想让那里的居民迁往较为发达的大地方去，但遭到了大多数村民的反对。当地人感到，他们的社会生活和文化生活原本是充满活力的，经济状况也并不像专家们想象的那样糟，因为他们可以获得许多物质资源，例如可以在自家的园子里种庄稼。村民们反对迁移，并不是不愿意到别处去获取物质利益，而是想“按照自己的理解”去求得发展，获取“一种与他们自己的目标和价值观相一致的发展方式”。马修斯在调查报告中指出，纽芬兰小渔村“多数人强调，生活在岛上比生活在任何地方都节省，因为他们拥有自己的住房，花销很少；另一些人觉得，他们在岛上更能‘自给自足’；有的人还感到在那里比在其他任何地方‘更满足’。毋庸置疑，留下来的人们对社区及其生活方式都有高度评价”。然而，加拿大政府和专家们却忽视了价值观的多层次性，以自己的价值观作出片面的认识，必然导致决策的失误。

3. 阶段性

随着社会生产力发展和社会生产方式在人类进化中由低级向高级阶段的演进，民族的价值观念及价值体系也必然由低级阶段向高级阶段发展。在这个过程中，由于人作为价值主体及其价值心理和思维方式的改变，人们不断深化对自身的认识，不断改造自身，因而导致人们对生命价值追求方式和内涵的变异与创新，并最终导致人们价值观的变革，使民族价值观在不同的历史阶段呈现不同的风貌，在前进中具有特色各异的阶段性。随着后发民族经济体由农业为基础的传统社会逐步发展到现代社会，民族价值观必然要发生质的变革，由旧的传统的价值观转变为新的现代价值观。

三、民族价值观对经济增长的作用

民族经济增长过程从其主体性看，是一个民族为满足自身的需要和为实现自身发展而进行的生产和再生产的过程，因此，在这个意义上实质是一个价值活动过程。在这个过程中，经济发展战略目标的确定、经济秩序的建立、民族发展行为的选择、民族发展与经济发展的关系及调整、民族之间人际关系的建立和协调，都涉及价值判断问题，都离不开一定的民族价值观的指导。因此，将民族经济发展过程作为一个价值活动过程来看，所谓民族价值观可以看做一个民族对经济发展过程进行价值判断的价值评价标准和价值观念的总和。民族价值观对经济发展的作用主要表现在以下几个方面：

1. 认识作用

人类的价值世界是“意义”的世界，只有当世界能满足人的需要时，它对于人来说才有价值，才会在主体中产生刺激，使主体建立起价值目标，进行价值选择。民族价值观作为一种关于价值世界的特殊的世界观和方法论，其认识作用主要在于它能指导一个民族在发展经济中进行价值活动，为民族经济体提供认识经济活动与满足民族需要之间关系的方法，建立价值目标、进行价值选择和价值判断的原则，使民族经济体在充分认识经济发展作为价值活动过程的意义的基础上，做出正确的决策，制定正确的经济发展战略目标，并提出实现其目标的办法和措施。否则，民族经济体在发展过程中对经济发展的各项指标、各种经济关系的建立或改变等，就难以认识其本质并作出肯定或否定的判断。

2. 刺激作用

在民族经济发展过程中，与其相适应的民族价值观往往可以使人们认识自己与经济活动的功利关系，引起满足需要的欲望和冲动，积极推动经济发展。如果在发展过程中，人们认识不到价值活动的意义，不能建立新的价值目标，进行新的价值判断和价值选择，则会产生负面的刺激作用，消极对待甚至阻碍经济发展。后发民族经济体应在推动衍生性发展的同时，积极引导形成与之相适应的新的民族价值观，使其发挥积极的刺激作用，激励各民族以积极的姿态去关心并参与衍生性发展战略实施，努力克服旧的传统价值观的历史惰性，将其负面刺激作用控制在最低限度内。

3. 调节作用

在一定的价值目标、价值判断标准、价值选择原则的指导下，民族经济体在价值活动中的控制和调节活动，是该民族在深刻认识价值活动全过程与其利益关系基础上的一种自觉的能动性、目的性和智慧的表现。在衍生性发展战略实施过程中，民族与自然、民族与社会、民族与民族之间，产业、城乡及人口、资源、环境之间，近期利益与长远利益之间，都有一个利益关系处理问题。以什么样的民族价值观作指导，处理这些关系，对实践将起直接的决定作用。因此，后发民族经济体要调整和更新民族价值观，调整价值目标和价值选择的方向，努力做出正确的价值判断和价值选择，从而调整处理和解决各种矛盾与冲突的思路，协调好各方面的利益关系，促进衍生性发展。

我们在肯定民族价值观对经济发展的作用和影响的同时，也应看到民族价值观作为观念形态还有一定局限性，静态的精神因素只有借助于实践的途径，才能转化为加速社会经济发展的现实力量。因此，后发民族经济体要充分发挥新的民族价值观对经济发展的促进作用，一方面要进行民族价值观的变革和更新，另一方面要鼓励人们将民族价值观转化为价值实践活动，实现价值认识与价值实践过程的统一。

第三节　民族宗教与经济发展

民族宗教是民族文化的一个重要组成部分。民族宗教同其他文化现象一样，是人类社会发展过程中的一种客观现象，是社会生产力发展水平的具体体现，属于社会意识形态。同时，民族宗教对社会生产力发展也有一定的反作用，对经济发展产生积极或消极的影响。

一、民族宗教及其文化特征

宗教在汉语中是个外来词，中国古代典籍中原无“宗教”这个概念。但是，中国古代早就有神道设教的思想。《易经·观》中说，“圣人以神道设教，而天下服矣”；《礼记·祭义》中认为，“合鬼与神，教之至也”；《祭统》谓“崇事宗庙社樱，则子孙顺孝；尽其道，端其义，而教生焉”；《中庸》里称“天命之谓性，率性之谓道，修道之谓教”。现使用的“宗教”一词，是20世纪初从日语中引进到现代汉语中的。日本历史上接受中国文化的影响，在使用汉字“宗教”时不免已蕴涵了中国古代“宗”与“教”两字的含义。现代日语中“宗教”一般指被人们信仰和崇敬超自然、超人间的东西及这样的信仰体系，其来源一是印度佛教，佛教以佛所说为教，以佛弟子所说为宗，宗为教之分派，合称宗教，意谓佛教之教理；二是来自英语中的Religoin，意为重新联结或重新重视。从“宗教”词源我们可以看到人们对宗教认识的历史足迹。恩格斯在《反杜林论》中指出，“一切宗教都不过是支配人们日常生活的外部力量在人们头脑中的幻想的反应，在这种反映中，人间的力量采取了超人间的力量的形式”，这段话深刻地揭示了宗教的本质是人类社会物质生活过程的必然产物。

当今世界的宗教呈现出多元化的局面，大多数人口都信仰不同的宗教。据美国学者亨廷顿估计，2000年全世界宗教信徒约占全部人口的78%，其中，信仰西方基督教的占29. 9%，伊斯兰教占19.2%，印度教占13.7%，佛教占5%，中国民间宗教占2.5%，东正教占2.4%，部落宗教占1.6%。上述宗教还可以分成许多派别，例如，西方基督教可以划分为罗马天主教和新教，佛教可以划分为藏传佛教、大乘佛教和小乘佛教，伊斯兰教可以划分为逊尼派和什叶派等，也可以根据创始人和律条的差异进一步划分为无数分支，这充分表现出人类社会在演变进程中的多样性和不同地域社会与文化发展的特点。

宗教的传播途径可以大致归为两类：一是个体皈依，即个体社会成员因接触某个宗教而对之产生信仰，成为信徒；二是集体皈依，这类情况一般是民族、部落领袖人物成为某个宗教的信徒后，通过其对属民的个人威信或行政权威引导整个群体皈依该宗教。由于宗教教义中往往包含了对世俗政权的态度，所以民族或部落领袖对境内出现的各种宗教也非常关注。如果民族首领不信仰某个宗教，但发现其部分属民通过个体皈依而信仰该宗教，这时民族首领有可能对这一宗教进行迫害，限制其发展，以防止这个宗教集团发展成为新的政治势力而对自己的权威形成挑战。所以，在实际的传播过程中，不同宗教以民族为彼此的大致边界，大的宗教会传播到几个民族，其传播可能会跨越国界甚至会形成以某个宗教为基础的国家集团。历史上宗教的发展与民族的形成之间也存在着密切的关系。波黑共和国的穆斯林族就是不顾血缘、语言等因素，纯粹以宗教信仰来划分并固定下来的。中国回族的演变，也与伊斯兰教在中原地区的传播有关。犹太人虽分散在世界各地，讲各种语言，但仍保持自身民族意识与群体认同，犹太教的作用是决定性的。一旦一个民族信仰了某个宗教，当这个民族的成员与其他宗教的民族交往时，宗教就会成为群体认同的重要组成部分和标志。在民族的发展过程中，宗教也会成为引发和加强其成员民族意识的媒介，成为民族传统文化的一部分，并逐步注入本民族民众的感情因素，成为民族政治动员的工具，成为民族的社会与精神生活的有机组成部分。

一般来说，宗教文化是各民族文化不可分割的重要成分。犹太教是犹太民族文化的灵魂，伊斯兰文化是信奉伊斯兰教各民族文化之根基，犹太教、基督教文化是欧美许多民族文化的主要来源之一，佛教文化则是南亚佛教国家及中国藏族、傣族等民族文化的基本成分。宗教文化渗透在各民族人民生活中的许多方面，关系到各个民族感情、民族心理、民族性格、民族精神、生活方式及民风习俗的形成与培育。许多民族在每个人成长过程中的重大转折时期，如出生、命名、青春成年、结婚、死亡等一套仪式，多源自宗教。许多重大的宗教节日也被演变为民族节日或全民节日。各民族和社会群体在行为、饮食、场所、禁忌等方面都有不少与宗教文化传统相联系的约定俗成的规定，并长期沿袭。宗教语言和

符号系统，不仅表达宗教观念的深邃含义，而且在传播中扩展和引申出的世俗意义，影响到使用它们的民族的思维方式。犹太教、基督教、佛教、伊斯兰教、印度教、道教等宗教经典，对于许多民族语言文字的形成与发展都起过重大的作用。在历史的进程中，宗教文化往往作为民族个性的一部分，成为各民族自身团结、统一和荣誉的标志及纽带。

宗教直接影响民族的价值观念和价值取向，关系到民族文化模式的构成方式及其稳定特征。例如，犹太民族曾在历史上遭受过种种苦难境遇，犹太教成为维系散居世界各地犹太人民族意识的重要纽带。又如，美国是一个多民族、文化多元的国家，按美国人的说法，在20世纪50年代前，美国文化模式是“白人—盎格鲁—萨克逊—新教”；50年代后逐渐被“新教—天主教—犹太教”的模式所取代。美国虽没有官方的、国家确定的宗教，但美国人认为自己是个笃信宗教的民族，“美国人是上帝的选民”几乎成为大多数美国人的共识。美国人不仅把国家的命运、民族的利益、市场的变化，乃至个人的境遇都同宗教相联系，甚至也成了证实和表现自我的一种方式。美国文化，特别是在早期，受到新教徒的清教主义道德与精神传统强烈的影响，认为只有在世上勤奋工作和挣钱，取得个人事业上的成功，才是获取上帝选民资格并在天堂得到拯救的途径，从而把自己的行为与宗教基本义务结合起来，这就在一定程度上影响到美国人的文化价值观念，如实用主义、个人奋斗、效率、追求科学与理性的精神等。

历史上，宗教通常是各民族人民文化交流的媒介，宗教的传播往往是文化交流的一种形式。在民族宗教演变为世界宗教的进程中，除了借助政治或军事力量外，本身就是各民族文化兼容并蓄、相互吸收与融合的结果。例如，佛教通过西域与中国内地的往来与交流，两汉之际从印度逐渐传入汉地。自汉至唐六百年间，佛教在中国得到巨大发展。经过长期的吸收、消化与交融，以佛教为代表的印度文化的许多因素便汇入中华民族文化之中，为中国文化注入了新的活力，也为中国佛教开辟了创造发展的新天地。4世纪后，佛教经由中国传入朝鲜，6世纪传入日本，并同它们各自的民族文化相结合，形式和内容都发生了相应的变化，具有各自的文化特点。伊斯兰教在唐朝经陆上与海上的丝绸之路，由阿拉伯、波斯和中亚的穆斯林传入中国，在其后的发展中，同中国各族文化相互交融而具有中国的品格。各种宗教文化在传播和交流过程中，由于特质不同不可避免地会发生碰撞与冲突，同时，在不断整合中得到更新、创造和发展。

二、民族宗教对经济发展的影响

民族宗教作为一种民族的意识形态，对经济基础和客观实在具有反作用。这种反作用既可表现为促进经济发展的正面作用，也可以表现为阻碍经济发展的负面作用。因此，后发民族经济体应因势利导，发挥民族宗教的正面作用，促进衍生性发展战略的实现。民族宗教与经济发展的关系，是学术界研究的一个重要课题。最引人注目的是美国哈佛大学经济学教授罗伯特·巴洛的研究成果。巴洛在对世界 60 个国家近 20 多年的研究数据表明：一是比较富裕的国家宗教信仰较少，但信仰的范围却随着教育程度的提高而增加。对美国而言，更多的受过高等教育的人趋向于更多参加教堂；另外，宗教信仰活动的确随着城市化、平均寿命等指标的提升而下降。二是一种国家信仰的存在对宗教信仰产生积极影响；当政府对宗教机构进行管制时，人们的宗教信仰不受影响，但教堂的上座率则下降。三是穆斯林占主导的国家趋向收入更加平等、犯罪率更低、维持法律准则、官员腐败水平得到抑制，以及国际贸易程度提升的要求。宗教的正、负面因素混合作用于经济发展，使穆斯林等国家拥有经济增长的平均水平。巴洛认为，最能刺激经济增长的因素是宗教，即人是否信仰有来生；宗教能塑造信仰而影响到个人特质，如诚实、工作、伦理、节俭、能否接纳陌生人等，进而影响到国家社会的经济成果，例如，信不信天堂与地狱，会创造出赏罚观念，与个人一生善恶行为息息相关，而影响个人的特质；去教堂、清真寺及犹太教会所的比率增加到一定程度，反而压抑经济增长，去教会的比率愈高，意味着宗教机制会消耗掉比例过大的资源；过去 30 年，如马来西亚、新加坡以及韩国等东亚国家，都体会到基督教的散播与经济快速增长有关。

国内一些学者对民族宗教与经济发展的关系也作了深入研究。他们认为，过去国内对这一问题的研究过于简单化、片面化，很少对民族宗教与生产、消费、“宗教现象对经济的破坏作用”这样的简单逻辑，积累、交换分配等关系作出客观的分析，更谈不上在特定的社会经济背景下考察民族宗教对经济产生的具体影响。实际上，这种简单化的逻辑与客观现实也很不相符。例如，汉族与回族相比，其宗教信仰的程度很不相同，回族几乎是全民信仰伊斯兰教的民族，汉族所受的宗教影响则要小得多，但是，在广大的农村地区，这两个民族的经济发展却大体相同，在有些地方，还可以找到回族经济优于汉族经济的例子。再如，同样

是全民信教的民族，经济发展程度也可能极不相同。喇嘛教之于藏族与伊斯兰教之于回族，可以说具有同样的重要性，但从目前的发展情况看，商品经济在回族地区已发展起来，大多数回族群众基本解决了温饱问题，但是，对于大多数藏族地区而言，贫困问题仍然是经济发展中的一个突出问题。因此，民族宗教与经济发展的关系是复杂的，不能简单而论。

具体分析，不同的宗教对经济发展的作用可能各不相同，即便同一种宗教，它在不同的民族中对经济发展产生的影响也可能各不相同。概括而言，民族宗教与经济发展的关系主要表现在以下几个方面：

第一，随着生产力的进步和经济关系的发展，宗教总是要对自身作出或多或少的调整，与经济基础或多或少产生一种适应性。如果民族宗教随经济关系的变化而作出调整并能够与新的经济关系相适应，就会对该民族的经济发展产生促进作用。但是，如果经济关系有了发展时，民族宗教没有得到适当的调整，就必然会形成生产力发展的一种牵绊。由于民族宗教与经济发展的关系比较疏远，一定的经济关系或经济制度离开了民族宗教仍然可以存在并得到发展，而民族宗教自身的发展也在很大程度上具有相对独立性，因此，民族宗教随生产力发展和经济关系变化而作出的调整不会是全面的，也不可能是非常及时的，这就可能造成在一定时期内民族宗教与经济基础的不适应，并作为消极因素作用于经济发展过程。

第二，民族宗教的产生和发展并没有也不可能消除人类发展生产、追求财富的要求。人类源于生存本能的生产活动或者说对财富的追求，始终是第一性的东西，而人类的意识形态、政治、宗教是第二性的。因此，无论民族宗教对经济会产生什么样的作用，它都不可能消除人类发展生产、追求财富的要求。事实上，从原始宗教产生的时候起，就体现着人类对生存所必须的财富的祈求，在多神灵的自然崇拜、图腾崇拜或是祖先崇拜中，人们所要祈祷的，实质上多是能够维持其生存的财富。在民族宗教的进一步发展中，尽管宗教崇拜的内容不断丰富和发展，宗教的思想体系也逐渐趋于复杂，而且有的宗教还明显地表示出对财富和生产财富活动的漠视，但是人们借助宗教以祈求财富的心理仍然通过这样或那样的形式表现出来。

第三，民族宗教离不开“人间烟火”，离不开社会再生产过程。民族宗教的教徒、寺院、教会、宗教学校要进行活动和消费，就要支出活动经费或其他类型的宗教活动花费，对社会的再生产过程或多或少会产生影响。此外，民族宗教的发展对商品交易市场的形成、商道的开通，都起到过积极的作用。当今世界的税收体系、福利制度，也可以从早期的宗教寺院的功能中找到雏形。寺院、石窟石刻等大量宗教景观，都是我们今天发展旅游事业的重要资源。在肯定民族宗教与经济发展具有相互作用关系的同时，也应看到民族宗教与经济的联系、民族宗教对经济发展的反作用是有限的。决定经济发展方向的，是人们对美好生活和财富的追求，是生产力的不断进步。民族宗教在社会意识形态中仅仅是一个组成部分。但是，由于现实中的民族宗教是一种广泛存在的现象，而且，民族宗教与民族文化、民族心理，甚至民族情绪都有紧密的联系，需要我们认真研究和正确理解民族宗教对民族经济发展的作用，制定正确的民族宗教政策，促进衍生性发展战略顺利实现。

第九章　民族经济独特经营要素的合理配置与衍生性

民族经济利益是民族生存和发展所不可缺少的各种经济资源、经济条件和经济机会的总和。民族经济利益的范围和方向的确立，数量、质量的增长和提高一方面受一国的生产力和生产关系状况的制约，另一方面受该国民族关系状况的制约。而在当代资本主义高度发达阶段，社会公共利益作为一种独立的利益形式已成为共识。然而大多数人都认为民族经济利益已经包含到集体利益中去了。其实不然，民族是一个特殊的历史文化范畴，也是一个政治、经济和法律范畴。同时它还带有人类共同体的生物属性，这一切便构成了它不同于其他任何范畴的特点——民族性。

第一节　树立适应全球化的新型民族经济利益观

一、民族经济利益的客观性

民族经济利益的客观性表现在以下几个方面：

其一，从主体看，民族是构成人类社会的重要主体之一。按照系统论的观点，“构成人类社会的各主体可以划分为个人、家庭、基层组织、行业、阶级及阶层、民族和国家七大层次，依主体的不同，利益可以划分为个人利益、集体利益、地区利益、部门利益、民族利益、阶级利益、社会利益和国家利益”。由此可见，从主体考察民族经济利益是一种客观存在，只要有民族存在，就有该民族赖以生存的经济利益存在，也就是说，作为客体的经济利益与作为主体的民族是不可分割的。

其二，历史地看，民族经济利益要么表现为一个民族国家的经济利益，要么表现为一国之内的不同民族经济利益。“在历史的行程中，紧接着一个时代夜幕的是另一个时代的黎明”，城邦国家的理想是帝国，而帝国的噩梦却是民族国家。而今，民族国家已覆盖了世界的每一个角落，这是史无前例的。总体而言，民族国家的建立旨在排除其他民族的统治，它的基础是新的人们共同体——民族。组成该共同体的人们首先具有共同的民族经济利益，此时，该民族经济利益与该民族国家经济利益在内涵和外延上基本一致。而对于多民族国家而言，则是另一种情形：由于存在着多个不同的民族，因而，国家政权从一定意义上讲是多民族共治政权而不是一个民族的自治政权。因此，各民族除了具有共同的经济利益的表象——国家经济利益之外，还存在着相对独立的各民族经济利益。我们所言的民族经济利益，当然是指多民族国家里不同民族的经济利益，主要是少数民族的经济利益和民族地区的经济利益。多民族国家民族经济利益的客观性反映了各民族在多民族国家里基于各自不同的自然地理条件和经济文化类型而产生的各民族经济利益上具有的对立统一辩证关系的历史实际。

其三，从现实看，我国多民族国家的实际决定了各民族经济利益的多元化格局。我国自古就是一个统一的多民族国家，当代中国是古代中国的传承继受者。当今我国民族经济利益多元化的格局表现为：一方面，全国56个民族的根本经济利益具有统一性。民族的生存和发展离不开国家的政治保障，国家的建立使国内各民族成为一个国际政治、军事、经济和文化实体，从而也确保了各民族共同的经济利益之安全。另一方面，各民族所居住的区域不同，“区域的资源环境差异和民族的社会文化差异，不仅使不同民族经济利益活动的内容各不相同，而且使其经济活动的方式和道路选择也表现出重大的差异”。因此，各民族经济利益客观上具有差异性。在我国，这种民族经济利益的多元化格局是以二元结构为表征的，突出地表现为汉族居住地区与边疆少数民族地区在经济利益上存在的差异。

二、民族经济利益的层次

民族经济利益的客观内容集中地反映在以国家、民族自治地区和民族为基本主体单位的利益结构之中。

其一，国家利益层面中的民族经济利益。在我国这样一个统一的多民族国家

里，国家利益就是不同主体的共同利益，主要表现为“以工人阶级为领导的广大人民的共同利益、根本利益”，这种共同利益以“普遍利益”的面貌出现，它一方面反映着我国社会各种利益主体阶级力量的对比关系，另一方面体现了社会主义法制的公平正义价值。而且，随着社会主义市场经济的建立和发展，包括民族在内的各主体在基本社会公正理念的主导下，逐步实现其经济利益。因此，在国家利益中，总包含着各民族的共同利益。

其二，以民族自治地方为单位的民族经济利益。对民族关系和中央政权与少数民族关系历史实际的考察，有助于我们认识当代民族区域自治制度。从我国历史看，民族关系主要围绕汉族与少数民族以及主要少数民族（建立了政权）之间的关系两个层面展开。从中央政权与少数民族关系的情况看，无论是以汉族为主建立的中央政权还是以某一个少数民族为主建立的中央政权，对其他少数民族或少数民族地区基本采取了比较松散的联系或统治政策，无论是表面的臣服、羁縻，还是怀柔与因俗而治，基本没有脱离“民族自治”的樊篱。民族区域自治制度是适合我国实际国情的基本政治制度，是对历史上民族政策的一种延续。我国的民族自治地方分为自治区、自治州和自治县三个层次，与此相对应，民族经济利益分别以自治区、自治州和自治县为单位分为三个层次。区域自治并非某一个少数民族的自治，而是在一个少数民族聚居地域以一个少数民族为主，其他民族共同参加的自治。区域自治符合历史上和现实中少数民族聚居地区各民族关系的实际情况。毫无疑问，纯粹的某一个少数民族聚居的地域是不存在的，各民族（包括汉族）共同生活、共同发展才构成了民族地区的生活画面。因此，国家实行民族区域自治正是考虑了民族和区域两个因素：一方面，该地域某一个少数民族从绝对数量或相对数量上达到一定规模；另一方面，其他民族也生活在该地域。考虑到这个区域内各民族的共同利益，才规定了民族区域自治制度，使这些不同的民族统一于区域之中，又使这个区域围绕着某个民族而实现自治。民族区域自治的一个重要内容就是经济自治，而以经济利益为客体的经济自治权是经济自治在法律上的表现。当前，我国的民族经济法以民族自治地方为最主要的主体，通过宪法、民族区域自治法和其他基本法律中的民族经济法规范、行政法规和地方法规等不同效力层次的法律来保障民族自治地方的经济利益，从而实现民族经济利益，促进民族地区社会经济的全面进步和民族发展。

其三，以民族为单位的民族经济利益。民族是由民族成员构成的。然而，构成民族的民族成员并非全部聚居于一个固定的地域，他们经常由于历史或现实的种种原因而散居在全国各地。尽管该民族也许有一个相对稳定的聚居地域，但散居的事实是不可否认的，那么，这种情况下是否存在以民族为单位的民族经济利益呢？答案是肯定的。以回族为例，尽管其聚居地有宁夏回族自治区，甘肃临夏回族自治州、新疆昌吉回族自治州，河北孟村回族自治县、河北大厂回族自治县、甘肃张家川回族自治县、青海门源回族自治县、青海化隆回族自治县、民和回族土族自治县、大通回族土族自治县、新疆焉耆回族自治县、贵州威宁彝族回族苗族自治县和云南寻甸回族彝族自治县等一个自治区、两个自治州和十个自治县，但是，在全国各地基本都有散居的回族存在。他们以民族为单位的经济利益不但渗透在这些自治地方的经济利益当中，而且主要表现为基于其共同的宗教信仰而享有的经济利益，如清真食品的生产、销售、贸易和管理。法律应当而且已经肯定了这种经济利益的合法性并通过相应立法予以保护。在广大的汉族地区，尽管少数民族只占极少数量，但是，他们的民族经济利益应当得到保护，他们的宗教信仰应当得到尊重，他们的历史文化传统同样应得到重视，这也是人类文明的起码要求。

三、树立新型民族经济利益观

在经济全球化大趋势下，传统计划经济的民族经济利益观和放弃或忽略民族经济利益的自由化观都是不能允许的，我们必须树立既适应经济全球化发展趋势，又有利于实现中国民族经济利益的新型民族经济利益观，它是一个既坚持民族经济独立性又主张民族经济开放性的有中国特色的社会主义民族经济利益观，它将促进中国全面参与国际经济合作与中国民族经济利益实现，它符合未来经济全球化的公正合理、平等互利原则，它体现了民族经济利益与人类利益的一致性。

1. 以公有制为主体多元民族经济利益观

在经济全球化的时代，维护中国的民族经济利益就是要维护以公有制为主体的多元民族经济整体利益，这里的多元经济利益主体不仅包括中国的国有经济、集体经济和私营经济的主体所拥有的财产，还包括合资企业中的民族资本及其收益。它们都是我国经济的重要组成部分，都为我国经济繁荣进步贡献自己的力量。遵纪守法的私人经济的利益与公有制企业的利益休戚相关、荣辱与共。在这个意义上，维护私营经济的利益就是维护公有制企业的利益，就是维护中国民族

经济利益。所以，在全面参与经济全球化的过程中，对中国民族经济利益的得失要作整体性判断而非局部性判断，对中国民族经济的发展要作长期性判断而非眼前判断。我们要牢固树立共赢意识、民族经济的先进生产力意识、综合国力意识。经济全球化与民族经济利益是对立统一的两个方面。经济全球化既为追求民族经济利益提供机遇，又对实现民族经济利益提出了挑战。在经济全球化中，民族经济利益的实现取决于民族自身的把握。今天中国的民族经济如何应对经济全球化，需要警惕来自"左"和"右"两个方面的错误观念。一种是传统的计划经济体制下滋生出来的狭隘的民族经济利益观，这种民族经济利益观主张封闭、孤立地发展中国民族经济；一种是来自西方鼓吹的新自由主义经济思潮，这种思潮由一系列观点构成，主张经济自由化、私有化、放弃政府的宏观调控。这两种民族经济发展观既无视经济全球化发展的客观规律，又背离中国民族经济发展的客观要求。它们既不利于我国民族经济利益的充分实现，又阻碍了未来经济全球化向建立国际经济新秩序的健康方向发展。为了积极参与经济全球化，同时又维护中国民族经济利益，努力实现民族经济利益最大化，我们应该建立适应全球化的新型的民族经济利益观，这种经济利益观是一种既独立自主又全面开放，既有利于中国民族经济利益又有利于世界经济利益，既符合经济全球化发展的客观规律又充分尊重中国民族经济发展的客观要求，既顺应当今经济全球化的发展趋势又符合未来经济全球化的公正合理、平等互利原则的具有中国特色的社会主义经济利益观。它体现了中国最广大人民群众的根本利益，又反映了世界各民族经济共同发展的内在要求。

2. 国际大市场观

国际大市场观就是在参与经济全球化的过程中要视全球市场是一个统一的、完整的、机遇平等的市场。这个大市场是国内市场与国外市场的融合体，它是法制化的市场。市场的各个主体是完全独立的、相互平等的经济实体，这些经济实体在国际市场的各个角落获得的待遇都与其在本国获得的待遇完全相同。树立国际大市场观的目的就是要强化国际分工意识，促进我国与世界各国、各地区加强广泛的经济联系，进行跨国商品生产和商品流通，充分发挥国际分工和世界市场的作用，从而在全球范围内有效地配置资源，实现中华民族经济利益的最大化；在我国加入世界贸易组织之时，我们要强化具有全球市场意识、市场制度化意识和国民待遇意识的国际大市场观，以便适应未来我国民族经济发展的趋势和全球经济发展的潮流。

3. 自立自强的国际竞争观

市场经济就是强调竞争，促进企业提高效率。中国加入世界贸易组织，实现了国内市场与国际市场的融合，其实质就是把国内企业间的竞争扩大到世界范围内企业之间的竞争，竞争的激烈程度大大增加了。我国企业面对的竞争对手已经不仅是国内企业，而且还包括国际上许多经济实力雄厚的跨国企业。在国际市场上，每一个国家和企业都为实现自身利益而与对手展开激烈的竞争。如果没有国际竞争意识，加紧提高企业本身的竞争实力，就有被市场淘汰的危险。这样，在经济全球化过程中，我国的民族经济利益不仅未能实现，反而受到了损害。所以，中国在参与经济全球化的过程中，要确立自立自强的国际竞争观，在企业管理、产品质量、售后服务、科学技术和人才培养等各个领域都要主动参与国际竞争，自强不息。良好的国际意识体现的是一种积极、平和、理性参与国际活动和国际竞争的高品质思维能力。毋庸置疑，中国在许多领域有竞争对手，但如何看待这种竞争是一个值得我们思考的问题。我们不应将竞争对手视为敌手，更不能自我树敌。国家间的竞争应该是良性竞争，就像在各自跑道上奔跑的选手，他们之间有快慢之分，却无优劣之别，更无敌友之界。在促进自己发展的时候，中国不仅只享受发展带来的繁荣，还逐渐把更多的精力投入到解决全人类共同面临的问题上，并以自己的发展带动其他国家的繁荣。从这个意义上说，中国与竞争对手之间的关系是良性互动、相互促进的关系，而不是相互拆台的关系。

4. 国际经济合作观

在经济全球化的过程中，各国为了实现自身的经济利益，相互之间在各个领域展开激烈的竞争。但是，我们不可否认的另一个事实是，全球范围内国际合作、协调的趋势也在同步增长。因为在国际竞争日益激烈的情况下，世界各国及主要跨国公司需要不断进行磋商、沟通和妥协，以避免相互之间矛盾的激化，造成彼此受损的局面。所以在开展国际竞争的同时，要开展国际经济合作。国际经济合作是指资金、技术、劳动力、管理、信息等各种生产要素的跨国界流动、组合、配置及与此有关的国际协调合作机制。从理论上讲，经济全球化就是在全球范围内形成统一而自由的市场来进行生产要素的有效配置，从而实现全人类经济利益的最大化，它也是实现中国民族经济利益最大化的必备条件。因此，加强与世界各国间的金融、科技、管理和信息合作，是中国经济发展、民族进步的必然

道路。

5. 民族经济安全观

随着经济全球化进程的不断加快，民族之间综合国力的竞争更加复杂和激烈，它不仅表现为军事实力的竞争，更表现为经济和科技实力的竞争。世界各民族不仅注意本民族经济增长的速度，更加关心自身经济发展的质量，注重民族经济的协调、平衡和高质量的发展。在全球化时代，民族的经济和科技不发达，就不可能维护自身的稳定，从而也就没有安全可言。今天的“世界经济是一种总在变动中的动态经济”，我们进入了一个不发达就不安全的时代。

民族经济安全成为各国关注的焦点始于1997年爆发的亚洲金融危机，它使人们深切感受到民族经济安全的重要性。在构成民族经济安全的诸多要素中，金融安全是核心。在不同的经济危机表现形式中，金融危机所造成的危害最大。这是因为在现代经济体系中金融居于核心的地位，它是市场经济的动脉，是资源配置的主要渠道，它一旦出现危机，就会立刻引发连锁反应，进而殃及整个社会经济生活。从这种意义上说，没有金融安全就没有经济安全和国家安全。所以，在参与经济全球化过程中，牢固树立民族经济安全观。维护我国民族经济的安全，就是维护我国民族经济利益，它是实现我国民族经济利益最大化的根本保证，也是维护世界经济安全和国际经济利益的必要条件。

第二节 独特经营要素：民族经济的发展选择

一、正式制度与非正式制度的差异与连接

在我们的社会生活中，正式制度与非正式制度以完全不同的行为约束机制促进着人们之间的交易。无论是在成熟的市场经济还是在新兴的转轨国家，正式制度与非正式制度之间的共存、互动几乎存在于每个社会体中。然而，在中国由计划经济向市场经济转轨的过程中，在这个合作机制和秩序更迭交错的特殊阶段和背景下，正式制度和非正式制度之间的强烈冲撞更呈现出一种令改革开放推进者始料不及的放大效应。这一方面是由于在向规范的市场经济法治秩序转轨过程

中，市场经济的正式规则尚未完全确立，社会制度结构呈现巨大的断裂与空白；另一方面，传统中国社会实质上是一个具有浓厚义务本位色彩的社会，人伦、人情这些左右人们日常生活交往规范的基本伦理道德就是根基于传统的社会人际关系而形成的，几千年的文化传统演进已使得非正式制度深深扎根于我们的社会结构之中，这使得非正式制度的影响在中国更具有典型性和强大的生命力。

1. 正式制度与非正式制度之间的差异

西方旧制度学派的代表康芒斯说："如果要找出一种普遍的原则，适用于一切所谓属于制度的行为，我们可以把制度解释为集体行动控制个体行动。"山东大学黄少安教授给制度下了一个在国内被普遍接受的定义："制度是至少在特定社会范围内统一的，对单个社会成员的各种行为起约束作用的一系列规则；这种规则可以是正式的，如法律规则、组织章程等，也可以是非正式的，如道德规范、习俗等；各种各样的社会制度只能是各种社会关系的制度化、规范化或规格化，而不是对各种社会关系的创造；制度可以从不同的角度分类，如政治制度、经济制度、文化制度等，特定社会的各种制度相互影响、相互依存，构成一个有机整体，其中经济制度决定政治、法律等制度。"东西方多数新制度经济学家认为，制度是由正式制度和非正式制度两种规则要素构成的。正式制度是人们有意识建立起来的并以正式方式加以确定的各种制度安排，它通常是成文的并由权力机构来保证实施，如法律、政府法令、公司章程、商业合同等称为正式制度。非正式制度被演进变化中的社会关系所强化，如习俗、传统、道德伦理、意识形态等就是所谓的非正式制度。在人类行为的规则约束体系中，尽管正式制度构成了基本结构，但是对人们行为的具体约束大部分是由非正式制度来维持的。正如诺思所言，即使在最发达的经济中，正式规则也只占决定人们选择的总约束中的一小部分（尽管是非常重要的部分），人们行为选择的大部分行为空间是由非正式制度来约束的，主导我们日常生活的行为规则很大一部分是由非正式制度而不是正式制度所决定的。另外，正式制度与非正式制度之间的互动，特别是在经济转轨和制度变迁过程中的互动，为我们揭示中国经济转轨过程中存在的问题提供了有利的线索。制度变迁理论的代表人物诺思曾在其《制度、制度变迁和经济绩效》一书中提出，非正式规则与其执行会影响正式规则在国与国之间的转移，虽然正式规则可能一夜间改变，但是非正式规则一般只能缓慢地改变。由于存在着不同的非正式准则和执行程序，因而从他国引入的正式规则并不能使一国经济产生于

他国相似的绩效特征。诺思认为，非正式制度是可以制约正式制度的，当正式制度与非正式制度存在着矛盾或不相容时，正式制度就会流于形式，或者在执行中变形，甚至无法实施。对于我国而言，在由政府主导的渐进式改革中，在缺乏市场相关知识和经验的背景下，我们大量的法律制度设计借鉴甚至移植了西方成熟市场经济国家的制度安排，这无疑在很大程度上减小了制度设计的成本，加速了市场化的进程。然而，在转轨过程中当整个制度结构发生急剧变迁时，正式制度与非正式制度在变迁的时序上必然呈现出非同步性，由于非正式制度具有较强的历史延续性而往往表现出保守的特性，非正式制度与正式制度之间的冲突就会削弱正式制度规则的有效实施。例如，世界银行在《2020年的中国》报告中指出，中国的法律体系运作情况令人堪忧，其原因在于“不是缺少法律，而是执法不力”，在一些关键领域，“纸上的法规远不同于具体实施的法规”。而中国的市场经济转型发展至今，资源的配置手段和社会的调节机制呈现出一种鲜明的复合性特征，既有公开化的法律制度规则，又有隐蔽性的非正式制度的关系规则，正式制度规则由于政府的强制法令而被组织和群体采纳，但组织内部可能采用非正式的行为规范来指导日常社会各方面的互动。在法经济学看来，最好的解释是制度变迁意味着一种公共财的产生，“愈大的团体愈不容易生产最适量的公共财”，“大团体或者说潜在团体根本没有生产公共财的诱因，因为无论该公共财对团体整体而言是多么有价值，都无法有效地促使个别成员愿意支付达成潜在团体利益的组织费用，或去承担必要集体活动的各种成本”。

（1）契约与身份。戴维斯指出，西方和中国商业管理实践中最大的差别就在于前者重视的是书面的契约和程序，后者重视的是个人之间的关系。费孝通先生在分析乡土中国时，提出了熟人社会的概念框架。他认为，传统中国社会是一个乡土社会或熟人社会，其主要特点是以亲情关系（包括血缘、地缘关系，亲戚、朋友关系）为基础，并且社会流动性小，人们基本上生活在一个熟人的圈子里。而在这个社会里，信任很大程度上是一种“由亲而信”，这里的亲，是指一种牢固的私人关系，可以是血缘之情，也可以是非血缘的交情。传统社会中，由于信任是在关系中获得的，因而陌生人之间难以给予信任，熟识才是人们交往的前提，熟人社会具有信息共享的优越性，行为人履约或失信的信息能够以较小的失真度迅速传遍生活圈子，因而，人们的交往依靠的是一种以人格化为基础的特殊信任关系。在传统的乡土经济中，由于经济活动仅限于较小的社区范围内，拥有特殊信任关系的人格化交易成本就会比较低，但由于人格化的交易不具有交易扩展的潜能，不能扩展到一般的社会成员之论正式制度与非正式制度的差异与链接。现代产权经济学的代表诺思是这样定义制度的：制度是“一个社会的游戏规则，或更正式地说是人类设计的构建人们相互行为的约束条件，它们是正式规则（成文法、普通法、规章）、非正式规则（习俗、行为、规则和自我约束的行为规范）以及两者执行的特征组成”。不能成为一般的社会关系准则，因此一旦超出熟人或社区的圈子，就无法仅靠声誉和关系来进行交易，交易的成本急剧上升以至于很多交易无法实现，结果限制了企业和市场的规模。在现代市场经济的发展过程中，在工业化、城市化的进程中，由于人口的流动迁徙，依靠血缘和地缘关系的熟人社会交往规则受到瓦解和冲击，那么，人与人之间的合作信任又靠什么来维系呢？为什么人们会信赖陌生人？因为在其背后是以法律为支撑的制度和契约。在市场经济的契约社会或法治社会中，人们之间交往合作和诚信的对象是整个社会上所有互不认识的陌生人，而不仅仅是熟人，契约可以使互不信任的陌生人交往，使他们通过契约而相互信任，因而这种信任关系是一种非人格化的普遍信任或契约信任，是正式制度。西方市场经济存在、演变和发展的一个重要基础就是人们对法律契约的认同和遵从，并由此而形成的整个社会普遍的信任关系和正式制度。在中国的经济转轨过程中，尽管市场经济的发展扩大了人们的交往空间，改变了人们的交往方式，城市化进程和大规模的人口流动将人们从熟人社会带入到了陌生人社会，然而，主导和制约人们行为方式的信任基础却并不能实现自然而然的过渡。一方面，熟人社会的关系信任仍在持续，人情关系融入到制度的运作，在人们的日常生活中，找关系、托熟人已经成了一种习惯，无论是升学、找工作、看病，还是做生意、打官司，统统都要找关系；另一方面，法治社会的契约信任并没有确立，据人民银行研究局引用的调查资料显示：因信用缺失造成企业直接和间接损失每年高达 5855 亿元，其中逃废债 1800 亿元，合同欺诈 55 亿元，产假售假造成损失 2000 亿元，因三角债和现款交易增加财务费用 2000 亿元。如果按照我国一年 GDP 新增的产值约 7000 亿元计算，5855 亿元的信用损失几乎相当于我国每年新增产值的 8316%。在这个信任机制失衡、缺失的转轨阶段，社会信任度已经降低到了可悲的最低点。

（2）他律与自律。如何保证交易双方真诚合作而不相互欺骗呢？怎样才能保障契约的如约履行呢？一般而言，存在着最基本的契约实施机制：正式制度即重

复博弈的关系型契约。正式制度是一种典型的以国家强制力为后盾并由政府、法院实施的第三方契约实施机制。当交易双方订下有法律约束力的契约时，法律的制裁就会作为一种强大的威慑力来保证契约的履行，在交易双方的相互博弈中，法律可以通过改变博弈的支付结构和限制参与人的选择空间来影响参与人的理性选择。但是，法律机制的有效实施却受限于一定的条件，由于交易双方所订立的契约通常是不完全的，对于契约未规定的争议部分仅依靠法院的智识和判断力往往是不够的，而且契约的实施中经常会存在事件的不可观察性和第三方的无可证实性，这对于强调法律证据的司法判断而言也是无从确认的。此外，正式制度机制的实施往往是成本高昂的，诉讼费、律师费、所耗费的时间、精力乃至心理负担都有可能让当事人“望而却步”。经济社会中的大量契约，依靠正式制度机制来保障实施的可能只是其中的一部分，即便在美国这样一个相对有效、健全的正式制度体制下，契约的执行也并不仅仅依赖于法院，而是企业之间的相互关系。社会关系网络下的重复博弈和关系型契约的执行依靠的是一种并不借助外部力量的自我实施机制。它是博弈的参与各方在特定的交易环境和支付结构下，根据各自的不同目标，自主选择各自的最优策略，所达到的一种自我均衡状态。社会关系网络下之所以能实现契约的自我执行，其原因在于：①社会关系网络的封闭性会导致网络内部的重复性交易频繁发生，理性的参与人会认为维持长期的合作关系比短期的背叛行为能带来更大的收益；②社会网络内部的信息共享会使得参与人遵守或违反契约的信息得以迅速的扩散，声誉机制的作用会使参与人将有可能丧失未来交易机会的预期损失纳入其决策活动中；③社会关系网络内部的集体惩罚机制的存在，会使欺骗者面临被驱逐出网络，不仅失去未来的网络内部交易机会，而且与进入网络相关的专用性投资也会丧失殆尽的风险。科尔曼在其《人力资本创造中的社会资本》一文中分析了纽约钻石批发市场的交易机制，纽约钻石批发市场是由相互通婚比例较大、居住在布鲁克林的相同社区中且步入相同教堂的哈西丁派犹太人所构成，在这个封闭的社区，由于成员之间存在着密切的联系，并通过家族、社区和宗教渊源提供了推进市场交易所必需的保证，如果该团体的任何成员以次充好或者把钻石占为已有而背信弃义，法制与社会发展将失去家族、宗教和社区的纽带。因此，尽管并不存在耗资巨大的复杂的正式契约保障机制，在他们之间几十万甚至数百万美元的昂贵钻石仍可以不经办理任何手续而相互信任地交付。

2. 正式制度与非正式制度之间的相互连接

正式制度与非正式制度并不是完全对立的，它们是广义制度的组成部分，尽管前者起着更加重要和核心的作用，而且二者之间存在着种种关联与相互影响，但自身也有各自的演化逻辑，实在不好说谁决定谁。制度意味着人们具有相对稳定性的社会行为，必须严格遵守社会规范的行为属于正式制度的范畴，具有较大自发性和随意性的行为属于非正式制度的范畴。正式制度由于与国家社会之间、人和人之间的利害关系密切相关，自然离不开有效的奖惩机制，以避免社会失范所造成的种种危害；非正式制度由于与权力和利益的分配关系不大，因而多为自然而然地形成与演化，具有较大的伸缩性和地方色彩。非正式制度往往具有更强的路径依赖性，它通常只能潜移默化、集腋成裘。正式制度的变迁大多是在非正式制度发生碰撞的情况下开始的。作为制度系统的两个重要构成部分，正式制度和非正式制度之间既存在着不可或缺的互补关系，又有着相互替代的竞争力。正式制度与非正式制度之间有着一种互动关系。一方面，正式制度必须与非正式制度保持目标的一致性，才能保持其稳定性；另一方面，非正式制度安排以道德、行为规范的形式出现，在一定时间序列中具有较强的稳定性。当它和正式制度安排相一致时，它可以维持正式制度的有效性，反之，组织中的个体总会选择遵从非正式制度安排。正式制度和非正式制度在很多方面有相似之处，当然也有区别。二者的主要区别是有无界限明确的组织来制订和监督实施。非正式制度一般经过人们长期互动选择演化而来，违反时没有专门的组织加以明确的显化惩罚，成员遵守制度是自愿的，而不是被迫的。有时非正式制度比正式制度有更强的生命力，它往往表现为人的道德观和社会共同接受的行为规范等，并且同意识形态相联系，因为非正式制度的安排常常是在人们的社会经济生活中自发形成的。

（1）内在互补。在繁杂的社会生活中，正式制度是一项重要和基础的秩序系统，但并不是唯一的，非正式制度在社会生活的各个方面填补着正式制度机制缺失的空白。缺乏非正式制度的润滑剂作用，正式制度秩序就像一个死板、僵硬的机器，只能步履蹒跚地运行；而缺乏法律的正义和公平保障，非正式制度秩序就只能上演一幕幕混乱、寻租、腐败、特权、谄媚的丑剧。在人们的日常生活和社会交往中，非正式制度机制和私人秩序有可能比正式制度的公共秩序对人们的行为有更大范围的实际约束作用，而正式制度机制也只是在非正式机制对市场运行调节产生故障或问题时才予以维系、支撑和补救。如同沉浸于两千多年儒家文化

中的中国传统法律文化，以“亲亲”、“尊尊”为主要特色的礼作为一种习惯、规范成为维持社会秩序的重要机制，法则代表一种成文或正式的制度，在礼和法对社会的制约关系中，往往礼是第一位的，法是第二位的。孔子学说中的礼虽然是作为一种行为的尺度，但也体现了行礼的自觉性，主要是一种人的内在的约束而非强制的正式制度。目前，越来越多的学者将研究视野和兴趣投入到非正式制度的研究之中，人们深刻地认识到非正式制度往往比正式制度更能决定经济增长和社会发展水平，有效的制度安排必然是正式制度和非正式制度的有机统一。非正式制度机制对经济发展和交易合作主要有以下几方面积极作用：①非正式制度有助于人们更便捷地获取各种信息、资源和商业机会，个体所拥有的关系网络越广泛，层次越高就越具有获取关键资源的控制力。特别是在经济转轨阶段，正式制度的缺失使人们从正常渠道获取资源、信息相对困难时，人们就会借助于非正式制度。例如，企业与政府部门的关键人物建立友好关系就容易获得优惠政策，与银行保持良好关系就容易获得贷款，结交和认识的社会层面广就容易获得各种商业机会。②非正式制度下的特殊信任关系能有效降低制度运作实施中的交易成本和道德风险。在非正式制度所组成的共同体中，成员具有普遍认同的习俗、价值、社会规范以及人格化的特殊信任关系，它保证了经济交往合作的顺利进行，降低了契约的谈判、执行、监督的交易成本和未来的商业风险，避免了机会主义的欺诈和背叛行为。马克斯·韦伯认为：“在中国，一切信任，一切商业关系的基石明显地建立在亲戚关系或亲属式的纯粹个人关系上面。”例如，企业的家族式管理就是对低信任度社会的一种适应性机制，以血缘关系为基础的企业组织，其内部结构简单，管理层次较少，行动者间具有较高的信任与合作能力，企业具有较高的灵活性和较强的抗风险能力。③非正式制度为知识的扩散和溢出提供了有利的平台，是隐性知识传播的主要途径，是企业创新和核心竞争力的重要源泉。社会网络是创新知识扩散、传播的重要渠道和推动力，它能超越地区、距离的限制而进行知识的外溢。纳塔拉詹加认为在技术创新中所学习和利用的显性知识只不过是冰山一角，而真正在技术创新中起主导作用的是隐藏于水面下的冰山——隐性知识。越来越多的研究表明非正式制度对技术创新起着很重要的作用，因为隐性知识的转移主要是通过一些非正式制度来实现的。

（2）相互替代。尽管私人秩序、非正式制度等非正式规范对正式制度有一定的补充作用，而在各种社会经济环境下都会存在，例如，即便在美国也并不是所有的商业纠纷都会诉诸于法院，而是通过道德、社会信任、市场机制的自我执行发挥作用，但对于社会转型阶段而言，市场的不完善和制度的脆弱使得非正式制度的替代作用更为明显。在转轨时期的特殊背景下，在新兴经济发展初期，市场经济的正式规则尚未建立，社会制度结构呈现断裂的特征，制度断裂损害了交易个体间信任的制度基础，为了减少风险和不确定性，人们在交易过程中就尽量利用非正式制度所提供的特殊信任关系在经济交易中发挥作用。例如，陆学艺、李培林的研究发现，“中国的法律和各种政府间的机制并不能对外国资产与合同提供充分的保护，取而代之的是外国投资者更多依靠同中国地方当局、官僚机构以及个人之间的私人联系（关系），以此来保证和加强他的商业利益”。在中国的弱正式制度保护下，解决信任问题和促成交易更多的是通过嵌入非正式制度的经济活动来实现的，而并非依赖于正式制度体制。拉嘉·卡莉在其《转轨经济中的商业网络》一文中分析道，当法律制度不信任或不存在时，商业网络的作用就会凸显，而且法律制度越薄弱，商业网络在经济中的作用就越大。而众多转轨国家的实证研究也对此观点予以了支持，无论是麦克米伦和克利斯托弗·伍德拉夫对越南私营企业如何应对不发达的法律和市场制度的考察，还是西蒙·约翰逊等人对俄罗斯、乌克兰以及波兰等东欧国家关系合同交易与法院替代关系的研究，抑或阿恩·比格斯顿等人对7个非洲国家中长期关系交易与费用高昂的法律制度在防止违约行为的比较，都不约而同地证实了一个观点，即非正式制度是脆弱的法律制度的重要替代。Carol Jones 分析认为，亚洲“四小龙”取得世人瞩目的经济成就应更多地归因于“关系之治”而非“法律之治”，并得出结论认为正式的理性法律对于资本主义发展可能并不像韦伯所认为的那般重要。然而，亚洲的金融危机又重新唤起了人们对过度依赖关系，裙带资本主义，不透明的政治、法律、经济决策，缺乏法治所带来的种种弊端的关注和反思。学者们认为，关系网络虽然能够降低网络内成员之间的交易成本，但却对网络之外的个体造成了外部性，例如，不公平的竞争条件，过高的进入壁垒等。非正式制度使其成员在增加个人收益的同时带来了社会成本，并且，随着市场经济规模和交易范围扩展的内在需求的不断增长，关系网络所造成的社会效率损失就会越来越大，就越需要正式制度机制的主导和替代。Douglas Guthrie 在《关系在中国经济转型中重要性衰减》中提出，随着中国法制与社会发展正式制度变革步伐的逐步加快，尽管关系网络在商业实践中仍是一个重要的制度体系，但行为个体越来越重视正式制度机制的调节

作用，在人们对正式制度信任度逐步增强的同时，非正式制度的吸引力也会逐渐减弱。

（3）冲突矛盾。非正式制度虽然在缺乏正式制度稳固保障的交易环境中充当一种机制替代，但它却并不是一个良好的替代，它往往给社会的经济发展带来各种损失和低效率。Randall Peerenboom 在分析中将企业分为四种：第一种是无法凭借产品和服务的质量、价格在竞争的环境中生存，只能依靠关系存活；第二种是虽然有关系但是不需要依赖关系也可以在竞争的环境中生存；第三种虽然缺乏关系也能适应于竞争的市场环境，但却无法进入依赖于关系的不完全竞争市场；第四种是虽然没有良好的关系，但都能在现有的市场中存活并获得成功。第一类和第三类企业代表着社会损失，因为这些企业会给社会造成无谓损失，而在关系网络体制下，这些低效企业仍能大量存活并导致资源的扭曲配置。此外，非正式制度常常导致商业交易关系的扭曲发展，容易滋生寻租、腐败。在中国的市场经济转轨过程中，非正式制度削弱了正式制度实施的基础和作用，侵蚀着法治秩序的基石。市场经济是一个开放、平等、竞争的商品经济，而非正式制度则以关系远近、身份亲疏为界施予不同的交易规则，形成的是一个封闭、特权、垄断的关系经济；市场经济是一个强调秩序、公平的法治经济，而在非正式制度中人情代替了法律，面子掩盖了规则，公平和正义的天平向关系倾斜。在非正式制度中，律师不需要去提高法律技能，因为面对一个案子时，他们依靠的是关系而不是法庭的辩论；会计师和评估师也不需要去磨炼他们的估价技能，因为资产的价格实际上是由从中获取好处的政府官员与交易者的共谋所决定的。此外，长期以来的历史文化浸染，已经使非正式制度成为中国社会构造的重要组成部分，成为社会的一个内在基础，非正式制度持久、广泛的影响力的积重难返不仅压缩和排挤着正式制度的生存空间，而且其与法律秩序的内在不相容会造成法律在移植中的路径依赖，会使社会秩序陷入低效率的“锁定”状态。非正式制度的一个重要特点就是建立关系网络的沉没成本很高且属于网络的专用性资产，并且存在规模经济的网络效应。也就是说，建立和维系非正式制度的固定沉没成本越高，体制转换的成本和阻力就越大，就越倾向于网络的内部交易，而网络的规模越大，对网络成员所带来的边际收益就会递增，由此而形成的一种反馈机制就会使非正式制度系统不断自我强化，即便存在具有更高社会经济效率的新体制系统，非正式制度网络成员的既得利益也会阻止向新模式的转变。

二、民族地区的经济发展是一种诱致性的制度变迁过程

民族经济独特经营要素如何融合，以何种方式介入和如何影响民族地区经济发展一直困扰着学术界；与这种学科困境相对应，处于“后发”阶段的民族地区，忽视民族经济独特经营要素，简单模仿发达地区的发展模式和产业模式是一种相当普遍的经济发展选择；与这种选择相适应，国家在民族地区的发展措施上，重点放在政策的倾斜和经济物质的扶持上。但实际上，这种选择并没有使各民族地区经济走上腾飞，甚至恶化了民族地区的经济状况和生存环境，这种措施在实践中也是低效甚至失效的。我们应该认识到民族地区各民族特有的独特经营要素在历史上是一利，真实客观的存在，而且在各民族的发展历史上，形成了各民族经济发展的特殊性。民族经济独特经营要素以非正式制度的方式强烈作用着民族地区的经济发展，这种作用是持久的、沉淀于历史进程中的，并在这个过程中形成了各民族独特的经营要素。所以总体而言，民族地区的经济发展是一种诱致性的制度变迁过程，诱致性变迁是指一群（个）人在响应由制度不均衡引致的获利机会时所进行的自发性变迁，这使民族地区及该地区的民族群体具有更多的对民族经济独特经营要素的“路径依赖”色彩，而民族经济独特经营要素“路径依赖”也使民族地区在经济发展中具有相对成本优势，这种非正式制度作用于独特的民族经营要素所产生的“路径依赖”可以使交易成本减少，使生产收益递增，使民族地区的制度变迁得到巩固和支持，促进民族地区经济发展。民族经济独特经营要素不仅是民族地区经济发展中民族特征和经济因素的联系纽带，而且支配着民族地区经济发展的进程。

制度经济学认为，由于传统“锁定”功能的生效，制度变迁具有路径依赖性。路径依赖的基本含义是：制度变迁一旦走上了某一条基本路径，它的既定方向会在以后的发展中得到自我强化，很难甚至根本无法扭转。这是因为，经济生活与物理世界一样，存在着报酬递增和自我强化的机制。这种机制使人们一旦选择走上某一路径，就会在以后的发展中得到不断的自我强化。因此，在设计改革发展方案时，必须考虑到制度的路径问题。如果不顾原有制度的特征及其对社会发展在利益方面的规定作用，就有可能使改革得不到社会的广泛认同，或者虽然能在开始阶段得到心怀不满的社会公众的口头上的支持，但毕竟新制度的运行不可避免地会对旧制度造成冲击，这就不可避免地会伤害社会公众从旧制度中已经

得到的利益。因此，在政府指导下的制度创新必须要从互补的方向上展开，方能得到社会的普遍欢迎。由于路径依赖的客观存在，非正式制度的变迁是一种诱致性的、渐进性的变迁，既可能是由社会发起的，也有可能是由社会途径运行进程中内生因素引发的。诱致性渐进式的制度变迁可以逐步融合原有制度的运行特征，化外部因素为内部因素，从而适应相关要素价格和宪法秩序的演变过程，实现新制度安排的收益递增目的。人们过去作出的选择决定了他们现在可能的选择。沿着既定的路径，经济和政治制度的变迁可能进入良性循环的轨道，迅速优化。

三、民族经济发展是一个异质同构平衡发展的互动过程

在西部大开发中，有人对农业的基础地位提出质疑，为西部农牧业发展的前途担忧，认为在西部大开发中重点应发展二、三产业。西部大开发，从根本上说，就是推进西部地区的工业化，但是工业化不是一个单纯发展工业的过程，而是国民经济一、二、三产业协调发展的结果，是建立在自然演进的基础上的。这里有个前提，就是建立在对传统产业传承和发展的基础上，否则，带来的必然后果就是民族地区对这种外部环境的不适，给国民经济的发展带来种种不适。倪国良先生认为："不同社会对新挑战之所以会有不同反映，文化和精神因素的影响至为巨大。"而这种不适正是民族地区经济欠发达的深层原因，也是我们民族经济发展中政策低效甚至无效的根本原因。也正因为如此，对于长期推行现代化赶超战略，过分强调经济发展自力更生，忽视异质同构平衡发展以及各民族间语言文字、宗教信仰、价值观念、文化传统存在较大差异的民族地区来说，在影响民族地区发展的两大因素——文化和经济的互动作用过程中，经济并不是万能的灵丹妙药。这意味着在民族异质性极强的民族地区大量注入经济资本，并不意味着能组织起经济有效的生产活动方式，采取东部地区的做法，至少作为一个近期的现代化转型战略难免过于简单机械化。解决这种在建立社会主义市场经济体制和民族地区建设小康社会进程中的调适问题，就要承认民族经济发展的"多形态"性，承认"中国民族地区的现代化发展道路选择实际上是一个多民族国家的民族关系异质同构平衡发展的互动过程"，"民族地区的现代化追赶除进行政治经济体制的根本改革外，还必须十分重视少数民族自身的发展问题。"应该认识到民族地区由于幅员辽阔，民族众多，民族自治地方面积广大的基本区情，使各民族文

化赖以生存和发展的自然环境、产业经济、历史经历及宗教信仰不同，这种独特而复杂的多民族社会文化环境，客观上决定了多民族地区内部不同民族、不同地域的各民族价值取向、创业、竞争意识、适应市场经济的应变能力以及对待技术制度变革的态度等方面存在较大差异，“新中国成立以来民族地区经济发展的演进历程已经给我们深刻的教训，提醒我们必须重视少数民族传统文化体系中那些富有价值的经济、社会和政治内涵”，“决定了民族地区全面建设小康社会需要保持民族文化的传承性，充分认识千百年来延续至今的传统民族文化体系在少数民族经济发展中的价值，尊重各民族立足于传统民族文化维系的经济结构、产业体系和多样化选择，而不是简单机械地抛弃或否定传统民族文化，这是加快民族地区全面建设小康社会必须加以重视的重要方面。由此可见，加快民族地区全面建设小康社会不能单靠外援式推进，而是要靠民族传统文化体系与现代技术的相互结合，充分发挥民族文化多样性优势，调动各民族内在的积极性，让各民族的现代化真正成为内源式的现代化，这才是民族地区全面建设小康社会的未来选择。解决这种民族传统和现代化的调适问题，需要寻找民族传统经济与现代化的切入点，以解决民族经济与市场经济的脱节问题。在这个问题上，把握就近有利原则，“在市场经济大环境下，课题组认为民族经济对于市场的把握，应长持就近有利原则，就近有利是一个广义的概念，有地域上的就近，也有时间上的就近，还有传统上的就近”，云南西北部经济模式“这种具有民族经济特征的经济模式，说明民族经济在市场目标的确立上，特别是在民族经济的发展之处，首先要占据的是和这个民族经济区域相关的周边市场，而不管这个市场在哪里，这就是地域就近上的一个典范”。畜牧业这一传统产业就是阿克塞民族传统经济与现代化的切入点，正是这个按照就近有利原则依托传统产业的切入点的准确把握，才有了阿克塞经济的健康发展。

四、由生存方式所导致的民族经济独特的经营要素

民族经济的落脚点是民族，不管其形式如何多样，发展程度如何迥然不同，民族经济首先是民族或民族群体的经济，它无论如何都不可脱离民族这个母体，也不可能不受制于民族文化的制约。正如德国社会学家马克斯·韦伯所认为的“任何一科、类型的经济，如果它要求一种与这个伦理道德相违背的民族精神，那么这种经济就不会发展，反之，如果一种经济与这种伦理道德相一致，那么它

将兴盛起来”。对民族地区的欠发达，有其生态环境的恶化，人口素质不高等原因，但是如果继续单纯地从经济层面上分析民族地区经济，将会陷入一个充满逻辑悖论的纳克斯贫困恶性循环论的旋涡中，也就是说从供给方面看，低收入意味着低储蓄能力，低储蓄能力引起资本形成不足，资本形成不足使生产率难以提高，低生产率又造成低收入，这样周而复始完成一个循环。从需求方面看，低收入意味着低购买力，低购买力引起投资引诱不足，投资引诱不足使生产率难以提高，低生产率又造成低收入，这样周而复始又完成一个循环。两个循环互相影响，使经济状况无法好转，经济增长难以实现。如果我们能跳出经济层面，从民族经济独特经营要素等非正式制度的层面，运用制度经济学制度变迁理论考察民族经济，则打开了一个认识民族经济发展的新的思维空间，从而使我们可以尽可能客观地面对民族经济发展的现实，“如果说导致贫困的原因主要是生存环境的恶化和生存方式对生存环境不适的话，进一步比较这二者，生存方式的不适应是更为根本的原因。”传统的生产方式，不仅是生态环境选择的结果，更是人文历史的沉淀，是应该受到尊重。这种生产分工在少数民族的历史上不仅是一种真实的客观存在，而且在各民族的经济发展史上，已经形成了民族经济现实的特殊性，正如农业是汉民族形成和发展的经济基础，畜牧业也是哈萨克族形成和发展的经济基础。阿克塞模式的成功就在于它尊重自己传统的畜牧业生产方式，遵循了制度经济学路径依赖理论和渐进式变迁揭示的规律，这种符合发展规律的传承传统生产方式的内源式变迁最终带来了阿克塞经济的腾飞，这就是阿克塞模式的精髓。

民族经济具有其特殊性，民族地区特殊的地理和人文环境，使其在历史上长期处于落后封闭状态。少数民族文化传统的积淀十分浓厚，这决定了少数民族的经济发展的路径依赖性很强，如何实现传统和现代的结合成为民族地区经济发展的关键。尊重少数民族的传统民族经济独特经营要素，依靠传统产业，推进传统产业升级，通过内源式的渐进变迁实现现代化的阿克塞模式给我们民族地区的小康建设给予有益的启示：现在就是历史，我们创造它，同时又被它所创造，这在民族地区尤其如此。美国经济史专家兰得斯在《国富国穷》一书中说，历史憎恶跳跃，大的变化和经济革命都不是突然来临的，它们必定是经过了周全和长期的准备，可是连续性并不排除变化甚至是剧烈的变化。

第三节 民族经济发展的具体对策建议

一、民族经济独特经营要素合理配置方式

非正式制度是人们在长期的社会生活中逐步形成的习惯习俗、伦理道德、文化传统、价值观念及意识形态等对人们行为产生非正式约束的规则。各民族特有的非正式制度是一种客观真实的存在，它强烈作用于少数民族的经济发展，这种作用持久地沉淀于历史进程中，并在这一过程中影响着各民族独特的经济发展模式的选择。经济发展模式的选择是要通过使用一定的发展手段，实现特定的发展目标。就少数民族经济的发展规律而言，由民族文化特征所赋予的人们的行为选择方式，是民族共同体经济活动中最基本的变量。这种“选择”不是随意的而是受到各种因素的制约，如人们的价值观念、道德意识、行为偏好、行为能力、制度因素、地理环境等因素都会以不同的方式影响或制约人们的“选择”。因此，一个地区经济社会的发展模式与其传统文化价值有着深刻的联系，人们的价值观内在地限定了他们对发展目标的选择和对发展手段的运用。即在经济发展模式选择中，什么是正确的发展目标和恰当的发展手段，取决于那些人们自然而然遵循着的非正式制度。因此，非正式制度在少数民族经济发展模式选择中的作用可从以下两个方面进行分析：

1. 非正式制度为经济发展模式提供发展目标和价值趋向

目标是发展模式的核心，任何经济社会发展模式的选择和运用都是由其内在的目标体系先导和控制的。非正式制度恰恰为经济社会发展提供了一定的观念模型和行动指南。因此，选择恰当的经济发展模式的关键之一就是，在一定的非正式制度基础上对经济社会发展目标进行正确的确立、解读和实践。西部少数民族大部分分布在边疆、山区、牧区以及高寒地区，由于自然地理条件、历史、社会等诸多原因使西部民族地区经济发展缓慢且有很多困难，经济发展水平相对滞后。但是，随着国家西部大开发战略的实施以及一系列相关政策的出台，使得西部少数民族地区经济发展有了很好的发展机遇和政策保障，所以在这样良好的正

式制度的有效作用下，西部少数民族地区经济发展必须重视非正式制度对经济的促进作用，协调好正式制度与非正式制度，促进西部地区经济发展。非正式制度具有独特的功能，对社会经济发展起着十分重要的作用。西部地区少数民族人口比重大，有宗教信仰，深厚的传统文化，由此形成了独特的意识形态、价值观、风俗习惯等，而且这些因素会成为经济发展的内生变量，会影响和规范人的行为选择，降低或节约交易成本，继而会促进民族地区的经济发展，所以我们要有意识、有效地发挥非正式制度对西部少数民族地区经济发展的促进作用。

非正式制度制约人的理性。“理性人”是经济学的一种理想假设。在现实中，由于环境的复杂多变，信息往往是不对称的，条件也常常是不确定的，人不可能时刻都做出理性的决定、采取理性的行动。因而人的理性是有限的。在面对充满风险的外界时，人们可能就会求助于传统的或习惯的选择，甚至是不假思索地用习以为常的规则来简化自己的行为。这些规则大部分来自非正式制度，即使在最发达的经济体系中，正式规则也只是决定行为选择总体约束中的一小部分，人们行为选择的大部分行为空间是由非正式制度来约束的。非正式制度实际上充当了一定知识和信息的载体。如果有人违背非正式制度，就会受到谴责，并为此付出成本。经济的利益本质决定了经济发展的目标是为了满足一定的利益。作为经济本质的利益不仅是事实性的存在，也是社会的存在，它存在于社会现实之中，在一定的文化体系中才是有意义的。可见，不同的非正式制度约束中的个体具有不同的利益偏好。个体“经济人”的偏好是受到一定非正式制度引导的，或者说，非正式制度可以采取强制性的灌输或者诱导性的劝谕使得个体强化或者矫正自己的原初动机，从而影响个体对经济目标的选择或摒弃，改变个体的偏好排序，同时也影响他们对实现目标的手段的选择。也就是说，不同的非正式制度构成了对经济参与人行为的约束，从而导致了选择不同的经济发展模式。

2. 非正式制度为经济发展模式提供发展手段和路径依赖

人类并不是为行为而行为，为活动而活动，行为或是活动都是手段，是有所为而为的。人们总是选择他们认为正确的方式和手段来发展，而他们“正确”与否的标准，是通过其价值判断来确定的。在现实的生存环境中，非正式制度在很大程度上决定了人们能否控制环境并与环境实现良性互动，以使人得以持续地从外部环境中获取维持基本生存的物质生活资料。因此，选择什么样的发展手段时，非正式制度提供了节约成本、减少机会主义倾向的参考和借鉴。

非正式制度对路径依赖的影响在理论上主要体现在以下几个方面：

首先，任何一种社会形态制度总包含着一个制度体系，即既包含着正式制度，也包含着非正式制度，以及制度得以运行的实施机制。制度在变迁过程中就内在地包含这三者的变迁和转化。这三者中，正式制度的变化较为迅疾和彻底，往往一步到位，旧制度作用力的延续时间较为短促，或者说新旧制度并存的局面不会长期存在。但是非正式制度的变迁却具有缓慢、渐进的特征。在新制度出现以后，旧的非正式制度不可能在短期内迅速、彻底地从社会生活领域中完全退出，相反，作为根植于人们意识中的观念，旧的非正式制度还会在相当时期内成为约束和调节人们行为的规则，调节着人们的生活，甚或成为新的非正式制度得以生存、发展和发挥作用的巨大阻力。这就造成了制度变迁的路径依赖。

其次，非正式制度可以影响正式制度约束力的发挥，从而造成制度变迁中的路径依赖。按照新制度经济学的观点，正式制度只有与非正式制度相容时，才能充分发挥其作用力，否则就较难有效或者作用力会大打折扣。这样一来，非正式制度就成了制约正式制度、造成路径依赖的核心力量。社会现实中存在的情况是，非正式制度变迁迟缓，具有渐进式特征。这一特征的存在必然会成为约束正式制度变迁的作用力，促使制度沿着原有的旧的轨迹运行，从而形成了制度变迁的路径依赖。

最后，从另一角度我们还可以把非正式制度理解为是由实证的观念、规范的观念和行为习惯三大系统组成的范畴体系。在这三者中，实证的观念是不带价值判断的、对世界的客观认识；规范的观念则是包含着价值判断和价值取向在内的主观认识，其中尤其是伦理道德、社会理想等内容，它对人们的偏好有着十分重要的影响；行为习惯是一种由人们固定的心理倾向而产生的标准化行为模式。正式制度作为一套行为的准则，它的目的是调节人的行为，使人们倾向于某一类行为而放弃另一类行为。从这个意义上说，制度变迁实际上也就是人的行为方式的转换，制度变迁是否成功实现的标志也就是人的行为方式是否真正发生转换。固然，正式制度能够影响人们的行为选择，但正式制度所要求的行为选择很可能会与非正式制度所决定的偏好及行为习惯不一致，甚至相矛盾。在二者的较量中，通常情况是正式制度要求的行为方式往往难以完全确立，或者很难迅速确立，直至最后不得不仍保留一些旧的行为方式，从而使制度变迁呈现出明显的路径依赖的特征。

（1）非正式制度能够提供节约成本的手段。对于处在从传统经济模式向现代经济模式转变中的广大少数民族地区来说，一种维系社会组织和制约人们行为的非正式制度的形成过程，是人们在反复计算“成本—收益”中寻找成本较低规则的过程。与传统生产、生活方式相关联的观念、习俗等非正式制度即使日后成为经济发展的障碍，但在它形成的时候可能是一种最经济的选择。非正式制度在个人与环境之间达成了一种节约信息费的“协议”，也就是说，人们利用非正式制度使个人与外部世界的关系更加确定，从而大大简化了人们认知和选择的过程，便捷地获取各种信息、资源，节约了信息费用。同时，非正式制度所包含的与公正相关的道德评价，会增加人们所处环境的社会压力，有助于减少进行选择时所耗费的时间和成本，节约交易费用。从事传统经济的社会中，非正式制度占主导地位。人们的经济活动半径与非正式制度涵盖的半径基本是重合的。我国少数民族主要以家庭为经济单位，这是传统经济社会中一种成本最低的组织。因为家庭成员同属于一个非正式制度体系，不需要为经济组织付出额外的代价，只要付传承和学习的成本，甚至不需要学习就可以在这种非正式制度约束下共同劳动。虽然这样的经济组织没有复杂的规章制度和组织结构，但其运行效率很高。非正式制度成为一种可以免费利用的资源。

（2）非正式制度能够提供抑制机会主义的手段。“经济人”追求个人效用最大化的本性和组织对人的行为计量和约束的困难，必然造成人们“搭便车”，即不付成本去获取收益的倾向，产生偷懒、欺骗、偷盗等机会主义行为。要减少“搭便车”现象必须培育正确的价值观和伦理观。克服机会主义倾向虽然要用正式制度来制约，但是正式制度存在着许多为主体提供“不假思索”的行为习惯。经济发展过程要受到非正式制度的牵制，这意味着人们在特定的非正式制度下使共同的价值标准通过制度化而得到确立和稳定化，使个体的评价与选择行为在更大范围内得到同一性的关联并凝结出共同的社会价值目标，激励该非正式制度环境中的人们对经济与社会的发展做出相应的贡献。在特定非正式制度背景下的经济发展模式选择，发展目标在不同的非正式制度框架中会有不同的要求和取向，适当的发展目标只能是特定非正式制度制约下的目标。

（3）非正式制度激励或抑制经济行为。由于非正式制度限定了人的理性，经济行为的合理与否，就取决于特定非正式制度中的价值标准和价值判断。因此非正式制度为人们提供了一套激励或抑制经济行为的系统。体现在经济交往中的非正式制度，意味着一种既定的信息。对交往的双方而言，自己和对方将会做出什么样的决策、采取什么样的行动多是无法达到的空间，这些空间只能用价值观念、伦理道德来自觉维持。当社会形成一种有效和积极的道德风尚，大多数人能够自觉地信奉共同的价值观念和伦理道德时，就能够有效地克服和抑制人与人交往中的各种机会主义行为倾向，降低交易成本。集体主义是中国传统文化所规定的人们对世界的认知角度和倾向。少数民族文化作为一体多元的中华文化的重要组成部分，也深受集体主义价值取向的影响。少数民族社会提倡集体主义、互助合作精神，在社会经济生活中对于维护社会经济秩序，减少欺骗、偷盗等机会主义行为，起着不可忽视的作用。这些非正式制度对于增强民族凝聚力，激发生产积极性，减少偷懒、“搭便车”和其他机会主义行为，提高经济绩效，都起了十分积极的作用。

二、合理配置民族经济独特经营要素

在当前全球日趋激烈的市场竞争背景下，特色经济已成为区域比较优势转化为区域竞争优势的桥梁和载体。一国或一个地区的经济发展速度与收入水平的高低主要取决于利用现有优势要素参与分工和实现比较利益的程度。市场经济在一定意义上就是特色经济，市场竞争就是特色竞争。从这个意义上说，民族地区只有立足于发展特色经济才能在市场竞争中争得一席之地。

许多国家或地区的经济之所以飞速发展，其原因就是能充分利用本国或本地区的现有优势要素，寻求能够促进本国或本地区经济增长的经济结构和产业模式：美国硅谷以半导体为核心的特色经济；日本丰田城以汽车为核心的特色经济；意大利波伦亚以陶瓷为核心的特色经济；印度班加罗尔以软件为核心的特色经济；瑞士日内瓦以钟表为核心的特色经济；国内的包括苏州以电子信息产品为核心的特色经济，昆山以电脑资讯产品为核心的特色经济，温州以鞋、打火机为核心的特色经济等。实践证明，哪个地区注重发展特色经济，哪个地区的比较优势就发挥得比较成功，经济发展就快，影响力就大，可持续发展的能力也强。为此，我们民族地区在经济发展方面应该深受启发，应按照民族地区不同的要素禀赋特征进行专业化分工，立足于发展特色经济和优势产业，只有这样才能缩小地区间差异，才能更好地促进本民族经济发展。

党中央、国务院决定实施西部大开发以来，发展特色经济的意义作用已被广

泛认同，发展特色经济正在成为西部经济发展的自觉意识。但在具体的经济发展实践中如何体现特色经济，并且从开放市场、参与竞争的角度去认识特色经济、孕育特色经济，从观念到实践都还有一定的差距。

发展特色经济有利于缓解二元经济结构。我国经济是典型的二元经济结构，由于这种结构性问题的存在，对于同样的商品来说，高收入地区由于需求饱和而出现供给过剩，低收入地区由于有效需求不足也出现供给过剩。中国城乡二元化制度格局既是现有城乡经济社会发展阶段和水平的原因，又反过来对城乡经济社会发展产生反作用，二者形成因果相互作用，相互强化的机制。从制度结构影响和制约经济社会发展的角度看，如前所述，由于正式制度变迁可以通过激进方式在短期之内通过供给主导方式完成，城市本身是正式制度主导的制度结构，使该种类型制度能够很快适应经济社会发展的需要而实现制度变迁、创新，促进经济社会的发展，使城市经济社会发展速度较快。在广大农村，由于是非正式制度发展还不健全的制度结构，演变慢，难以在短期内适应经济社会发展的要求，成为农村经济社会发展的障碍。因此，在经济社会发展方面，城市往往能够发挥其制度结构上的优势，实现快速发展，农村则发展缓慢。接下来，城市较快的经济发展吸引农村要素流入，经济的快速发展为制度创新提供了动力，促使制度进一步创新，制度创新再促进经济增长，从而形成初始制度结构优势—经济快速发展—要素供给增加—制度创新活跃—经济进一步发展的正反馈机制。在农村，由于制度结构劣势制约经济发展，经济发展缓慢，要素配置在效益原则的驱动下向城市流失，经济发展滞后阻碍制度创新，导致农村经济进一步落后于城市，城乡差距扩大，二元结构僵持，这同样形成一种正反馈机制：初始制度结构劣势—经济发展缓慢—要素流失—制度创新停滞—经济发展缓慢。两种不同的制度结构和经济发展机制共同作用，阻碍城乡差距缩小，导致二元经济结构僵化，甚至扩大。由此可见，二元化的制度结构通过其内在机制影响经济发展的路径和水平，经济发展路径和水平反过来进一步强化二元制度结构，如果不能打破制度结构和二元经济结构演进的循环因果累积链条，实现二元制度结构演变和二元经济结构转化的路径转换，就难以根本实现二元经济结构的转换。由此，要缩小城乡差距，促进二元经济结构转换需要从转换城乡二元制度结构，或者优化农村制度结构加快农村制度变迁进程角度努力。民族地区结合我国经济结构的战略性调整发展特色经济和优势产业，东部借此机会提升产业结构，对二元经济结构能起到有效的缓解作用。发展特色经济有利于全国统一大市场的形成。民族地区利用比较优势，发展特色经济和优势产业，将有助于逐渐改变地区产业结构趋同问题，打破地区封锁，促进真正意义上的全国统一大市场的形成。从而加强要素市场的流动性，并在全国范围内实现资源的有效配置，提高民族地区乃至全国经济增长的效益。

发展特色经济有利于提高我国国际竞争力。全球范围的经济结构调整，对我国这样一个处在国际分工底层的国家来说，必然面临越来越激烈的竞争。要在这样日趋激烈的国际竞争中保持一席之地，实现可持续增长，必须始终保持强大的国际竞争力。对全国经济结构进行战略性调整，加快民族地区经济发展，充分发挥这些地区市场潜力大、自然资源丰富和劳动力成本低的比较优势，发展特色经济和优势产业，通过承接东部地区的产业转移提升产业竞争力和水平，同时，为东部地区的结构调整创造条件，使东部地区能以较低成本进入较高的国际分工层次，从而大幅度地提高国家整体的竞争力。

三、建立诱致性变迁与政府推动相结合的发展模式

民族地区的经济发展是在国家宏观经济背景下进行的，在市场经济条件下，制度变迁方式应该主要是诱致性的制度变迁，这与非正式制度需求诱致性的制度变迁方式是一脉相承的。因此，我国目前建设的社会主义市场经济体制为民族地区这些以民族经济独特经营要素为主体的诱致性制度变迁提供了极好的制度环境。但由于诱致性制度变迁的速度极其缓慢，这种状况显然与我们大力发展民族地区经济，缩小与发达地区的发展差距的要求具有很大的距离。因此，在尊重民族地区诱致性制度变迁的同时，需要充分发挥国家的引导作用。政府的推动和策划为民族地区民族经济独特经营要素诱致性的制度变迁提供合理性的基础，减少变迁中制度安排设立、运行中的交易费用，提高经济运行的绩效；同时能较快地推进制度变迁，服务于民族地区跨越式发展战略。

随着改革开放的深化，我国不同区域都处在由传统计划经济向市场经济转轨这一制度环境和基本相同的基础制度安排下，但地区经济发展的绩效却差距较大。分析其原因，区域发展差距不仅表现在正式制度上，也表现在非正式制度上，不把握这种差异，就很难用制度分析的方法解释东部与中西部之间愈益扩大的经济发展差距的成因。

1. 非正式制度与正式制度相容程度的差异

正式制度与非正式制度相互依存、相互制约，相适应的非正式制度能对正式制度的实施起到积极的推动作用，而不相适应的非正式制度则会对正式制度的实施起到消极的阻碍作用。在我国改革开放的实践过程中，可以说，东部地区较好地处理了这一关系，特别是充分利用了非正式制度对正式制度的推动作用。通过思想发动、舆论导向，积极倡导和培育民众与改革开放和发展市场经济相适应的思想意识和价值取向，使改革、开放、竞争的意识逐步深入人心。同时，支持和鼓励民众的创新行为，对于民众摸索出的能促进经济发展的非正式制度创新，积极提供制度上的保障。正因为如此，我国改革开放以来比较重要的制度变迁，包括非国有经济的发展、产权制度改革等，几乎都是首先从东部地区以非正式制度变迁的形式开始并推广的。而且因为具有较广泛的民众思想基础，对于政府的制度安排，不仅能迅速有效地推广，产生积极的效果，而且更为重要的是，在这种积极的制度创新过程中，会引发新的更多的制度创新，形成非正式制度与正式制度的相互促进和良性循环的格局。这也是东部地区在改革开放和经济发展方面走在前面的重要原因。而在中西部地区，尽管改革开放 34 年来市场经济的影响与日俱增，但多数人的骨子里仍保存着浓厚的传统文化的重农轻商思想、平均主义思想、以“家”为核心的远近亲疏关系网等，从而阻碍着市场经济知识存量的增加。因此，非正式制度变迁就必然会滞后，进而导致正式制度变迁与非正式制度的矛盾与冲突。比如传统文化中的平均主义与市场经济中的竞争和效率的矛盾，传统的家族文化与市场游戏规则的矛盾，理与情的冲突等。由于正式制度变迁的失衡与非正式制度变迁的滞后，导致正式制度与非正式制度不协调。尽管改革开放以来中西部地区市场经济改革也取得了较大的成就，但是由于这些地区的正式制度主要是在求强求富的目标指引下，经过自上而下的人为选择过程而导入的，而非正式制度却仍然更多地表现为以适应传统的自然经济和计划经济为特征的意识形态和习惯习俗体系，这样在正式制度与非正式制度之间就必然会产生冲突与震荡，不仅很大程度上影响了正式制度实施的效果，而且也影响了新的制度创新的推进，形成一种恶性循环的局面，这种正式制度与非正式制度的不协调，也势必会导致改革的缓慢和制度安排的低效，进而影响到经济发展，扩大区域发展差距。

2. 市场经济发展的非正式制度环境的差异

制度经济学理论认为，产权制度是激励经济发展的动力源。产权制度改革是促进市场经济发展的更深层次的改革，也是体现市场经济制度环境的重要方面。我国经济体制改革的一个重要方面是产权制度改革。而在这场改革中，中西部较之东部地区而言，其产权制度改革也明显滞后，突出表现在非国有经济发展的不平衡。改革之初，中国的改革选择了一条“增量改革”先行的道路，其具体形式是在国有经济之外发展非国有经济，目的是回避传统计划经济体制的惯性及其利益结构刚性。然而，同样是在国家允许的增量改革的大环境下，东部与中西部的非国有经济发展的差距甚远。东部地区在改革之初凭借历史上就有的较强的商业传统和东部人较强的商品经济意识，抓住国家政策的有利时机，敢于创新、善于吃苦，大力发展非国有经济，带动了经济突飞猛进的发展。而中西部地区非国有经济发展滞后，除了民间资本积累有限等客观原因外，重农轻商，对机会的反应迟钝，思想较保守，追求安稳，害怕风险，缺乏竞争意识和开拓冒险精神等非正式制度因素对阻碍非国有经济发展有极大影响。在国有企业改革方面，东部地区不仅观念超前，而且行动超前，通过多种形式放活大批国有中小型企业。后来国家出台的国有企业改革政策，某种意义上不过是对东部地区这种自主创新行为的认可。而中西部许多地方计划经济僵化保守的观念深厚，与东部相比，改革进程总是慢半拍，缺乏改革创新的主动性，延缓了改革开放的步伐。我国改革的实践已经证明，非国有经济由于产权明晰，与市场联系紧密，比国有经济具有更大的收益率，东部与中西部由于非正式制度的差异，导致非国有经济发展的差异，也由此可以看出经济发展出现差距的原因。

3. 法律意识和政府诚信的差异

市场经济不仅是一种法制经济，而且也是一种信用经济。市场经济的健康运行和发展，既要靠法律，也要靠信用，两者有机结合，可以大大节省交易成本。比较起来，东部地区地方政府为营造良好的市场环境，促进公平的市场竞争，无论在法律意识还是诚信建设上，一向都比较重视，也表现出较高的水平。而在中西部地区，这两方面相对都很薄弱，不仅以权代法、以权压法、有法不依、徇私枉法的现象屡禁不止，而且政府政策多变、毁约违约、拖账赖账等失信行为也时有发生，这也是这些地区经济更快发展的一大障碍。

第四节　民族独特经营要素的衍生

一、非正式制度与经济绩效

正如诺思所说，制度是由正式规则（成文法、普通法、规章）、非正式规则（习俗、行为准则和自我约束的行为规范），以及两者执行的特征组成。事实上非正式制度和正式制度共同构成现代制度结构。两者共同决定经济绩效。在谈到非正式制度对经济绩效的作用时，诺思说道："在从最原始社会到最发达的社会中，正式制度也只是起着部分的约束作用，在社会结构的各个领域中，控制结构差不多主要是由行为规范、行为准则和习俗来确定的。"柯武刚等人在研究制度起源时认为政府拥有规范制度的权力，但并不意味着政府拥有设计制度的权力。从历史上看，许多著名的立法者只"编纂"了原先已经存在的法律，如汉姆拉比、摩西、梭伦、阿育王等，并没有制定"新"的法律，这进一步说明非正式制度在协调、规范社会秩序中的重要作用。青木昌彦则把制度看做博弈均衡时的内生性规则，该规则一旦确立起来，无论是自主性的（非正式制度）还是诱致性的（正式制度），在和既定法律和新环境的互动作用下，都将成为进一步制度化的基础。这个过程可以螺旋式无限进行下去。事实上正式制度不能离开非正式制度完全孤立地发挥作用，相反它只有在社会认可，即与非正式制度相容的情况下，才能发挥作用。由此可以看出非正式制度在市场化条件下其潜在的作用尤为明显，它还可以影响制度变迁以及经济增长和社会发展等，是一种不容忽视的、非制度化结构性因素。

事实上非正式制度是把"双刃剑"，它对正式制度具有推动和约束双重作用。因此只有当非正式制度存在于特殊类型的社会关系中，才能起作用，即只有与正式制度兼容时才能发挥作用，否则非正式制度也就失效了，甚至发挥负面影响，约束正式制度的绩效。有些人认为非正式制度的适用范围是有边界的。在一定的边界范围内，非正式制度无疑是一套节约交易费用的装置，超出一定的边界，某种非正式制度就作用不大了，或者说就需要采用另一种非正式制度了。事实上非正式制度的正面影响在于：一方面，非正式制度具有潜在性和基础性资源配置功能，表现为它可以降低经济活动中的交易成本和协调成本，并且能够降低正式制度的制定成本和事实成本；另一方面，在打破旧体制而新体制又未建立起来的过渡时期，非正式制度发挥过渡性作用。因此从制度变迁角度来说，成功的非正式制度是制度变迁过程中的“强力剂”，推动制度创新；失效的非正式制度是制度变迁过程中的“绊脚石”，阻碍制度创新。由于一个社会的整体制度绩效取决于经济运行中组织成本和交易成本的高低，因此正式制度与非正式制度是否兼容就决定了最终的经济绩效。

二、对公共政策的启示

如果经济绩效取决于制度间的兼容性，那么制度究竟是演化形成的还是人为设计的就显得并不重要了，重要的是这两种制度是否相容，即人为设计的规则是否与大多数人普遍持有的利益偏好相一致。认识到这点的最大启示就是改变了传统公共政策的研究界限。传统的公共政策一直致力于对正式制度结构的研究，力求通过设计严格计算的激励机制和约束机制来限制经济行为人的活动，提高整体经济绩效。即都试图从改变正式制度角度来实现正式制度与非正式制度间的相容性。由于忽视非正式制度改革，仅仅关心正式制度的设计，往往会出现诺思所称的制度“锁住”效应。因此可以考虑改革非正式制度来提高经济绩效。正式制度可以通过精心计算来设计（在计划者专权意志的情况下），或者是通过社会当事人以面对面的方式，就他们想要看到的制度类型进行讨价还价创生出来的（在立法的情况下）。那么非正式制度如何创新是个重要问题。按照制度演化理论，诸如风俗、习俗、惯例等非正式制度是一群人在长期互动过程中自发演变的产物，即自发社会秩序，从博弈均衡角度看，实际上它是一种渐进稳定动态均衡状态下的进化稳定策略或者更进一步称为随机稳定动态均衡下的随机稳定策略。由于非正式制度的均衡状态如此之强，所以人们无法像对待正式制度那样创新非正式制度。但课题组认为这并不意味着我们对非正式制度就无所作为，相反我们可以通过宣传教育、相关制度的约束等手段来创新与正式制度不兼容的非正式制度，从而提高经济绩效。

参考文献

[1] 黄健英，罗莉，张丽君等. 民族经济学与西部大开发论坛 [M]. 民族出版社，2002.

[2] 张丽君. 发展与创新：民族经济学科 20 年 [M]. 中央民族大学出版社，2001.

[3] 杨文炯. 传统与现代性的殊相——人类学视阈下的西北少数民族历史与文化 [M]. 民族出版社，2002 .

[4] 张东升，朱红. 文化的意义 [J]. 销售与市场，1998 (8).

[5] 杨莉. 西部地区经济发展中的民族性特征研究 [J]. 经济问题探索，2006 (9).

[6] 徐万邦，祁庆富. 中国少数民族文化通论 [M]. 中央民族学院出版社，1996.

[7] 马翀炜，覃雪梅. 民族地区市场经济发展的文化相关性 [J]. 贵州社会科学，2008 (1).

[8] 梁树发. 全球化：世界社会形态的形成与发展 [J]. 新华文摘，2000 (7).

[9] 胡大平. 具体地历史地理解全球化和当代中国的实践 [J]. 哲学研究，2000 (4).

[10] 罗伯特·麦克切斯尼. 诺姆·乔姆斯基和反对新自由主义的斗争 [J]. 新华文摘，2000 (3).

[11] 胡代光. 市场浪漫主义和市场现实主义 [J]. 高校理论战线，2000 (2).

[12] 周炼石. 经济全球化中的政策协调 [J]. 上海经济研究，2000 (5).

[13] 童有好. 略论经济全球化中的新问题 [J]. 贵海论丛，1999 (3).

[14] 王世浚. 经济全球化与国际经济合作 [J]. 国际经济合作，1999 (6).

[15] 唐海燕，胡峰. 再论全球化的后果 [J]. 华东师范大学学报，2000 (3).

[16] 唐海燕. 当代经济全球化的发展及其后果 [J]. 华东师范大学学报，1999 (4).

[17] 裘元伦. 经济全球化与中国国家利益 [J]. 世界经济，1999 (12).

[18] 赵仁康. 论经济全球化与全球化竞争 [J]. 江苏社会科学，1999 (5).

[19] 乔治·索罗斯. 走向全球的开放社会 [J]. 大西洋月刊，1998 (1).

[20] 埃伦·米克辛斯·伍德. 现代主义、后现代主义、还是资本主义 [J]. 每月评论，1996 (7).

[21] 约翰·H.邓宁. 全球化经济若干反论之调和 [J]. 国际贸易问题，1996 (3).

[22] 李晓君. 面向二十一世纪发展中国家利用外资的新路 [J]. 世界经济研究，2000 (2).

[23] 李文章. 浅析经济全球化中的不平等性 [J]. 理论建设，2001 (1).

[24] 李文章，张传为. 经济全球化过程中自由主义的思考 [J]. 河北经贸大学学报，2001 (4).

[25] 杨雪冬. 全球化进程下的国家反应：对五类国家的比较 [J]. 经济社会体制比较，2001 (2).

[26] [英] 丽斯. 自然资源分配、经济学与政策 [M]. 蔡运龙等译. 商务印书馆，2002.

[27] 马克思恩格斯全集（第 20 卷）[M]. 人民出版社，1979.

[28] 马克思恩格斯全集（第 23 卷）[M]. 人民出版社，1979.

[29] 熊彼得. 经济发展理论 [M]. 商务印书馆，1991.

[30] 李岚. 应当重视西部民族地区经济发展中的“非经济”因素研究 [J]. 西北民族学院学报，2002 (1).

[31] 李明文. 非经济因素对边疆多民族贫困地区经济发展的影响及对策——云南澜沧拉祜族自治县竹塘乡调查研究 [J]. 思想战线，1997 (6).

[32] 刘庸. 民族地区经济发展的九大制约因素 [J]. 西北第二民族学院学报，2003 (2).

[33] 易永清. 非经济因素与民族地区可持续发展 [J]. 边疆经济与文化，2006 (12).

[34] 高昕. 影响民族地区经济发展的非经济因素分析 [J]. 河南商业高等专科学校学报，2008 (1).

后 记

拙著《民族经济独特经营要素的合理配置与衍生》是青海省哲学社会科学规划课题项目，是笔者多年研究的所有体会和思考的概况与总结。在即将出版之际，可以看到，本书的侧重点不是当代经济发展战略，也不是衍生性发展的依据和途径，而是民族经济独特经营要素的衍生性发展要素配置、支撑体系和内在推动力探讨。显然，以本人之学识，实难驾驭这样一个前沿性的大题目。虽如此，但笔者本着边学习边思考的精神，以前人的研究成果为基础，不揣浅薄，历时三载而成拙稿。因此，本书只能说是在这方面进行的初步探索。由于时间所限，不遑仔细推敲，疏漏错谬之处必然在所难免，尚盼各位前辈、同龄和后昆不吝赐教焉。

本书在撰写过程中参考和借鉴了很多前人独到的思想观点和精彩片段，并在文中做了详细的注释。若无前人的研究成果作基础，本书也将无法面世，对此表示由衷的感谢。与此同时，感谢两位参与人马德君博士、宋慧副教授为本书付出的心血与智慧，在无数个梦寐之夜收集史料、论证观点、凝练语言、梳理思路，从而高效完成撰写任务，保证了本书的顺利完稿。

本书由丁秀清负责设计篇目、拟定大纲，并对全书统编总纂。其中，丁秀清撰写第一、第三、第四、第六和第九章；马德君撰写第七和第八章；宋慧撰写第二和第五章。

在此，谨向支持和关注本书的青海社会科学院及本校的领导和专家表示感谢，对在百忙中抽出时间审阅本书的教授和学者表达由衷的谢意。

图书在版编目（CIP）数据

民族经济独特经营要素的合理配置与衍生/丁秀清著. —北京：经济管理出版社，2012.12
ISBN 978-7-5096-2304-6

Ⅰ.①民… Ⅱ.①丁… Ⅲ.①民族经济—研究—中国 Ⅳ.①F127.8

中国版本图书馆 CIP 数据核字（2012）第 311343 号

组稿编辑：孙　宇
责任编辑：孙　宇
责任印制：杨国强
责任校对：超　凡

出版发行：经济管理出版社
（北京市海淀区北蜂窝 8 号中雅大厦 A 座 11 层　100038）
网　　址：www. E-mp. com. cn
电　　话：（010）51915602
印　　刷：北京京华虎彩印刷有限公司
经　　销：新华书店
开　　本：720mm×1000mm/16
印　　张：13.5
字　　数：260 千字
版　　次：2013 年 3 月第 1 版　2013 年 3 月第 1 次印刷
书　　号：ISBN 978-7-5096-2304-6
定　　价：42.00 元

·版权所有　翻印必究·
凡购本社图书，如有印装错误，由本社读者服务部负责调换。
联系地址：北京阜外月坛北小街 2 号
电话：（010）68022974　　邮编：100836